소동파에게 시를 묻다

청동거울 문화점검 49

소동파에게 시를 묻다

2009년 7월 7일 1판 1쇄 인쇄 / 2009년 7월 15일 1판 1쇄 발행

지은이 안희진 / 펴낸이 임은주 / 펴낸곳 도서출판 청동거울 / 출판등록 1998년 5월 14일 제13-532호
주소 (137-070) 서울 서초구 서초동 1359-4 동영빌딩 / 전화 02)584-9886~7
팩스 02)584-9882 / 전자우편 cheong1998@hanmail.net
홈페이지 www.cheongstory.com

주간 조태봉 / 편집책임 김상훈 / 마케팅 김상석

책값은 뒤표지에 있습니다.
잘못된 책은 바꾸어 드립니다.
지은이와의 협의에 의해 인지를 붙이지 않습니다.
이 책의 내용을 재사용하려면 반드시 저작권자와
도서출판 청동거울의 허락을 받아야 합니다.
ⓒ 2009 안희진

Copyright ⓒ 2009 Ahn, Hei-jin.
All right reserved.
First published in Korea in 2009 by CHEONGDONGKEOWOOL Publishing Co.
Printed in Korea.

ISBN 978-89-5749-118-8

이 도서의 국립중앙도서관 출판시도서목록(CIP)은 e-CIP 홈페이지(http://www.nl.go.kr/cip.php)
에서 이용하실 수 있습니다. (CIP제어번호:2009001967)

청동거울 문화점검 49

소동파에게 시를 묻다

안희진 지음

청동거울

■ 추천의 글

　15년 전, 안희진 군은 북경대학으로 내게 중국 고대문학 박사학위를 공부하러 왔다. 아내와 아이들을 데리고 온 그는 내가 문하생으로 맞은 첫 한국 학생이었다. 그의 지도교수에 대한 존경, 학문에 대한 열정, 새로운 관점과 부단한 노력은 내게 깊은 인상을 줬다. 그러므로 「소식시가예술연구」라는 제목으로 박사학위 논문을 쓸 때 나는 그가 이 쉽지 않은 과제를 순조롭게 완성하리라고 믿었다. 논문을 쓰는 도중 그는 한 부분 한 부분 내게 초고를 가지고 와서 토론했다. 내용은 쓸수록 좋아졌고 중국어 문장도 훌륭했다. 마침내 1996년 6월, 그는 순조롭게 답변을 통과하면서 박사학위를 취득했다.
　소식의 시가 작품은 대단히 많기 때문에 사실 이해하는 것조차 쉽지 않았다. 그의 시가예술을 연구하려면 반복해서 읽고 전후 의미를 파악하면서 수많은 시문 작품을 분석해야 했다. 이는 중국인에게도 쉽지 않은 일이었으니, 안희진 군에게는 두말할 나위도 없었다. 그러나 그의 논문은 10여 명의 심사위원들로부터 매우 좋은 평가와 함께 전원 일치로 박사학위 수여에 동의를 받았다. 나는 진심으로 기뻤다.

소식은 중국문학사에서 중요한 위치를 차지할 뿐 아니라 후세에 커다란 영향을 미친 시인이다. 이 논문은 이론과 작품을 교차 연구하면서 송대의 문학 경향을 연결시켜 설명했다. 또한 도가사상을 기초로 심도 있게 시가이론을 설명해 냈으며 넓은 안목으로 새로운 관점을 제시했다. 특히 남다른 이론적 수양을 바탕으로 '물아일체物我一體', '도기병진道技竝進' 등 시가 창작상의 중요한 심리문제를 밝혀냈다.

소식의 시가풍격에 대한 타당성 있는 귀납, 시가언어에 대한 치밀한 분석, 그리고 소식 시가의 내적 경지에 대한 수준 높은 개괄 등은 그의 예술에 대한 깊은 이해를 보여준다. 그는 일부 자료를 확인하기 위해 여러 개의 통계를 활용함으로써 논지의 설득력을 더해 주기도 했는데 이는 당시로 볼 때 남다른 시도였다.

안희진 군이 논문 중 핵심적인 부분을 한글로 다시 써서 출간한다는 기쁜 소식을 듣고 그 옛날 함께 보낸 세월을 생각하니 만감이 교차한다. 중국 고대문학은 비단 중국만의 것이 아니라 세계 모든 사람들의 귀중한 문화유산이다. 그러므로 이 책 역시 한·중 간의 문화교류에 커다란 역할을 할 것이라고 믿는다. 안희진 군의 부탁을 받아 그의 책에 서문을 쓰게 되니 영광이 아닐 수 없다. 깊은 의미를 언어로 완전하게 표현한다는 것은 어려운 일이다. 많은 분들이 그의 이 글을 읽고 그 깊은 뜻을 공유하기 바랄 뿐이다.

2008년 12월 22일
북경대학 교수 위엔씽테이袁行霈

■ 머리말

　내가 1990년 봄 중국에 들어가서 제일 먼저 찾은 것은 사천성 성도 부근 소식의 고향 미산이다. 그동안 나는 책으로 그의 글을 보고 그림으로 그의 세상을 상상했었다. 이제 그가 살았던 현장을 직접 밟고 그 숨결을 느끼고 싶었다. 당시 홍콩에서 석사학위 과정을 공부하며, 도가사상으로 소식의 문예이론을 설명하는 석사 논문을 마친 직후였다. 비록 나는 대학 시절부터 소식의 시문을 즐겨 읽고 졸업논문 역시 소식 문학에 관해서 썼지만, 책과 문자만 가지고 공부한 내가 소식에 대해서 아는 것이라곤 지극히 피상적인 것이었다. 내가 홍콩에서 유학한 것은 순전히 소식이 살았던 중국 땅을 하루라도 더 일찍 밟고 싶었기 때문이었다. 그런 내 희망은 홍콩에서 중국 입국허가를 받으며 순조로이 이루어지게 된다. 당시 한·중 간에 수교는 되지 않았지만 나는 중국에 가서 사천에 정착해 살 계획이었다. 공부하고 일을 하며 그냥 거기서 살다가 죽을 생각이었다.
　여하튼 나는 우선 소식의 고향을 찾았다. 소식의 부친 소순, 아우 소철과 함께 모셔진 사당 '삼소사三蘇祠'에는 아직도 그를 기리는 소식 필적의 적벽부 현판과 각종 시문 작품이 있었다. 또 그가 백성들과 어울려 살면서 개발한 진일주, 동파육, 동파어 등이 만들어지고 있었다. 소식의 시문집 몇 질을 사고 나는 '삼소사'에서 동파육, 동파어를 먹으며 동파의 진일주를 마셨다.

몇 달 뒤 나는 소식이 잠시 머무르다가 세상을 떠난 옛 가옥이 있는 강소성 상주를 찾아갔다. 그 자리에는 옛날 그 집은 이미 없고, 청대에 다시 세워진 고색 짙은 민가 가옥이 있었다. 그 집에 사는 이들은 그곳이 소식의 임종지라는 것을 전한다.

사천 땅에서 죽지 못하고 1996년 학위를 마치며 귀국한 나는 몇 해 뒤 호북성 황주를 찾아갔다. 그가 인생의 가장 어려운 시기를 지나며 가장 아름다운 시문을 써 냈던 곳이 아닌가. 그 도시에 있는 황강사범대학의 교수들과 나는 소식이 밭을 갈던 동파 언덕, 임고정, 설당이 있던 자리, 소식이 간혹 가서 묵상하던 안국사 절을 걸었다. 소식이 말하던 우물자리에 가서는 거기서 살고 있는 나이가 90이 넘은 노인을 만났다. 아직 건강하고 맑은 얼굴의 그녀는 소식을 찾아온 이 이방인에게 차를 내어 주며 환한 미소를 지었다. 온 얼굴에 물결치는 잔주름이 아름다웠다.

「적벽부」의 고향 황주에서 적벽을 찾지 않을 수 없었다. 소식이 오르던 적벽의 언덕 위에는 당시의 것은 아니지만 부단히 중수된 몇 개의 옛 건축이 남아 소식의 자취를 전해 주고 있었다. 적벽의 앞을 흐르던 장강은 흙이 쌓이면서 육지로 변해 민가가 들어섰고 강물 줄기는 저만치 돌아 흐르고 있었다. 붉은색의 바위로 둘러쳐진 적벽 앞에는 미처 빠지지 못한 양자강의 물이 남아 작고 긴 물줄기를 이루고 있었다. 나는 적벽관리소의 책임자들과 곳곳을 다니며 시가 지어지고 읊어지던 옛날을 얘기했다. 작은 나무배를 타고 소식처럼 달이 뜨는 동산을 올려다보았다. 천 년 가까운 세월이지만 시간을 없이 하고 본다면 그때와 다름없는 그 달과 그 바람 아닌가.

　이 책은 내가 북경대학에서 원행패袁行霈 선생을 지도교수로 모시고 공부하며 완성한 박사학위 논문의 일부를 우리글로 번역하면서 다시 쓴 것이다. 학위 논문의 제목은 「소식시가예술연구」였다. 논문을 쓰는 동안 나는, 아침을 먹으면 진한 철관음차를 한 주전자 타서 내 공부방에 올라가 밤 12시가 되면 돌아와 잠자리에 들었다. 눈을 감아도 눈앞에는 모니터가 켜져 있었고 글은 계속 쓰였다. 나는 머리맡에 노트와 펜을 놓고 자다가도 떠오르는 생각의 중요한 부분을 메모해야 했다. 일주일에 한두 번은 지도교수를 찾아가 새로 쓴 부분을 보여드리며 토론했다. 원행패 교수가 가장 칭찬하고 가장 염려한 것은 내 논문의 핵심적 관점이 정신의 문제에 집중되어 있는 점이었다. 달리 말하면 '유심주의'적이었다는 것이다. 그는 나의 관점에 적극 동의를 하면서도 수많은 다른 교수들과 심사위원들이 받아들일 수 있을지 걱정했다. 몇 달을 그렇게 지내자 나의 허리는 과로 때문에 측만이 되었다. 결국 허리에 요대를 차고 논문 심사를 받아야 했다. 이어서 몇 단계의 교내외 심사가 진행되었다. 그로부터 한달 정도 지난 뒤 지도교수 원행패 선생은 붓글씨 한 폭을 써서 내게 가지고 와 나의 학위 취득을 축하했다. 아직도 내 연구실에 걸려 있는 소식의 글이다.

유종원의 시는 도연명보다는 못하지만 위응물 시보다는 위에 있다. 한유의 시는 다소 호방함만 지나치고 고상한 아름다움은 부족하다. 시에 질박함과 평이함이 중요하다고 하는 것은, 겉으로 보면 밋밋하지만 속으로는 기름지고, 평이한 듯하면서도 실상은 아름다운 것을 말함이니, 도연명이나 유종원의 것이 바로 그런 시들이다. 만약 안팎이 다 질박하고 평이하다면 별 것 아닌 시들이다. 부처가 말하기를 '보통사람이 꿀을 먹으면 단지 단맛만 느낀다'고 했는데, 사람들은 다섯 가지 맛의 음식을 먹으면서 쓴맛 단맛 등은 쉽게 구별하지만 그 맛 이면의 깊은 맛까지 느낄 줄 아는 사람은 백에 한둘일 뿐이다. (蘇軾 「評韓柳詩」)

꽃을 감상할 때 그 꽃의 색깔과 모양만 본다면 육안으로만 사물을 대하는 것이다. 거기에는 하나의 식물만 있을 뿐이다. 그 모양과 색깔 이면에 있는 것, 그것이 바로 소식이 말하는 '깊은 맛'이다. 좋은 시는 겉으로 보면 평이하지만 읊으면 읊을수록 형언할 수 없는 맛을 보여준다. 글자와 문구의 이면에 흐르는 의미의 가락에 주목하라는 소식의 말이다. 그 이면의 것, 역대로 주목을 받아온 문제지만 그것을 가장 잘 설명한 사람의 하나가 소식이다.

지도교수 임형택 선생이 이 글을 손수 붓으로 써서 내게 준 것은 크게 감사하기도 했지만 참으로 의미심장한 일이었다. 우리가 문학을 공부하고 연구하는 것은 그 문자를 들여다보면서 그 이면에 있는 것을 보려는 것이다. 소식의 말처럼 진정 최고의 시와 문장은, 현란함이 극치에 이르러 오히려 평이하게 보인다. 그 평이함이 품고 있는 진리의 정수를 파악하는 일이 문학과 예술의 핵심이다. 산을 처음 오른 사람은 그저 아름다운 꽃과 나무만 본다. 산을 자주 오른 사람은 자신이 이해하는 만큼 산을 감상한다. 그러나 산을 수십 년 오른 사람은 살아 있는 산의 숨결을 느낀다. 산과 자신이 하나가 된다. 이 단계에 이르러야 비로소 '산은 산이고 물은 물'이다.

우리가 문학이나 역사, 철학을 공부하는 것은 사실은 한 가지를 위한 것이다. 그것은 지혜의 눈을 뜨고, 동시에 그 지혜를 실천하는 일이다. 나무를 보며 나무에 대해 공부하는 것은 그 껍데기를 그리려는 게 아니다. 우리가 궁극적으로 알고 싶은 것은 나무라고 하는 생명의 실상이며 작용하는 힘이다. 그 힘을 아는 것, 그 힘에 내 삶을 일체화하는 것, 그 힘을 체득하여 창조적인 삶을 열어가는 것, 그것이 모든 공부의 요체다. 그러나 그 힘의 흐름은 일반적인 생각으로는 파악할 수 없다. 술은 그래서 필요하다. 건강한 삶을 유지시켜 주는 밥이 필요조건이라면 술은 충분조건이다. 시는 술이다. 시는 감정의 파도를 타고 저 너머로 가는 뗏목이다. 시는 꽃과 잎새처럼 피어난 문학이지만, 본질을 직시하며 실상을 노래한다. 이 책은 소식이 피워낸 꽃과 잎을 보고 그 힘의 흐름을 알고자 한 것이다. 삶에 대한 사랑의 힘, 존재의 의미, 지혜의 눈을 뜨는 길을 알고 싶었다. 이 책은 그런 노력이 남긴 작은 흔적이다.

'도기병진道技竝進', 이것이 어찌 시와 예술의 것만이겠는가. 인생의 것이기도 하다.

이 책은 책이라고 하기에는 여러모로 부실하다. 학위논문을 책으로 내려면 독자들에게 의미 있는 내용을 이해하기 쉽게 써야 함에도 불구하고 나의 필력 부족으로 인해 거칠게 정리된 것이다. 지도교수 원행패 선생은 제자에 대한 사랑으로 매년 이 책 내는 일을 물어오셨다. 오랜 시간의 공을 들이지 못했지만 나는 부끄러움을 무릅쓰고 핵심만 정리하여 선생의 은혜를 표시하는 정도에서 그치기로 했다. 은혜라면 사실 몇 해 전 돌아가신 어머니에게 감사해야 한다. 10년 동안의 유학생활을 마치고 돌아오니 금의환향하는 줄만 아셨던 어머니는 내가 몇 년간 강사로 있다가 교직에 임용되기 직전 쓰러지셨다. 그리고 6년이라는 긴 세월을 의식을 잃은 채 사경을 헤매다가 돌아가셨다. 아버지와 온 가족이 고통의 터널을 지나온 세월은 마치 어두운 꿈만 같다. 늦게나마 부모님 전에 이 책을 바친다. 풍찬노숙과 다름 없는 유학생활을 함께한 아내 주미와 두 아들 민이 빈이에게도 고마움을 표시한다. 그리고 동파 소식에게 감사한다.

2008년 12월
단국대학교 천안캠퍼스 교정에서
지은이 씀

|차례|

추천의 글 ■ 004

머리말 ■ 006

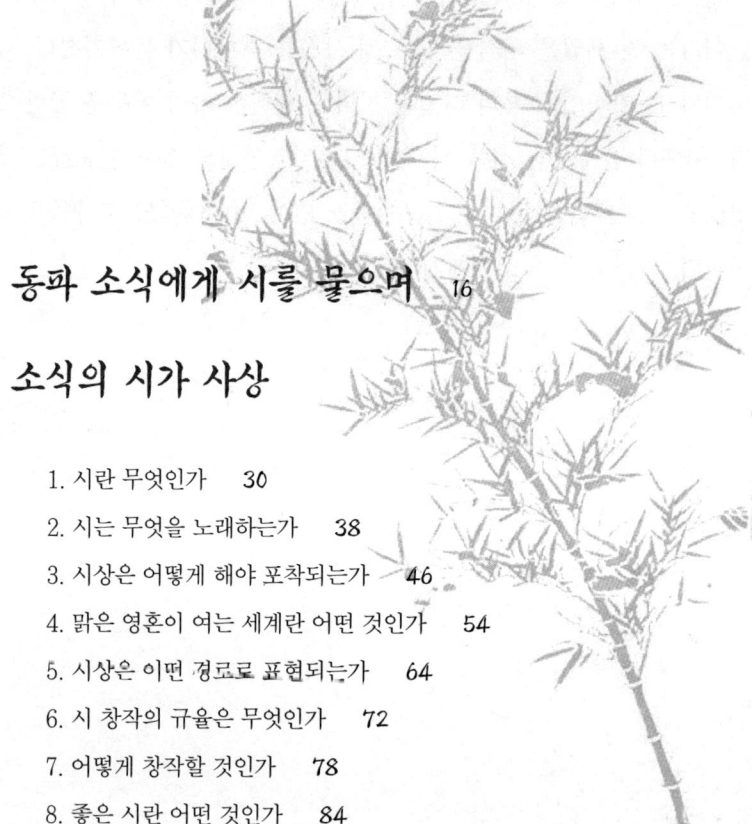

동파 소식에게 시를 물으며 16

소식의 시가 사상

1. 시란 무엇인가　30
2. 시는 무엇을 노래하는가　38
3. 시상은 어떻게 해야 포착되는가　46
4. 맑은 영혼이 여는 세계란 어떤 것인가　54
5. 시상은 어떤 경로로 표현되는가　64
6. 시 창작의 규율은 무엇인가　72
7. 어떻게 창작할 것인가　78
8. 좋은 시란 어떤 것인가　84

소식 시의 표현

1. 소재와 시어 92
2. 해학과 풍자 116
3. 비유와 웅변 132

소식의 시적 경지

1. 사변 176
2. 달관 198
3. 자연 218

주석 ■ 232
찾아보기 ■ 284

|일러두기|
● 본문에 인용된 시 제목 중 긴 것은 저자가 임의로 줄여 표기하였음.

[동파 소식에게 시를 물으며]

제자가 물었다.

"시와 산문에는 어떤 차이가 있습니까?"

스승이 답한다.

"의미를 표현하는데 그 두 가지가 어찌 차이가 있겠느냐? 단지 체제와 문장이 다를 뿐이다. 표현하고자 하는 어떤 의미를 쌀이라고 비유하자. 산문은 쌀로 지어 만든 밥이요, 시는 쌀로 담근 술과 같은 것이다. 밥을 지으면 쌀의 모양과 본질은 바뀌지 않지만 술을 만들면 모양과 본질이 완전히 바뀐다. 밥을 먹으면 배부르고 건강해서 장수할 수 있다. 그것이 사람 사는 일이다. 술을 마시면 취한다. 슬픔은 기쁨이 되고 기쁨은 슬픔이 된다. 그러나 왜 그런지는 알 수 없다.『시경』

의 어떤 노래들은 산문으로는 결코 표현해 낼 수 없을 정도로 아름답다. 그러니 시라는 것이 세상에서 사라질 수 있겠느냐?"(吳喬 『答萬季野詩問』)

1681년(강희 20년) 겨울 만사동의 물음에 오교가 대답한 기록이다.

시란 무엇인가. 이 책은 이런 물음을 가지고 쓴 것이다. 고대 중국의 시에 대한 설명은 단순하다. 『상서』에 따르면 "시란 마음속 생각을 말로 표현한 것이요, 노래란 그 말을 길게 뽑은 것이다." 여기서 말하는 '시'란 중국 문명이 문자를 사용하기 시작하던 초기의 노래 가사를 말한다. 그 노래 가사를 모아 엮은 책을 『詩』라고 했다. 이것이 나중에 유가 문인들에 의해 교재로 인식되면서 '經'이라는 글자가 붙는다.

중국은 시의 나라다. 수천 년 동안 글자를 아는 모든 사람들이 시를 읊었고 노래를 지었다. 한자는 글자마다 형태·의미·소리·성조를 갖고 있는 특성 때문에 글자 수를 맞추는 것만으로도 리듬이 생겼다. 가장 단순한 리듬은 대부분 네 자로 된 노래다. 『시경』이 그 좋은 사례다. 오늘날에도 네 글자짜리 문구는 수많은 성어로 남아 여전히 쓰인다. 한대에는 다섯 자의 노래가 불린다. 그때끼지민 해도 문학은 '문'이라는 이름으로 '필'과 대조를 이룰 뿐 독립적인 지위를 갖지 못했다. 있는 그대로 기록하는 것이 '필'이었다면 '문'은 꾸민 글이었다. 위진남북조 시기에 들어서서 문인들은 '꾸민 글'인 문학이 일상적인 말로는 표현하기 어려운 어떤 강렬한 힘이 있다는 것을 알게 된다. 이른바 '문학의 자각시대'가 온 것이다. 읽기 쉽고 듣기에 아름다운 글의 리듬이 탐색되었고 문장의 표현 방법이 이 시기에 다듬어졌다. 읽을 때는 네 자, 여섯 자가 호흡에 알맞고 낭송하거나 노래로 부를 때는 다섯 자, 일곱 자가 아름답게 들린다는 것을 그때의 그들은 알게 된다.

이 당시에 나온 천고의 문학이론서 『문심조룡』을 보면, 이 책을 지은 유협의 문학에 대한 폭넓고 깊은 이해의 경지에 경탄을 금하기 어렵다. 당시 중국에서의 문학이란 '시'다. 이 시기를 전후로 중국 고전시의 형태가 자리를 잡고, 문학의 나아갈 길이 제시된다. 시는 문자에 앞서, 음성에 의미를 실은 예술이다. 중국의 문인들은 이 문학이라는 예술에 모든 정열을 쏟기 시작했다. 시에는 글자 수의 통일과 의미의 함축뿐 아니라 소리·리듬, 의미나 문자의 짝 맞추기, 여운을 남기게 하는 각운 넣기 등 각종 기술적 요소가 동원되었고 그 모든 기교가 이 시기에 연구되었다.

그런 시적 기교는 당송 시기에 이르러 절정에 달한다. 일반적으로 이런 시적 기교에 가장 충실하고 자신의 감정과 현실의 삶을 잘 반영한 사람으로 두보를 꼽는다. 당대의 시는 전반적으로 후대의 모범이 되었지만 명대와 청대를 통틀어 모든 문인들이 두보의 시를 교재로 삼은 것은 이를 잘 설명한다. 사실 당대의 시는 기교와 내용면에서 절정에 달했다는 데에는 이론이 없다. 당대에는 아름답고도 비장한 시, 고요하면서도 시름겨운 시, 규율에 맞으면서도 파격적인 시 등 모든 형식과 내용이 실험되고 노래되었다.

문인들이 노래를 부르고 시를 지으면 그런 모임의 뒤에는 언제나 출판업자들이 기다리고 있었다. 어느 문인이 좋은 시를 지어 여성들에게 부르게 하면 그 노래는 곧 목판으로 수만 장씩 찍혀 팔려 나갔다. 며칠 뒤 그 문인은 다른 도시에 가서 자신이 지은 그 시로 노래 부르는 사람들을 만날 수 있었다. 시는 노래였고 노래는 시였다. 노래로 불리지 않아도 멋진 시라면 곧 다른 문인들에게 알려지고 낭송되었다. 특히 당대에는 외래문명과의 교류가 많아지면서 외국곡이 유행했다. 중국의 문인들은 소수 민족의 민간 가요나 외국의 노래 곡조에 자신들의 문학적 품격이 배인 시를 넣어 부르게 했다. 원래 다른 언어로 불리던 가사가 한자로 된 시로 개사된 것이다. 이것이 나중에 송대를 풍미한 새로운 시, '詞' 문학이 된다.

'사'는 노래 가사인 동시에 시였다. 이처럼 중국의 시 문학은 송대를 지나면서 한층 더 풍부해지고 새로운 돌파구를 열었다. 원나라 때에는 이민족의 통치하에서 무대 예술이 꽃을 피운다. 무대 예술은 무대의 문학을 낳았다. 원대의 '曲'이란 무대용 노래 가사이다. 이런 시 문학은 명청대에 이르러 좀더 보편적이고 일상적인 생활의 문학으로 자리잡는다. 이미 송나라 때부터 시작됐지만, 시의 창작과 감상은 이제 좀더 일상적인 일이 되면서 시로 인사를 나누었고, 시로 안부를 주고 받았으며, 시로 사랑을 나누었다. 이렇게 함축과 비유에 절대적인 장점을 갖고 있는 중국 고대시가는 일상 생활에서 그것을 짓는 이와 읽는 이에게 고결한 소통의 세계를 열게 했다.

시에 수명의 다함이란 없지만, 시의 형식에는 수명이 있다. 여느 다른 생명체처럼 생로병사의 길을 걷는다. 수많은 시 문학이 몸을 새로 받아서 태어나고 자라다가 사라져 간다. 그중 가장 고전적인 형식이 우리가 소위 '한시'라고 부르는 '근체시'이다. 이는 거의 2천 년 가까운 역사를 통해서 시의 전형이 되고 규범이 되어 왔다. 글자 수·평측·대구·압운·기승전결의 모든 것이 기본적으로 규범화되었다. 그것은 노래와 다름없는 한자의 리듬감과, 풍부하면서도 집약된 의미의 흐름을 가장 아름답게 표현할 수 있는 이상적인 형식이었던 것이다.

수천 년 중국의 문학사는 시의 역사와 함께한다. 시는 노동의 노래요, 서정의 노래며 삶의 노래다. 그러므로 중국의 시에는 서사시가 없다. 유사한 것이 있기는 하지만 여전히 서정의 범주를 벗어나지 못한다. 중국 고전문학에서 시를 산문과 구별하자면 여전히 사람마다 견해가 다르다. 현대적 개념으로 논한다면 중국의 수많은 고전 산문이 시가 되어야 한다. 노자의 『도덕경』도 시가에 속하며, 글자 수와 문장 성분의 짝을 맞추어 쓰던 '변문騈文' 대표작 왕발의 「등왕각서」, '부賦' 문학의 최고 걸작인 소식의 「적벽부」도 따지고 보면 산문 형식의 아름답기 그지없는 시다. 당나라 시기에서부터 발달한 '변문變文'은 역사·설화·불경 등이 노래 반 이야기 반으로 구전되어오는 문학이다. 요즘도 강남 일원에서 불려지는 탄사 등 설창 형식의 구전문학은 모두 서정을 실은 서사의 노래다.

중국 고전문학의 관점으로 볼 때 시란 情을 실은 노래다. 곡조에 따라 노래로 불려지고, 격식에 맞춰 소리로 낭송되었다. 소리에 실린 문학인 것이다. 그러므로 시를 논하는 것은 소리를 전제로 해야 한다. 오늘날 문자의 시를 보면서 그 의미를 살피는 일은 절반의 연구이다. 이 책의 시에 관한 논의 역시 눈으로 보고 머리로 분석한 글이라는 한계가 있다. 그 수천 년을 이어 전해 오는 아름다운 시를 보며 우리는 오직 오늘날의 중국어로 읊고 마음으로만 들을 뿐이다.

그럼에도 불구하고, 참으로 시란 무엇인가. 이 책은 이런 물음에 한

가닥 해답을 찾으려고 노력했다. 중국의 고대 문학사에 이름을 남긴 시인은 헤아릴 수 없이 많다. 그 중 후세의 사람들이 손꼽은 시인은 이백, 두보, 도연명, 소식의 순이다. 이 책은 송대의 대문호 소식을 연구 대상으로 한다. 소식은 문학과 예술에 대한 독자적인 이론을 열었으며, 아름다운 시와 산문을 남기는 문학적 실천을 보여주었다.

이 책은 왜 동파 소식에게 그 해답을 구하려 했는가.
소식은 송대는 물론 중국문학사상의 대표적 문장가였다. 그는 정부의 중요 관리였으며 사상가였고 시문과 예술에 능한 최고의 문인이었다. 그가 살았던 송대는 당대에 비해 한층 더 성숙한 사회로 성장했다. 안사의 난 이후로 균전제, 부병제 등 사회 근간을 이루는 토대가 무너지면서 당나라는 쇠퇴의 길을 걸었다. 그 뒤를 이은 송대 사회는 새로운 질서로의 개편이 불가피했다.
송은 젊고 의욕적인 신종 황제에 의해 개혁이 추진됐다. 이런 과정에서 도시민 계층이 두터워지며 지식인의 수가 폭발적으로 늘어났다. 그러면서 문단에서는 당말 송초의 부박한 문학유희를 부정하고자 하는 움직임이 있었는데, 이는 문학사에 새로운 환경을 조성했다. 주로 유가적인 것에 중점을 두고는 있었지만, 문학이란 깊이 있는 내용을 바탕으로 해야 비로소 가치를 띤다는 문학의 혁신운동이 나타난 것이다. 중당 시기의 한유와 유종원에 의해 주창되었던 '고문운동'이 북송 초기 구양수 등에 의해 다시금 추진되었다. 그 중의 한 사람이었던 소식은 문단의 이런 개혁적 흐름에 중요한 전제를 하나 더 붙인다. 아무리 깊이 있는 내용을 담았다 하더라도, 가장 좋은 기교로 표현될 때에야 비로소 문학으로서의 가치를 발휘한다는 것이다. 이것이 바로 문학적 기예와 정신적 깊이가 함께해야 한다는 소위 '도기병진'론이다. 이는 또한 송대 고문운동이 당대 고문운동과 다른 중요한 차이점이다. 깊이 있는 내용은 훌륭한 문학적 기교에 의해 온전히 드러난다는 관점이었다. 이는 남송에 이르러 다양한 문학 이론으로 발전되었고, 나중에는 시가문학이 거의 불교의 선적 경지와 상통한다는 이론으로까지 발전된다.

고전적 의미의 시가문학을 전제로 할 때, 앞서 말한 대로 위진남북조 시기는 문학이 스스로의 정체성을 확립하는 사춘기였다면, 당대는 꽃이 피는 듯한 청장년의 시기였으며 송대는 노년의 시기였다. 송대는 인생을 관조하며 내적 성찰을 하는 일에 모든 시인들의 노력이 모아졌다. 감정의 분출보다는 사색이 앞섰고, 묘사에 힘쓰기보다는 의미를 찾는 일에 열중했다. 함축과 묘미가 부족한 반면 깊이와 넓이가 더해 갔던 것이 송대 시단의 특징이었다. 소식은 그런 송대 시단의 맹주였으며 후세 문학의 흐름에 가장 커다란 영향을 미친 문인의 한 사람이었다.

신종 황제가 어느 날 근신들과 시인을 논하는 자리에서 물었다. "소식과 필적할 만한 옛사람이 누구인가?" 근신들이 "이백입니다"라고 답하자 황제는 "아니다. 이백은 소식 같은 천부적 재능은 있었으나 소식만한 풍부한 학식은 없었다"고 했다. 송대 진엄초가 전하는 실화다.

1037년 중국 사천성 미산현에서 태어난 소식은 21세 되던 해 황제가 있는 수도 개봉에서 진행된 과거 시험에 응시했다. 당시의 과거 시험 진행 책임자는 '당송팔대가'의 한 사람인 구양수였다. 구양수는 시험답지를 점검하던 중 최고의 문장으로 채워진 답지를 발견한다. 이름 없이 적게 되어 있는 답지를 보며 그는 그 답지가 자신의 지인인 증공의 것이라고 지레 짐작하고, 남들이 자기가 아는 사람을 장원시켰다고 오해할 것이 염려되었다. 결국 그는 제일 잘 쓴 답지를 2등으로 하고 2등짜리를 장원으로 했다. 나중에 그 답지를 쓴 사람을 불러 확인해 보니 그건 구양수의 지인이 아니라 저 먼 사천성 시골에서 올라온 낯선 젊은이가 아닌가. 구양수는 그를 만나고 난 뒤 문인 친구들에게 말한다. "이제 우리도 저 젊은이에게 자리를 내줘야 할 날이 머지않았네." 이런 칭찬을 들으며 나타난 그가 나중에 송대 문단을 이끌게 되는 소식이다.

소식은 사실 혜성처럼 나타난 천재는 아니다. 사천성 미산현의 작은 마을에서 소식은 동생 소철과 함께 당시의 학교인 도교 사원에 다니며 글공부를 했다. 사원의 선생님은 도사 장이간이었는데, 열 살 안팎 시절 소식은 이 도교 승려인 선생님에게 현존하는 문단 명망가가 누구누구냐고 묻곤 했다. 모친 정씨의 기품 있는 훈도와 좋은 선생님 아래에서 소씨 형제는 대성의 싹을 키우고 있었던 것이다. 호기심과 열정이 많아서 전국을 다니며 사업에 열중하던 부친도 돌아와 잘 장성하고 있는 두 아들을 독려하면서, 두 아들은 지방 시험·중앙 시험에 합격하는 단계를 밟는다.

소식은 그 뒤 지방관을 시작으로 전국 각지의 크고 작은 도시를 다니며 관직 생활을 한다. 당시는 왕안석을 내세운 신종 황제의 경제 개혁이 시작되던 시기였다. 관료들은 개혁과 보수로 편을 나누어 정쟁에 휩싸였고, 보수편에 서 있던 소식은 득세한 개혁세력에 의해서 탄핵을 받고 지방관을 전전한다. 지방에 있었지만 문장력이 뛰어났던 소식의 문장이나 시 작품은 언제나 전국을 풍미했다. 중앙에서는 그의 글이 갖는 영향력에 신경을 곤두세우고 있었다. 44세 되던 해에 개혁 세력의 당권파들은 결국 그의 시구를 꼬투리 잡아서 어사대 감옥에 잡아넣는다. 황제와 나라를 비웃고 경멸한 죄였다. 시의 구절을 뒤집어 해석하고 트집을 잡아 구속시킨 당권파들은 그를 죽이려 했지만 결국은 그의 재능을 아끼는 황제의 은덕으로 풀려난다. 그는 곧바로 양자강 중류의 황주라는 작은 마을에 유배되고 소식은 거기서 4년간 살게 된다. 역설적이게도 소식은 거기서 시와 예술을 생각하며 인생의 깊은 의미를 깨친다. 역대 최고의 문장으로 여겨지는「적벽부」와「염노교」같은 주옥 같은 문학이 거기서 탄생한다. 소식은 그 뒤로 중앙의 요직에 발탁되었다가 다시 귀양을 가는 등 정치적 소용돌이 속에서 부침을 거듭하다가 1101년 강소성 상주에서 병사한다. 그의 나이 65세 때의 일이다.

그렇게 그는 일세를 풍미하는 글을 쓰다가 떠났으나 그의 문학은 그 뒤 더욱 빛을 발했다. 모든 이들이 그의 문장을 읽고 그의 시를 낭송했다. 황정견을 비롯한 제자들이 문풍을 이어 갔으며 그의 문학이론은 교범이 되었다. 특히 그의 일생은 극적인 요소가 많아 원대 이래로 종종 무대극의 소재가 되기도 했다.

오늘날에도 중국인들은 소식을 얘기할 때면 입가에 미소를 띤다. 그의 다재다능한 문학과 예술에 전하는 풍부한 자유정신과 멋진 인품의 향기 때문이다.

이 책을 쓰기 위해서 나는 우선 공범례가 편찬한 중화서국판『소식시집』전 8권의 소식 시 2,725수 전체를 입력하고 각 시의 소재와 주제를 나누었다. 또한 중화서국판『소식문집』의 수천 편에 달하는 산문 중 문학과 예술에 관련된 모든 문장을 입력하고 내용을 분류했다. 분류된 문장을 분석한 결과 소식의 문학관에는 일정한 형태의 체계가 있음을 발견했다. 다시 말하면 그의 문학이론은 머리와 몸, 그리고 사지가 모두 갖추어져 오늘날의 문학예술에 적용해도 전혀 손색이 없는 완전한 하나의 유기체였다.

　시와 문학 또는 예술과 관련된 소식의 모든 문장을 재배치하고 새롭게 해석하며 오늘날의 의미로 새기면서 써 내려간 것이 이 책이다. 그가 산발적으로 언급한 시와 예술에 관한 것들을 모아 골격이 있는 형체를 만든 것이다. 그러면서 소식에게 물었다.

　시 문학에 대한 기본적인 관점은 무엇인가. 어떻게 하면 시를 잘 쓸 수 있는가. 시인의 정신세계는 어떤 특징이 있는가. 그것이 어떻게 문자로 그려져 아름답게 되는가. 그려야 할 본질적인 것이란 무엇인가. 궁극적으로 시가 보여주는 정서적 예술의 세계란 무엇인가. 이 모든 물음을 소식에게 물었다.

　다음으로 이 책은, 소식의 이런 문학관이 그의 창작 실천에서는 어떻게 반영됐는가, 진정 자기 자신은 그런 그의 시학관에 충실했는가, 그의 시 문학의 특징은 무엇인가, 이론과 실천에는 어떤 괴리가 있는가, 어떤 부분이 그의 시학 이론과 부합하고 어떤 점이 결함인가, 이런 문제를 그의 전체 시에 대입하여 논했다.

그 결과 이 책에서 소식은 위와 같은 물음에 일정한 해답을 제시한다. 첫째, 감정이나 대상에서 떠오르는 시상이란 스치는 바람처럼 잡기 어렵다. 시를 쓰려면 이를 잘 포착해야 한다. 둘째, 이를 잘 포착하려면 마음이 고요하고 순수해야 한다. 고요하면 감정이나 대상의 움직임을 잘 볼 수 있고 순수하면 사물의 본질을 꿰뚫어 볼 수 있다. 셋째, 가장 효과적인 기법의 문장 형식을 운용해서 그리려고 하는 감정이나 대상물을 그려내야 한다. 문자를 잘 운용하려면 장기간의 문학적 기술이 연마되고 문장의 제련이 진행되어야 한다. 이렇게 가슴과 머리가 만나고, 머리와 손이 만날 때 비로소 좋은 시가 나온다. 마지막으로, 좋은 시란 겉으로 보면 평이하지만 읽으면 읽을수록 깊은 맛을 느끼게 한다. 사실 그 평이함이란 현란함의 극치에서 빚어낸 참된 시의 세계다. 이것이 소식이 우리에게 전하는 시에 대한 요점이다.

이상과 같은 시가 이론에서 특히 주목할 만한 것은 다음의 두 가지 조건이다. 하나는 가슴과 머리가 만나는 일, 즉 '순수한 영혼의 눈뜸'이다. 이것을 한자로 표현하면 '이오관물以吾觀物'이다. '순수한 나(吾)'의 상태로 사물을 본다는 의미다. 이 '吾'란 장자가 말한 '吾喪我'의 그 '吾'이다. 자아의 틀과 집착, 고정관념, 이기심 등의 모든 속된 나(我)를 버리고 순수한 영혼의 눈을 뜬 참된 나(吾)의 경지를 말한다. 맑은 영혼의 눈을 뜨면 현상을 넘어 실상의 세계를 볼 수 있다. 표면을 꿰뚫고 본질을 보게 된다. 마음이 열리면 남이 보지 못하는 것을 보는 눈, 남이 듣지 못하는 것을 듣는 귀가 생긴다. 이 책에서는 장자가 말하는 '심재' 이론으로 이를 설명한다. 텅 빈 마음으로 받아들인 세계는 이미 시의 세계이며 예술의 경지다. 이를 어떻게 문자로 표현해 내야 하는가.

두 번째 조건인 머리와 손이 하나가 되는 일, 즉 '문학적 기교'가 그것이다. 이것은 소식의 말을 빌어 쓴다면 '심수상응心手相應'이다. 시적이며 예술적인 정신세계는 이미 훌륭하다. 그것이 좋은 기술을 만나 붓끝으로 전해지면 그림이 되고, 악기로 전해지면 음악이 된다. 멋진 정신세계와 문장력이 만나면 좋은 문학작품이 됨은 물론이다. 문학적 소양과 훈련, 머리의 것을 붓으로 전달하는 실질적인 기술. 이 역시 장자의 말로 설명한다. 법도를 따르는 오랜 집중과 연마가 그 해답이다. 여기서 장자를 연결시키는 것은 특별한 설정이 아니다.

어느 날 소식은 책을 보다가 탄식을 하고 동생인 소철에게 편지를 쓴다. "어릴 적 선인들의 글을 읽으면 알 듯하면서도 잘 모른다는 느낌이었다. 그러나 『장자』를 읽고 나는 그 의문점을 말끔히 해결했다"(『宋史·蘇軾傳』). 장자에 해답이 있었다. 사실 장자는 시나 문학을 말한 사람이 아니다. 『장자』에 인생의 모든 해답이 있는 것도 아니다. 그러나 분명한 것은 『장자』에 중요한 해결의 실마리가 있다는 것이다. 그것이 무엇인지 소식은 직접 말하지는 않았지만 이 책에서는 소식의 말을 빌려 그 해답을 제시한다.

위의 두 가지 조건에서 첫 번째 것을 '道'라고 한다면 두 번째 것은 '技'다. 소식은 제자 진사도에게 쓴 편지에서 말한다. "자네는 요즘 참 좋은 시를 쓰는구나. 그대의 시에는 도와 기가 함께 어우러져 발전하고 있다." 이른바 '도기병진道技竝進'이다. 맑은 영혼의 가슴과 문학적 기교의 만남, 이것이 바로 소식이 장자를 보고 찾아낸 문학의 해답이요, 인생의 해답이었을 것이다.

좋은 시란 무엇인가. 도와 기가 어우러진 것이다. 좋은 시에는 역대로 '신운神韻'이 있다고 했다. 그림으로 비유하면 '기운이 생동한다'는 의미다. 기쁨에는 기쁨의 기운이 있고 슬픔에는 슬픔의 기운이 있다. 꽃에는 꽃의 생기가 있고 돌에는 돌의 생기가 있다. 이것에 작자 자신의 영혼을 불어넣어 생생하게 살려내는 것이 시며 예술이다. 신운을 발하는 시에는 두 가지가 갖추어져 있다. 첫째는 명상의 경구이며, 둘째는 감정의 파동이다. 앞의 것에는 '도'가 실리고 뒤의 것에는 '기'가 함께 한다.

[소식의 시가 사상]

1. 시란 무엇인가
2. 시는 무엇을 노래하는가
3. 시상은 어떻게 해야 포착되는가
4. 맑은 영혼이 여는 세계란 어떤 것인가
5. 시상은 어떤 경로로 표현되는가
6. 시 창작의 규율은 무엇인가
7. 어떻게 창작할 것인가
8. 좋은 시란 어떤 것인가

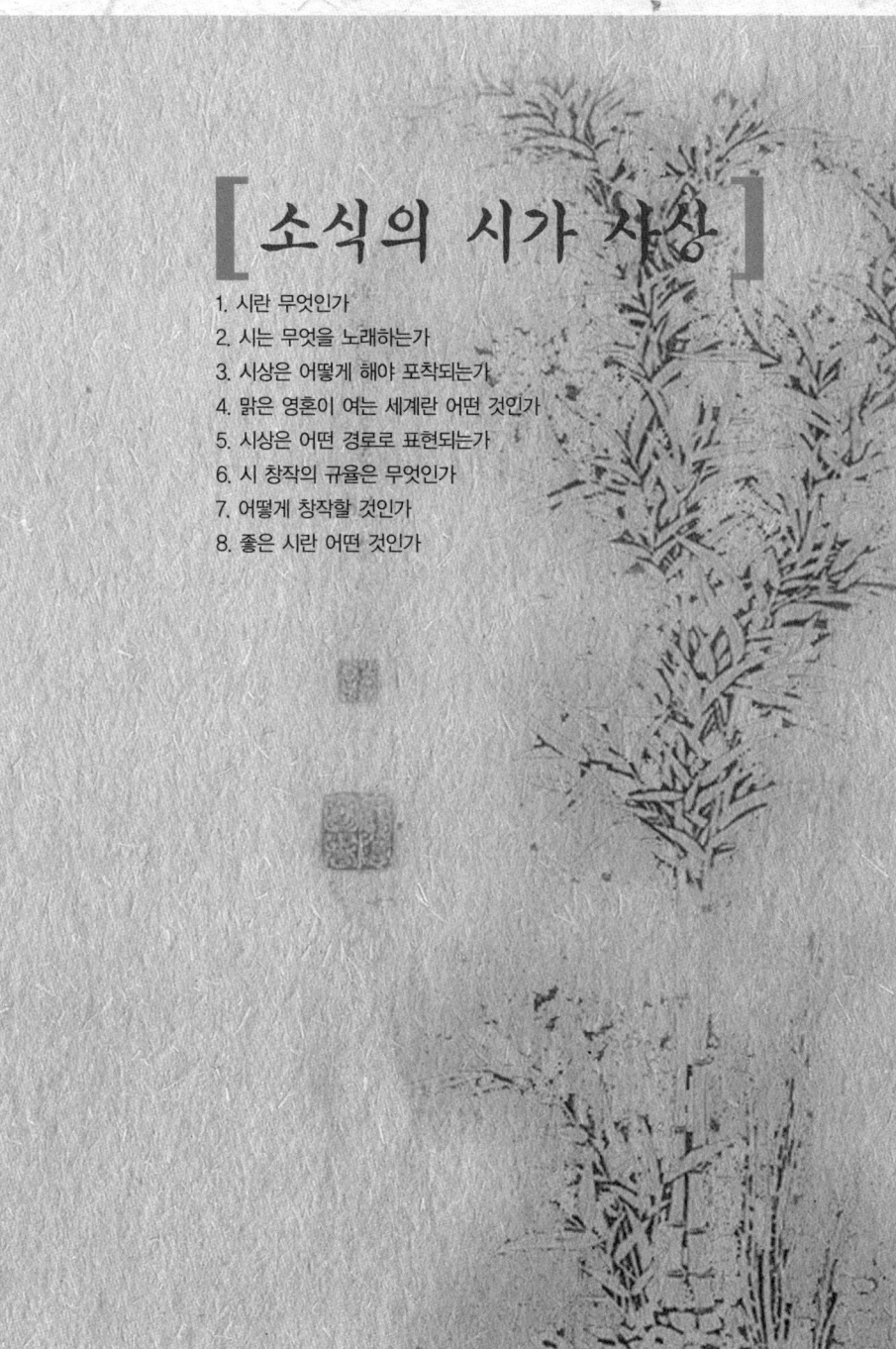

1. 시란 무엇인가

1059년 12월, 스물세 살의 소식은 2년 전 자신이 과거에 급제한 직후 돌아가신 어머니 정씨의 상을 다 모시고, 부친 소순, 동생 소철과 함께 귀경하는 양자강 뱃길에서 『남행집』의 서문을 남긴다.

예전의 문인들은 글을 잘 쓰려 해서 잘 쓴 것이 아니라, 쓰지 않을 수 없어서 쓰고 보니 잘 쓴 것이다. 산천의 안개와 구름, 초목의 꽃과 열매는 모두 안으로 차고 넘쳐서 밖으로 드러난 것이듯, 이는 감추려 해도 소용없는 일이다. 나도 어려서부터 글쓰기에 관한 부친의 말씀을 들었거니와 옛날 훌륭한 분들은 모두 이렇게 스스로 억제할 수 없는 무엇이 있었다고 하셨다. 나와 내 동생 철은 글을 많이 쓰긴 했지만 한 번도 감히 글을 쓴다고 생각한 적이 없었다. 기해년 어른을 모시고 장강 중류를 지나는데, 배 안에서 딱히 할 일이 없어서 놀이를 하거나 술을 들곤 했는데 집안에서 지내던 분위기와는 사뭇 달랐다. 우리가 만나는 산천의 아름다움이나 순박한 풍속 또는 옛사람들의 유적들은, 보고 듣는 대로 가슴에 닿아 영탄을 자아내게 했다. 그렇게 해서 지어진 부친과 동생, 그리고 나의 시문 일 백 편을 모두 여기에 모아 『남행집』이라 이름 지었다. 이는 잠시 동안의 일들을 기록해 뒷날의 추억거리로 남기려 하는 것으로, 담소하면서 쓴 것들일 뿐 좋은 글 지으려고 쓴 것은 아니다. 12월 8일, 강릉역에서 쓰다.[1]

이 글에서 우리는 청년 시절 소식의 중요한 문학관을 엿볼 수 있다. 그것은 좋은 시문이란 의식적으로 쓰인 것이 아니라 가슴속에 넘치는 정감을 자연스럽게 표현해낸 것이라는 관점이다. 시인이 가슴속에 느끼는 '억제할 수 없는' 어떤 정감은 꽃이나 구름처럼 자연스럽게 피어난다고 하는 소식은, 자신도 이번 뱃길 여행을 하면서 저절로 가슴에 와 닿는 여러 가지 정감이 있어 그것을 시문으로 엮었다고 밝히고 있다.

소식의 이런 관점은 자신이 말한 대로 중국의 전통 시학 이론과 맥을 같이 한다. 고대 시학의 전통 이론은 시란 사람의 본성이 외부 사물의 자극을 받아 드러난 언어형식이라고 설명한다. "사람의 본모습은 고요한 것이며 이는 자연스런 본성이다. 그러나 사물을 접하면 그 고요하던 것이 움직이는데 이 움직임 또한 그 본성의 모습이다"[2]라고 『예기』는 전한다. 사람의 본성은 원래 고요한 것인데 외부 사물의 영향을 받아 촉발되면 정감이 되는 것이다. 그리고 그 정감이 어떤 특정한 언어형식을 빌어 표현된 것을 '시'라고 했다. 노래와 시란 마음속 생각을 표현한다고 한 『상서』의 '시언지詩言志'는 바로 이를 설명한다.[3] 소식이 경험한 '시언지'의 예를 하나 보자.

내가 여산에 올라 보니 그 산과 계곡의 아름다움이란 내 평생 처음이었다. 그야말로 쉴 틈 없이 펼쳐지는 풍경을 접하면서 나는 시를 짓지 않기로 작정했다.

산 구경에 정신이 팔린 소식은 시를 짓는 일이 번거롭다고 여겼던 것이다. 이렇게 생각했던 소식은 그러나 이 생각을 금방 잊고 만다.

산사의 스님과 손님들을 만나니 모두들 "소자첨(子瞻은 소식의 字) 오셨다!"고 인사한다. 나도 모르게 "짚신 신고 죽장을 끌며/돈 꾸러미를 꿰들고 유람하는데//이상도 해라, 깊은 이 산중에서/사람들이 나를 다 알아보다니."라는 시구가 절로 나왔다. 방금 한 말이 우습게 되었지만 나는 다시 두 수의 시를 지었다. "청산은 마치 무정한 사람인 듯/이리저리 사귀고 싶어 해도 무덤덤하다//그러나 여산의 참모습을 알고 나면/나중에 다시 보는 날 친구 되어 반기리." 또 한 수, "예전에 이 산을 생각할 때/아련한 아지랑이 속에서 유람했었지//오늘 이것이 꿈은 아니니/이야말로 진짜 여산이로다."

산 구경에 마음을 빼앗겨서 시를 지을 틈이 없으리라고 생각했던 소식은, 뜻밖에 자신을 알아보는 사람들이나 아름다운 경치를 만나자 저도 모르게 쏟아져 나오는 시구를 어찌할 수 없었던 것이다. 여산에서의 소식의 시는 여기서 그치지 않는다.

열흘 남짓 산의 남북을 돌아보면서 나는 그 기가 막힌 경치에 넋을 잃었다. 그 중에서도 가장 아름다웠던 수옥정과 삼협교는 각각 시를 지어 남겼다. 마지막으로 총스님과 함께 서림을 구경하면서 시를 한 수 더 지었다. "가로로 보면 고갯마루, 세로로 보면 봉우리/어디서 어떻게 바라보아도 모두 다르니//여산의 참모습을 알 수 없는 것은/내 자신이 바로 산 속에 있기 때문일세." 이것으로 나의 여산에 대한 시는 끝을 맺는다.[4]

「여산의 시를 기록함」이라는 소식의 이 경험담은 자신의 말대로 봄을 맞아 저절로 터지는 꽃봉오리처럼 억제할 수 없는 시의의 발산을 잘 설명한다.

"시라는 것은 뜻이 드러나는 것으로, 마음에 가라앉아 있으면 뜻이요, 언어로 드러나면 시가 되는 것이다. 정감이 마음속 깊은 곳에서 움직이면 말로 표현하게 되는데, 말로 표현하는 것이 부족하면 길게 노래를 부른다. 길게 노래를 해도 부족하면 저도 모르게 손과 발이 춤을 추는 것이다."[5]라고 『모시서』는 전하고 있다. 그러나 뜻이 언어로 드러나기 위해서는 '정감이 마음속 깊은 곳에서 움직여야' 하는데, 여기서 '마음속 깊은 곳'이란 사람의 본성에 다름 아니다. 정감은 본성의 '움직임'인 것이다. 소식은 「한유론」에서 당시 성리학자들이 희노애락을 정감의 표현으로만 보고 본성을 별개의 것으로 여기는 것은

잘못이라고 지적하면서, 희노애락이 정감에서 나오듯이 정감 또한 본
성을 바탕으로 한다고 할 수 있음을 강조한다.

　유가의 문제점은 본성을 잘못 이해하고 있다는 점이다. 그들은 희노애락
이 모두 감정의 발로라고 하는데, 사실 희노가 있으므로 인의가 있는 법이
요, 애락이 있으므로 예악이 있는 법이다. 그런데도 희노애락이 감정에서
나오고 본성의 것이 아니라고 하니 이는 옛 성인의 가르침을 그르치는 일
이다. 노자가 말하기를 '어린아이처럼 천진난만할 수 있는가'라고 했는데
만약 희노애락이 본성이 아닌 감정에서 출발한다면 이는 노자가 말하는 어
린아이처럼 되자고 하는 말과 다름없다.[6]

그는 또 자신이 쓴 『소씨역전』에서 다음과 같이 말한다.

　맹자는 사람의 본성이 선하다는 것을 지론으로 여겼지만 『역』을 읽고 난
뒤 나는 그것이 잘못된 견해라는 사실을 알았다. 맹자의 인간 본성에 관한
관점은 그 본성의 한 현상을 파악하는데 그쳤을 뿐이다. 선함이란 본성의
현상 가운데 한 가지이다. 맹자는 본성의 본질을 파악하지 못한 채 그 본성
이 보여주는 한 결과만을 보고는 그것을 본성의 참모습이라고 여겼다. 본
성이 선함으로 나타난 것은 마치 불이 음식을 익힌 듯한 것이다. 불은 보지
도 못한 채 세상의 모든 익은 음식을 불이라고 말할 수 있겠는가. 익은 음
식이란 불의 작용으로 나타난 하나의 결과일 뿐이다.[7]

그는 또 "지혜롭고 어질다는 것은 성인이 말하는 선함이다. 이 선함

은 바로 도의 한 표현이지만 선함이 곧 도라고 한다면 잘못된 것"[8]이라고 한다. 소식은 희노애락 등의 감정은 물론 시비선악 등의 상대적인 개념들을 모두 인간 본성의 각종 외연으로 파악하고 있으며 시는 이 본질적 자아인 본성에서 출발한다고 보고 있는 것이다.

외부 사물이 내면세계의 정감을 일깨워 시문으로 읊조리지 않을 수 없었다는 소식의 『남행집』 서문에서 우리는 시가 창작되는 동기의 전형을 확인할 수 있다. 사람의 고요하고 평정한 본성은 사물을 접하면서 평정을 잃은 상태인 정서가 되고, 이는 다시 소리인 노래와 시로 불리어지게 된다는 것이다. 『시경』을 "어디에도 치우침이 없

소식 입상

다"는 의미의 "사무사思無邪"[9]로 파악한 공자의 말은 소식의 이런 관점과 다르지 않다. '사邪'는 '부정不正'이며 치우침이요, 불균형이다.[10] 즉 시는 치우침과 불균형인 상태의 정서를, 노래에 담아 고르고 균형 있게 회복시켜 놓는 역할을 한다. "사물은 평정을 잃으면 운다"[11]는 한유의 말은 바로 시에, 정서의 깨어진 균형과 질서를 회복시켜 주는 기능이 있음을 설명한다. "곤궁할수록 시가 잘 써진다"[12]는 구양수의 말도 한유의 이런 관점에 연결된다. 현대 학자 전종서는 「詩可以怨」이라는 논문[13]에서 "상처 입은 조개가 진주를 맺듯이 고통이 사람

1. 시란 무엇인가 35

들로 하여금 시를 쓰게 한다"고 강조한다. 그리고 소식이 말한 대로 "시를 다 쓰고 나니 두 줄기 눈물이 흘러내리는"[14] 까닭은 "맑은 시가 내 마음의 찌꺼기를 씻어 내기"[15] 때문이며, 정감을 잠재워 마음을 고요하고 평온한 본성으로 회복시켰기 때문이다.

그러나 여기서 노래 불리어지는 소위 "정서"는 외부의 사물에 자극 받은 자아의 '출렁이는' 내면세계일 수도 있고 또는 외부 사물 자체의 것일 수도 있다. 시가 자아의 내면세계를 그리는 데 그치지 않고 외부 세계나 그 효용을 그리는 것을 소식은 이렇게 말한다. 시가 "본성에서 출발하여 충과 효에까지 이른다면 그런 시는 보통 훌륭한 것이 아니다."[16] 소식은 또 부친 소순의 말을 빌어 "선생의 시문은 모두 의미를 담아 쓴 것이니 그 분명하고 매서운 말씀은 요즘 세상의 문제점을 정확하게 지적했다. 그 글들은 곡식이 굶주림을 달래고 좋은 약이 병을 치료하듯이 꼭 필요한 말씀들이다. 말장난을 하면서 제 잘난 듯 여기고 글 장난을 하면서 멋있고 아름답다고 하는 일은 결코 하지 않았다."[17]고 하며 시문의 사회적 기능에도 커다란 의미를 부여했다.

■ **소식의 시론** 소식은 가슴 깊은 곳에서 저절로 솟아오르는 것이 좋은 시라고 여긴다. 중국의 고대 시론도, 사람의 본성은 원래 고요하지만 외부 사물의 자극을 받으면 고요한 조화가 깨지고, 이 깨어진 조화의 회복을 위해 정감이 노래가 되어 나온다고 한다. 이와 맥을 같이하는 소식의 시학관은 특히 그 노래로 솟아 나오는 정감도 인간 본성의 한 모습이라고 보았다.

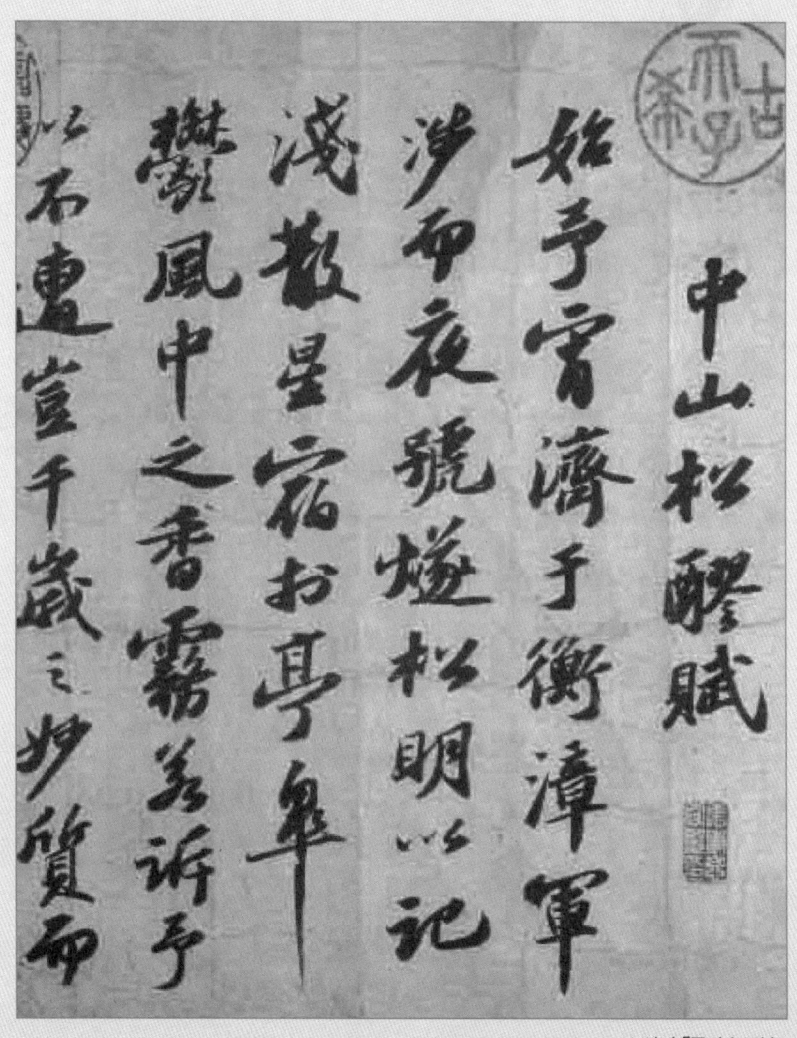

소식의 「중산송료부」

2. 시는 무엇을 노래하는가

시라는 것이 과연 이렇게 치우치고 불균형 상태인 자신의 정서나 세상사를 자연스럽게 평정한 상태로 회복시키고자 하는 자연적인 심리작용의 소산이라면, 그 "억제할 수 없는" 정감의 분출만으로 좋은 시가 지어질 수 있을까. 사람의 본성이 외부 사물의 자극을 받아서 언어로 표출된다면, 그 표출만으로 과연 시다운 시가 될 수 있을까. 이런 의문에 대한 답안을 소식은 64세 되던 해인 1100년에 쓴 글 「사민사에게 보내는 편지」에 남긴다.

공자는 "말은 다듬어지지 않으면 멀리 전해지지 못한다"[1]고 하면서 "말은 내용을 정확히 표현하면 그뿐이다"[2] 하셨습니다. 사람들은 이 말을 그대로 해석해서 글은 내용만 정확히 표현하면 그만이지 다듬을 필요가 없다고 여기는데 이는 크게 잘못된 생각입니다. 사물의 본질을 파악하는 것은 바람이나 그림자를 잡는 것처럼 어려운 것입니다. 하물며 그 사물이 내 마음에 분명하게 파악되게 하는 것은 천만 명 중에 한 사람도 어려운 일입니다.[3]

이 글은 소식의 시에 관한 두 가지 중요한 관점을 제시한다. 첫째는 잘 다듬어진 시문만이 널리 읽혀진다는 사실이요, 둘째는 공자의 말을 재해석해서, 좋은 시문을 쓰려면 먼저 표현하려는 대상의 본질을 정확히 파악해야 한다는 것이다. 본질을 정확히 파악하지도 못한 채 말과 글을 다듬는다는 것은 본말이 뒤바뀐 일이다. 사물의 본질을 분명히 파악해야 명확한 표현이 가능한 법이다. 명확한 표현을 위해 부단히 다듬었을 때 비로소 실상이 완연히 드러나게 된다. 장자가 말한 대로 "언어로 인식할 수 있는 것은 사물의 표상일 뿐이요, 사물의 본질은 정신으로 파악되는 것"[4]이므로 표상이 아닌 본질을 파악하는 일은 시 창작의 가장 첫 번째 단계가 된다. 소식은 이 '본질의 파악'을 설명할 만한 경험담을 「전신기傳神記」라는 글에 남기고 있다.

사람의 참모습을 그리는 데는 눈이 가장 어렵다. 고개지도 "인물 그리기의 핵심은 눈이요, 그 다음은 얼굴 윤곽"이라고 한다. 나는 예전에 내 얼굴을 벽에 비춰 그림자를 만들어 놓고는 다른 사람더러 그대로 벽에 그림을 그리라고 했는데, 눈썹과 눈 등은 그리지도 않았는데 보는 사람마다 나를 똑같이 그렸다고 웃었다. 눈과 얼굴 윤곽이 비슷하면 나머지는 크게 틀릴 것이 없으며 눈썹이나 코 입 등은 적당히 바꿀 수 있는 것이다. 사람의 참모습을 그리는 것은 관상을 보는 것과 다름없으니 어떤 사람의 본모습을 파악하려면 그가 여러 사람 속에 무심히 섞여 있을 때 가만히 관찰해야 한다. 그런데 요즘 화가들은 의관을 갖추게 한 다음 무엇을 주시하고 옷깃을 여민 채 긴장하게 하니 어찌 자연스러운 모습을 그리겠는가. 일반적으로 사람의 특징은 눈이나 눈썹, 코나 입 등에 있다. "뺨에다 털 세 가닥을 그리니 훨씬 자연스럽게 되었다"고 고개지가 말한 적이 있는데 이는 상대방의 특징이 그 볼에 난 털에 있었기 때문이다. 우맹학과 손숙오가 박수를 치고 담소를 하면서 죽은 사람도 살아나게 하는 표현이라고 말한다. 이는 모든 형상을 다 꼭 같게 그려서가 아니라 본질적 특징을 파악해 그렸기 때문이다. 그림 그리는 사람에게 이런 이치를 깨닫게 하면 모두 고개지와 같은 대화가가 될 것이다. 나는 예전에 유진 스님이 증노공을 그린 것을 보았는데 별로 비슷해 보이지 않았다. 어느 날 그는 증노공을 만나고 와서는 대단히 기뻐하면서 '나 이제 알았네'라고 하는 것이다. 즉 공의 눈썹 옆으로 세 줄의 주름살이 보일 듯 말 듯 있는데 고개를 숙이건 들건, 눈썹을 찌푸리건 활짝 펴건, 보이는 그 주름살을 그려 넣으니 상당히 비슷한 초상화가 되었다.
 남도의 정회립이 뛰어난 그림 솜씨가 있어 완전한 모습의 나를 그려 내었다. 그의 언행은 엄숙하고 기품이 있어서 필묵 이상의 것을 보여주는데 나도 그에 대해 들은 바가 있어 이 글을 남긴다.[5]

여기서 소식이 강조하는 '참모습'은 바로 사물의 본질적 특징이며, 이 특징은 바로 그 사물의 정신적 실체를 파악하는 단서가 되는 것이다. 소식은 그의 친구 문여가의 대나무 그림을 칭찬하면서, "문여가가 그린 대나무를 보면 대나무의 정감을 파악하고 그 본성을 그려냈다"⁶⁾고 말했다. 이는 표상을 통해 본질을 드러내는 예술의 궁극을 지적한 말이다. 이런 원리는 시 창작에서도 다름이 없다. 「시인의 사물 묘사를 평함」에서 소식은 이렇게 말한다.

    시인에게는 사물을 그려내는 비결이 있다. 예를 들어 "뽕이 지기 전에는/뽕 이파리 기름지다"라는 시구를 보면 다른 나무로는 이렇게 노래할 수 없다. 또 임포의 「매화」 시에서 "가로 뻗은 가지 그림자 야트막한 시냇물/맑은 향기 흐르는 데 달 뜨는 황혼"이라는 시구는 결코 복사꽃이나 자두나무를 노래한 것이 아니다. 피일휴의 「백련」 시 중 "무심한 듯 한 맺힌 듯 누가 보아줄까/달 뜬 밤 맑은 바람에 떨어질 듯한 모습", 이는 결코 홍련을 그린 시일 수 없다. 이게 바로 사물을 그리는 비결이다. 그러나 석만경의 「홍매」 시는 "복사꽃인지 알려면 푸른 잎이 없어야 하고/살구꽃인지 알려면 푸른 가지가 있어야 한다"고 하니 정말 형편없는 시다. 아마 시골에서 배운 시인 듯하다. 원우 3년 12월 6일, 아들 과에게 써 주다.⁷⁾

소식이 말하는 시 창작의 비결은 그 묘사하고자 하는 사물의 본질적 특징을 포착하는 데 있다. 가로 뻗은 가지의 성긴 그림자, 그 아래엔 맑고 야트막한 시냇물, 어스름한 달빛에 흐르는 맑은 꽃향기……. 이는 매화가 아니고서는 연출될 수 없는 정경이다. 피일휴의 시 또한 백목련이 아니고는 자아낼 수 없는 정경이다. 소식 자신이 지은 「홍매紅梅」 시 한 수를 보자.

    달콤한 봄잠에 저 혼자 늦게 피어

제철 아닌 모습이 안 어울려 수줍은가

　　일부러 복사꽃 색깔 띠어보지만
　　외롭고 쓸쓸한 모습 아직도 역력해라

　　두려운 마음은 오는 봄 맞지 못하고
　　무단히 술기운 빌어 고운 몸 물들이니

　　옛 시인은 매화의 이런 격조를 몰라
　　그저 가지나 이파리 색깔만 노래했지.[8]

　시름에 젖어 졸다가 때늦게 핀 홍매는 시류에 안 어울리는 자신이 부끄러워 술기운을 빌어 붉게 물들어 간다고 그리고 있으니, 소식이 말하는 홍매의 이런 "격조"는 결코 눈으로 보는 외모의 묘사만으로는 그릴 수 없는 것이다. 이 시의 마지막 구절은 바로 위에서 말한 석만경 시의 멋없음을 꼬집는 내용이다. 이에 관해서 남송의 사승조가 부연 설명을 했다.

　소식이 말하기를 시인이 사물을 노래할 때는 결코 다른 표현이 불가능한 적절한 묘사가 필요하다고 한다. 예를 들어서 '뽕이 지기 전에는/뽕 이파리 기름지다'라는 시구가 바로 그 경우다. 소식 자신도 「감람」이라는 시에서 '靑子가 분분히 꽃잎 떨구네'라고 노래한다. 대부분의 과일은 처음에는 파랗다가도 익으면 매실이나 살구처럼 주황색으로 변색이 된다. 과실은 많아지고 가지도 무성하기 때문이다. 그러나 오직 감람만이 익은 뒤에도 파란빛을 잃지 않기 때문에 靑子라고 했으니 이 말은 다른 과일에는 쓸 수 없는 어휘이다.[9]

청대의 오교는 소식의 이런 언급에 대해 더욱 명쾌한 설명을 보태고 있다.

> 시구에는 살아 있는 것과 죽은 것이 있다. 석만경의 「홍매」 시 "복사꽃인지 알려면 푸른 잎이 없어야 하고/살구꽃인지 알려면 푸른 가지가 있어야 한다"고 한 시구는 제목에 적합하기는 하지만 아무런 운치나 기탁함이 없으니 죽은 구절이다. 명나라 시인들의 시는 온통 이런 것들뿐이며 두 이씨(이동양, 이몽양을 가리킴)의 시는 그 중에서도 가장 심하다. 소식은 시의 이런 문제점을 파악했기 때문에 "시를 짓는데 반드시 어떻게 써야 한다면/시를 아는 사람이 결코 아니다"[10]라고 하면서 한 제화시에서 "들기러기가 사람을 보면/날기도 전에 기색부터 바뀌는 법//그대는 어떻게 다가갔기에/이토록 자연스런 모습들을 그려내었나"[11]라고 한다. 시의는 비록 당나라 때 시인들과는 다르지만 소식은 그 그림 속의 물고기나 새들 모습의 자연스러움을 포착하고 있는데, 이런 것이 바로 살아 있는 시구이다.[12]

물가에서 자연스럽게 노는 들기러기의 모습은 결코 상상으로 그려서는 안될 뿐 아니라 가까이 다가가 그릴 수도 없는 일이다. 그러니 그런 기러기의 무심한 모습을 그린 그 화가도 대단하지만, 소식은 그 그림에서 모양의 선이나 색깔뿐 아니라 '자연스러움'이라는 '보이지 않는 그림'을 보고 또 그것을 시로 읊고 있다. 이 "보이지 않는 그림"은 이미 화가가 사물 속에서 포착해 그린 것이요, 소식은 또 그림 속에서 그것을 다시 포착하고 있다. 이렇게 사물의 드러나지 않은 본질적 특징을 그릴 때, 시는 운치와 기탁이 있는 '살아 있는' 시가 되는 것이다. "방금 드러난 햇볕, 비에 젖은 연잎 말리고/수면은 맑게 빛나는데/하나씩 둘씩 연꽃이 바람에 들려 오른다"는 주방언의 사를 두고 왕국유는 '연꽃의 참모습'을 포착했다고 칭찬한다.[13] 피어난다(開)고 하지 않고 왜 들려 오른다(擧)고 했을까. 여기서 연꽃의 '들려 오름'은 이미 육안으로 보는 한계를 넘어선 표현이다. 이를 포착하는 것이 바로 소식이 강조하는 사물에 대한 시적 묘사의 요체이다. 그러나 이 '포착'은 위에서 소식이 말한 대로 "바람이나 그림자를 잡는 것처럼 어렵다."[14] 다음은 소식의 글 「화수기畵水記」이다.

사천 사람 황전과 손지미 등은 다 이런 필법을 구사했다. 처음엔 손지미가 대자원 수녕원 벽에 호수와 여울·수석 등을 그리는 줄 알았는데 해를 넘기도록 붓조차도 대지 않는 것이었다. 그러던 어느 날 별안간 절로 뛰어 들어온 그는 황급하게 필묵을 준비하더니 바람처럼 붓을 날려 잠깐 동안에 다 그려 완성했는데 그 물의 형세는 마치 쏟아 붓는 듯 넘실넘실 물살에 집조차 무너지는 듯하였다.[15]

그림만이 아니다. 시도 순간의 영감을 포착하지 못하면 다시는 되잡기 어려운 것이다. 소식은 말한다. "시를 짓는 것은 도망자를 뒤쫓듯/좋은 경치 놓치면 되잡기 어려운 법".[16] 그런 까닭에 "황급히 일어나 붓을 잡고 그가 발견한 정경을 그리기 시작하는데, 마치 매가 토끼를 향해 내리치듯 순식간에 다 그렸다."[17] 그렇다면 화가 손지미가 기다린 것은 어떤 순간일까. 다시 말해서 손지미에게 순간적으로 떠오른 영감, 즉 그리고자 하는 사물의 참모습이나 자아 내면세계의 참된 정서는 어떻게 해서 포착된 것일까.

소식의 시론   시를 쓰려면 먼저 대상의 본질을 파악해야 한다. 본질을 파악한다는 것은 대상의 특징을 포착해서 그 대상물에 감춰진 정신과 실상을 이끌어내는 일이다. 즉, 본질이란 형상의 저 너머에 있는 내면적 참모습을 말한다. 그러나 그 참모습은 평소의 생각이나 감관만으로는 파악되지 않는다.

3. 시상은 어떻게 해야 포착되는가

내가 보니 세상 사람들 두 눈 두 손 다 있건만 무슨 일이 생기면 속수무책 어릿어릿하며 어찌할 줄 모른다. 어떻게 해보려는 사람은 있어도 먼저 요리조리 생각만 하니 공연히 생각만 하다 보면 눈도 손도 소용없다. 눈과 손 천 개씩인 보살, 단 하나도 빈틈없지. 어떤 일에건 마음도 일치할 뿐 결코 따져 생각하지 않네. 섭리에 맡게 하면 그만이라 언제나 자연스럽기 그지없다.[1)]

소식이 성도에 있는 사찰 대비각의 불상을 본 경험을 적은 글 「성도 대비각기」의 일부이다. 감각 기관을 포함한 인간의 육신은 지극히 불완전하지만 인간의 정신은 그 육신의 불완전한 부분을 다소 보완할 수 있다. 그러나 그 정신조차 잡념에 물들어 흩어져 있다면 육신은 원래의 기능도 다 발휘하지 못할 것이다. 하는 일마다 이것저것 재어 보고 따지다 보면 사사로운 마음이 생기고, 이런 사사로운 마음은 정신의 순수함과 그 집중을 이반시켜 일을 그르친다. 이는 두 눈과 두 손 모두 없는 것이나 다름없다. 소식의 이 문장의 의미는 다음의 「초산 윤장로 벽에 쓰다」라는 시에서 더욱 생생한 예로 드러난다.

스님은 초산에 머무르시지만
결코 '머무르신' 적이 없다

내가 가끔 들러 불법을 물으면
스님은 한 말씀도 없으신데

스님이 말씀을 안 하신 게 아니라
어떻게 대답해야 할지 모르기 때문이다

사람들의 머리와 발을 보라
갓과 신발 모두 자연스레 맞는다

수염이 긴 사람도
길다고 불편해 하지 않는 법

그런데 누가 문득 수염을 묻기를

주무실 때 어떻게 간수하시느냐고

그 뒤론 이불 속에서 넣었다가 꺼냈다가
밤새도록 어찌할 줄 모르고

새벽까지 뒤척거리다
정신조차 몽롱해졌단다

이 얘기는 비록 하찮게 보이지만
내면에는 깊은 뜻이 있지

그 뜻을 스님께 물어보니
스님은 말없이 웃으신다.[2]

    사람에 의해 의식된 수염은 이미 그의 마음과 분리되어 있는 상태이다. 모자나 신발도 잘 착용하고 있을 때에는 머리나 발과 하나가 되어 의식조차 못 하지만 신경을 쓰기 시작하면 무겁고 거북하게 느껴진다. 이는 위의 문장과 마찬가지로 사람의 의식이 순수함을 잃으면 사물은 물론 자기의 육신과도 자연스런 조화를 잃게 됨을 설명한다. 순수한 의식이란 잡념에 물들지 않은, 즉 '따져 생각하지 않는' 자연스런 정신 상태이다. 사람이 '따서 생각하면(思慮)' '틀에 박힌 생각(機心)'에 빠져 생각이 고착된다. 위의 시에서 스님이 '어떻게 대답해야 할지 모르는' 것은, 대답하면 그 대답이 바로 고착된 틀이 되기 때문이다. 그러므로 스님의 '머무르심' 없음은 바로 "머문 마음, 즉 고정관념이 없을 때 순수한 본마음이 되살아난다"[3]는 『금강경』의 의미를 끌어 쓴 것이다.

그러나 이렇게 사사로운 잡념 등 소위 기심을 떨쳐버리고 자신의 의식을 순수하게 회복하는 일은 소식에게 있어서도 쉬운 일이 아니었다. "입은 반드시 소리내는 것을 잊어야 말을 자연스럽게 할 수 있고, 손은 또한 반드시 붓을 잊어야 비로소 글씨를 자연스럽게 쓸 수 있는 법"이라고 말하는 소식은 그러나 알기만 하면 아무 소용이 없다고 강조하면서 「건주 숭경선원 신경장기」라는 글에서 다음과 같이 말을 이어 간다.

나는 불교를 배운 사람이 아니기 때문에 깨달음에 대해서는 잘 모른다. 오직 공자가 '시 삼백 편은 한 마디로 말해서 치우침이 없다'고 한 말은 들었다. 무릇 생각을 하면 치우치게 마련이다. 선과 악이 똑같다고 하면서 생각을 하지 않는다면 그건 흙이나 나무일 뿐이다. 그렇다면 어떻게 해야 생각을 하면서도 치우침이 없고, 생각을 안 하면서도 흙이나 나무가 안 될 수 있단 말인가. 오호, 나도 늙었구나. 어떻게 해야 수년간 시간을 내서 불교에 귀의하여 그 공부를 하며 무심한 채로 얻은 바 없이 얻는다는 그 부처의 가르침을 깨달을 수 있을까.[4]

이런 의문에 대한 대답을 소식은 다른 한 문장 「속 양생론」에서 이렇게 말한다.

공자가 말하기를 '생각에 치우침이 없다'고 했지만 사실 무엇을 생각한다면 결국은 치우치게 마련이다. 그렇다고 생각을 안 한다면 흙이나 나무와 다름없는 게 아닌가. 그렇다면 어떻게 해야 생각을 하면서도 치우침이 없고, 흙이나 나무가 되지 않을 수 있을까. 대개 마음속에는 생각 없는 생각(無思之思)이 있다. 그 생각 없는 생각을 하려면 군왕이나 스승이 지켜보고 있는 듯이 몸가짐을 바르게 하고 절대로 잡념에 빠지지 않아야 한다.[5]

소식은 혜주에서 귀양살이를 할 때 절 방 하나를 얻어서 '사무사재思無邪齋'라고 명명하고 그곳에 기거하면서 쓴 글 「사무사재명」에서도 똑같은 말을 하고 있다.

나는 예전에 불법에 관해서 아우 소철에게 물은 적이 있다. 소철은 "본래의 지혜는 스스로 밝은데, 어리석은 자들은 지혜를 밝게 하려고 한다."[6]라는 부처의 법어로 대답을 전해 왔다. 나는 문득 공자가 말한 "시 삼백 편을 한마디로 말하면 치우침이 없는 것"이라는 말이 기쁘게 다가왔다. 무릇 생각을 하면 치우침이 있게 되지만 생각을 안 한다면 그건 흙이나 나무일 뿐이다. 그렇다면 어떻게 도를 깨달아, 생각을 하면서도 생각 없는 것이 될 수 있을까?
이에 의관을 갖추고 하루 종일 말도 없이 지내는데, 맑은 눈으로 응시하니 쓸데없는 게 보이지 않았다. 또 마음을 맑게 하고 생각을 바르게 하니 어떤 잡념도 떠오르지 않았다.
도를 깨닫고 나서 나는 내 집을 '사무사재'라고 명명했다. 그리고 다음과 같이 기념시를 지었다. '삶의 큰 문제는 내게 몸이 있다는 것/몸이 없으면 고민도 없으리//확연히 스스로 깨닫는 날/비춰보는 거울도 내 거울이 아니리라//마치 물로 물을 씻어내려 하지만/두 개의 물은 실은 모두 깨끗한 것//넓디넓은 천지간에/나는 홀로 바르게 서 있구나.' [7]

마음을 깨끗하게 하고 몸가짐을 바르게 하는 일이 왜 중요한지 소식은 「증승상에게 올리는 글」에서 이렇게 말한다.

    내가 공부를 시작한 지 15년 동안 가장 어려웠던 공부는 이기심을 없애는 일이었습니다. 이기심을 없애는 일은 만물의 이치를 터득하기보다 더 어려웠습니다. 그러나 먼저 만물의 이치를 모르면 이기심을 없애려 해도 불가능한 것입니다. 자기가 좋으면 좋아하고 싫으면 싫어하는 자기중심적인 생각은 잘못된 판단을 내리기 쉽습니다. 그러므로 심신을 맑고 바르게 하여 만물의 변화를 관조하고 그 자연의 이치를 궁구하면서 판단을 해야 합니다.[8]

자기중심적인 생각을 버리는 것, 그것이 바로 마음을 맑고 고요하게 하고 사물을 있는 그대로 보는 방법이다.
  여기서 우리는 화가 손지미가 그림에 대한 영감을 포착하기 위해서 왜 그렇게 오래도록 기다려 왔는지를 알 수 있다. 소식에 의하면 대상의 본질을 파악하기 위해서는 맑고도 바른 마음이 전제돼야 한다. 손지미에게도 마음을 고요하게 하는 시간이 필요했던 것이다. 이는 시가 창작에서도 마찬가지이다.

시를 아름답게 쓰려면/의식이 맑고 고요해야 하나니//고요함 속에서 세상의 흐름이 보이고/맑음 가운데 사물의 참모습이 비췬다.[9]

「삼료 스님을 보내며」에 보이는 소식의 이 시구는 결코 새삼스러운 것이 아니다.

자아와 사물의 참모습을 밝혀 보려면 스스로 맑고 고요한 심경을 회복해야 한다는 관점은 이미 중국 고대사상은 물론 문학예술 전반에 폭넓게 논의 되어 왔다. 그러나 이를 시가 창작과 직접 연계시킨 이런 이론에 소식의 언급은 중요한 비중을 차지한다. "옛사람들이 무슨 일을 할 때는 반드시 먼저 어두운 곳에 처해 밝은 곳을 관찰했으며, 고요한 곳에 처해 사물의 변화를 보았다. 이렇게 해야 세상 이치가 눈앞에 남김없이 드러나기 때문이다."[10] 이는 비록 국가 정사의 문제를 두고 소식이 한 말이지만 왜 어둡고 고요한 곳에 처해야 사물의 참모습을 파악할 수 있을까. 「정주로 부임하며 황제께 올리는 글」에서 그는 좀더 생생한 비유로 그 이치를 설명한다.

배를 젓는 사람은 강물의 물굽이가 잘 안 보이지만 강가에 서 있는 사람은 그 물굽이가 훤히 보입니다. 왜 그렇겠습니까? 배 젓는 사람은 움직이는 물살에 몸을 맡기고 있고, 강변에 서 있는 사람은 가만히 객관적으로 보기 때문입니다. 바둑을 두다 보면 제 일급 국수라도 승부를 예측할 수 없지만 옆에서 들여다보는 사람은 훤히 보입니다. 왜 그렇겠습니까? 바둑 두는 사람은 승부에 마음을 빼앗겼고, 그 옆에서 들여다보는 사람은 무심히 보기 때문입니다.[11]

여기서의 '무심'이란 사실 무감각이나 무판단이 아니라, 어떤 욕심에도 흔들리지 않고 어떤 선입관에도 물들지 않은 맑고 고요한 순수의식이다. 소식은 「강씨 친구에게 자정子靜이라는 字를 부여하며」에서 말한다.

사람의 움직임은 원래 고요함을 바탕으로 한다. 정신은 고요함을 집으로 삼고, 마음은 고요함으로 충만해지며, 뜻은 고요함 속에 편안하고, 생각은 고요한 가운데 맑아진다. ……그러므로 군자의 배움은 도를 아는 것이며 도로써 본성을 회복하나니, 마음을 바르게 하면 고요해지고 고요해지면 안정되며 안정되면 밝아지는 법이다. 무엇이 생긴다고 해서 자신이 얻는 것도 아니고 무엇이 없어졌다고 해도 자신은 잃는 것이 없으니 어찌 희노애락으로 스스로의 그 순수함을 그르치겠는가.[12]

이렇게 청정한 정신의 경지, 즉 맑은 영혼의 눈이 열리는 세계에서 "시와 불법佛法이 다름없다"는 소식의 말처럼[13] 시는 실상의 진리와 만날 수 있는 것이다.

소식의 시론 대상의 참모습을 그리려면 시인 자신이 먼저 정신의 참모습을 회복해야 한다. 사람의 의식은 '의식된 생각'으로 말미암아 자신의 참모습 즉, 자연스러움을 잃게 된다. 자연스러운 의식을 회복하기 위해서는 선입관이나 '의식된 생각'을 버려야 한다. 그것을 버리는 방법은 틀에 박힌 생각이나 이기심 또는 이것저것 따지는 생각 없이 생각을 맑고 고요하게 하는 일이다. 고요하고 자연스러운 의식이 되살아나면 사물의 실상이 보인다.

4. 맑은 영혼이 여는 세계란 어떤 것인가

예술창작에서, 맑은 영혼의 눈이 뜨이는 순간에 보이는 세계의 경험담을 소식의 손위 친구이자 '묵죽도'를 그린 문여가로부터 들어 보자. 다음 글은 소식의 아우 소철이 쓴 「묵죽부」에서 문여가가 얘기한 자신의 창작 경험이다.

　　내가 좋아하는 것은 도道이며 그것을 대나무로 표현했을 뿐이다. 내가 처음 깊은 산 남쪽에 은거했을 때 긴 대나무 숲 속에 움막을 지었는데, 보고 듣는 게 없고 나니 텅 빈 마음에 아무것도 걸림이 없었다. 아침에는 대나무와 노닐고 저녁으로는 대나무를 벗삼으며, 대숲 속에서 먹고 마시고 그 숲 그늘에서 쉬기도 하면서 대나무의 생리에 대해서 훤히 알게 되었다.

바람이 그치고 비가 개여 고요한 산 위로 해가 뜰 때, 그 길고도 아름다운 대나무들은 계곡에 가득히 솟아 이파리는 비췻빛 깃털 같고 대껍질은 푸른 옥 같아 맑고도 고요한 모습에선 찬 이슬이 곧 떨어질 듯. …… 이것이 바로 대나무의 대나무다움이다. 처음에는 나도 이런 정경을 볼수록 기뻤었다. 그러나 이제는 그 기쁨을 의식하지 않는다. 문득 내가 손에 붓을 쥐고 있는 것도 잊고 눈앞에 종이가 있어도 모른다. 벌떡 일어서면 높은 대나무들이 울창하게 펼쳐지는데 하늘의 조화를 천의무봉이라더니 어찌 이를 두고 하는 말이 아니겠는가.[1]

아무 데도 거리낄 일 없이 자유로운 마음, 텅 비고 고요해 티끌 한 점 걸림 없는 심경. 그런 맑고 순수한 의식으로 며칠 몇 달을 대나무만 바라보고 관찰하며 살다 보면 처음의 그 희열도 가라앉아 내가 대나무인지 대나무가 나인지 모르는 경지에 이르게 된다. 이 경지를 소식은 「조보지가 소장한 문여가의 대나무 그림」이라는 시에서 이렇게 노래한다.

여가가 대를 그릴 때는
대만 보고 사람은 보지 않는다

어찌 사람만 보지 않으랴
문득 자기 자신도 잊어버린다

자신이 대나무로 화해서

청신함만이 무궁하다

이 세상에 장자가 없으니
누가 이 삼매의 경지를 알아주랴.[2]

이것이 바로 소식이 말하는 '맑은 영혼으로 세상만물과 교유'하는 단계이다.
이 단계의 소위 '맑은 영혼'에 대해서는 설명이 더 필요하다. 장자는 그것을 '심재心齋'라고 명명하고 공자의 입을 빌어 이렇게 말한다.

너의 정신을 하나로 집중해라. 귀로 듣지 말고 마음으로 들어라. 마음으로 듣지 말고 기로 들어라. 들리는 것은 귀에 와서 그치고, 마음은 생각에 부합하는 것에 그친다. 기란 텅 빈 채로 사물을 대하는 것이다. 텅 빈 곳에 도가 있으니 텅빔, 그것이 바로 심재이다.[3]

귀나 마음으로 듣는다는 것은 자의적인 생각이나 선입관 등의 기성의식이 작용하고 있음을 의미한다. 이런 상태에서는 사물의 참모습을 있는 그대로 볼 수 없는 법이다.
자의적인 생각을 개입시키지 않고 맑고 고요한 순수의식으로 사물을 대하는 것을 소식은 다음의 「보회당기」 등 여러 문장에서 언급한다.

군자는 사물에 자신의 심경을 의탁할 뿐 그 사물에 마음을 빼앗기지는 않는다. 심경을 의탁하면 별 것 아닌 것에도 마음껏 즐길 수 있지만 마음을

빼앗기면 좋은 물건을 소유해도 만족스럽지 않은 법이다.[4]

왜냐하면 마음이 사물에 집착해 있으므로 선악 미추의 분별심이 생기기 때문이다. 붓글씨나 그림 작품만큼은 마음을 빼앗기지 않으면서도 그때그때의 심경을 의탁할 수 있다고 강조하는 소식은, 사물에 대한 집착을 버릴 때 비로소 초연한 심경으로 사물을 대하며 즐길 수 있다고 말한다. 다음은 소식의 「초연대기」와 「황도보의 〈품차요록〉에 부치는 글」이다.

저들은 사물의 틀 안에서 놀 뿐 그 밖에서 놀 줄 모른다. 사물에는 원래 크고 작음이란 없다. 그러나 그 안에서 보면 대단히 높고 크게 보이고 사물은 그런 모습으로 나를 내려다 본다. 그러면 나는 항상 혼란스러운 판단을 하게 되니 마치 문틈으로 싸움을 보듯 그 승부를 파악할 수 없는 법이다. 그렇게 하다보면 좋고 싫음, 기쁨과 근심이 제멋대로 생기니 어찌 슬픈 일이 아닌가.[5]

공부하는 사람들은 사물의 궁극을 추구히면시 사물의 구속을 받지 않으니 무엇을 얻지 못하겠습니까? …… 지극히 고요한 상태가 아니면 구하지 않고 텅 빈 상태가 아니면 머물지 않습니다. 그러니 어찌 사물의 실상은 이처럼 상세하게 파악하지 못하겠습니까?[6]

글씨나 그림뿐이 아니라 모든 삶의 이치가 이와 같다. 그러므로 소철은 위의 「묵죽부」에서 다음과 같이 글을 맺는다. "내가 듣건대 '포정은 소 잡는 사람이지만 양생을 추구하는 사람도 그 이치를 배우고, 윤편은 수레바퀴를 만드는 사람이지만 학문하는 사람도 그 이치를 배운다고 합니다. 각각의 하는 일은 다르지만 만물의 이치가 한 가지인 까닭입니다. 선생님도 대나무를 그리면서 그 이치를 깨달은 분이 아닙니까' 하고 물으니 여가는 '그렇다'고 대답한다." 그림을 그리거나 감상할 때 자의적인 생각이나 선입관 없이 대상물을 대하는 것은 중요하다. 대상과 하나가 되는 것이다. 시와 예술은 대상과 하나가 되는 기쁨을 준다.

다음의 「황전의 새 그림에 부치는 글」과 「대숭의 소 그림에 부치는 글」은 그림에 관한 소식의 언급이다.

황전이 날아가는 새를 그렸는데 목과 다리를 다 주욱 빼고 나는 모습이다. 어떤 이가 말하기를 "날고 있는 새는 목을 움추리면 다리를 펴고, 다리를 움추리면 목을 빼는 법이니, 이렇게 둘 다 죽 빼고 나는 새는 없다"고 하는데 실제로 확인해 보니 사실이었다. 사물을 관찰할 때 세밀하지 않으면 화가조차도 실수하게 마련이다. 하물며 대화가라면 더 말할 나위도 없다. 그러므로 군자는 힘써 배우고 즐겨 물어야 한다.[7]

촉 지방의 두 처사는 서화 애호가여서 수백 점의 작품을 소장하고 있었다. 그는 특히 소장하고 있는 대숭의 소 그림 한 폭을 몹시 좋아해서 비단으로 표구를 하고 옥으로 축을 만들어 늘 지니고 다녔다. 하루는 이 그림을 햇볕에 말리고 있는데 목동이 그것을 보고는 손뼉을 치며 웃는다. "이 그림은 소싸움을 그린 건데, 소가 싸울 때는 온힘이 모두 뿔에 가 있어서 꼬리를 가랑이 사이로 넣게 마련이지요. 근데 이 그림은 꼬리를 늘어뜨리고 싸우니 잘못된 것입니다. 두 처사는 웃으며 그렇구나라고 했다. 옛말에 농사는 농부에게 묻고 옷감 짜는 일은 아녀자에게 물으라고 한 말은 틀림이 없는 것이다."[8]

위의 두 이야기가 시사하는 것은 명확하다. 그리고자 하는 대상의 본성을 무시하면 그 사물의 정신을 그려내지 못할 수밖에 없다. 위 그림은 화가가 그렇게 잘못 그리려고 그린 것이 아니다. 대상을 그리는 가운데 자신의 자의적인 생각이 개입됐기 때문이다. 자의적인 생각이 없는 맑고 순수한 영혼의 눈으로 사물을 대할 때 비로소 사물의 순수한 정신이 포착된다. 이런 경지를 소식은 "그 정신은 만물과 교류하고 그 지혜는 사물의 이치를 관통했다"[9]고 한다. 이는 유협이 말한 "마음이 사물과 교유한다"[10]는, 중국고대 사상에서 사람의 정신과 사물의 정신이 소통하는 경지이다. 이 순간에 열리는 세계는 자의적인 생각이 개입된, 육안으로 보는 세계와는 전혀 다른 것이다. 이상적인 시 창작도 이와 같아서 순수한 의식으로, 노래하고자 하는 대상의 정신을 포착할 때 비로소 시적인 공명과 감동을 주는 노래가 지어지는 것이다. 소식의 이와 같은 시 창작에 관해서 소식과 같은 시기에 살았던 당경은 다음과 같은 일화를 전한다.

동파가 시 「병학病鶴」을 지었는데 "三尺長脛( )瘦軀"라고 하면서 한 글자를 빼어 놓고 임덕옹 등에게 채워 보라고 했다. 사람들이 여러 가지의 글자를 채워 보았지만 신통치 않았는데 동파가 빼어놓았던 글자에 '각閣' 자

를 제시하니 시구가 그야말로 병든 학을 보는 듯하였다.[11]

"긴 다리에 야윈 몸을 올려놓고 있다"는 표현은 '긴 다리', '야윈 몸'만으로도 이미 병든 학의 모습을 연상하기에 충분하다. 그러나 여기에 '올려 놓다(閣)'라는 한 글자는 그 학의 고통스러움까지도 그려내는 것이다. 그것은 바로 맑은 영혼의 눈이 열렸을 때 보이는 세계이다. 소식은 「시문집의 고친 글자에 대한 글」에서 그 세계를 잘 포착해 그린 예전 시인의 시를 지적한 적이 있다.

> 도연명의 시에 "동쪽 울밑에서 국화꽃을 따다가/무심히 남산을 바라다본다(採菊東籬下, 悠然見南山)"고 했는데, 이는 국화꽃을 따다가 우연히 남산을 보았으니 애초부터 아무 생각이 없었던 가운데 심경과 풍경이 일치했기 때문에 기뻤던 것이다. 그러나 요즘에는 모두 "남산을 건너다본다(望南山)"고 읽고 있다. 또 두보 시에 "갈매기도 잠기는 드넓은 파도/저 멀리 그 누가 길들일 수 있으랴(白鷗沒浩蕩, 萬里誰能馴)"는 구절이 있는데, 이는 사실 갈매기가 파도 사이를 넘나드는 모습을 형용한 것이다. 그러나 송민구는 나에게 "갈매기는 잠수(沒)를 못한다"면서 '파도친다(波)'로 고쳐놓았다. 이렇게 두 글자를 바꿔 놓으니 아예 시적인 맛이 없어져 버렸다.[12]

두말할 나위도 없이 위 시의 고쳐진 글자에는 자의적인 생각이 개입되고 있는 것이다. 바라본다는 뜻의 '견見'은 나도 남산을 무심히 보고 남산도 나를 무심히 보는 '아무 잡념이 없는' 교감을 의미한다. 그러나 '망望'은 내가 산을 '유심히' 건너다보는 것이다. 또 갈매기가 물결 사이를 내려갔다 솟아올랐다 하는 것은 어쩌면 물속까지 가라앉는(沒) 듯 보일 것이다. 그런 생동하는 모습의 갈매기를 그리는데, 어떤 고정관념을 가지고 있다면 그저 '파波'자 같은 무미건조한 낱말밖에는 생각해낼 수 없다. 소식이 유종원의 시「어옹漁翁」을 평한 다음의 문장을 보자.

> 시는 오묘한 운치를 으뜸으로 삼는 법이니, 그 운치란 담백하면서도 자연스러움에 있다. 이 시는 보면 볼수록 운치가 있는데 마지막 두 구절은 없었더라도 괜찮았다.[13]

다음은 보면 볼수록 운치가 있다고 소식의 칭찬을 받은「어옹」이다.

> 어부는 밤들어 서암에 묵고
> 새벽녘 상강물 길어 초죽을 땐다
>
> 물안개 걷히고 해 솟아도 사람은 보이지 않는데
> 어기여차 노 젓는 소리에 산수가 푸르러 온다
>
> 돌아보는 하늘 끝 강물 흐르고
> 바위 위로는 무심히 구름 떠간다[14]

소식이 칭찬하는 이 시의 운치는 "담백하면서도 자연스러움"에 있다. 그러나 그 운치는 네 번째 구절에 이르러 절정을 이룬다. 소식이 말한 이 시의 운치는 좀더 분석해 설명하면 청각적 시상과 시각적 시상이 오버랩되는 순간에 있다. 산수는 원래부터 푸른색을 띠고 있었음에도 불구하고 이 시구에서는 마치 '어기여차' 하는 소리가 온 산천을 푸른색으로 물들인 듯 묘사되고 있는 것이다. 사실 이 순간은 "눈으로 보면 그림이 되고 귀로 들으면 음악이 되는",[15] 시인의 순수한 의식 속에 어떤 선입관이나 잡념도 없이 눈과 귀는 물론 의식 자체도 완전히 열려져서, 시인의 정신과 산수의 정신이 혼연히 합일되는 경계를 설명한다. 이 시구는 또 당나라 시인 전기의 시 중 "노래는 끝나고 사람은 보이지 않는데/강 위의 산봉우리들 푸르러온다"[16]는 명구의 시적 경계를 설명한다. 음악 연주는 이미 끝났지만 그 아름다운 선율은 여전히 가슴에 남아 오랫동안 흐르고 있다. 그 순간 고개를 들어 올려다보니 강 위의 산봉우리들이 별안간 새삼스럽게 푸르러 온다. 맑은 영혼의 눈이 열렸을 때, 이처럼 푸른 산도 다시 새롭게 푸르러 올뿐만 아니라, 소식의 시구처럼 "술동이에 떠 있는 쓸쓸한 매화 꽃잎/황혼 무렵 가는 비에 젖는 것 안쓰러워"[17] 탄식할 수도 있는 것이다.

소식의 시론 맑고 고요한 마음을 유지할 때 시인의 눈과 귀, 그리고 마음은 완전히 열리며 자연계의 순수한 모습과 혼연일체가 된다. 이 경지에서 보이는 세계는 틀에 박힌 생각으로 받아들이는 표상의 것이 아니다. 만물의 본질적 질서와 그 생성변화가 나의 순수한 정신과 함께 하는 것을 경험한다. 그것을 그려내는 것이 시 창작의 요체다.

衡宇載欣載奔童僕歡迎稚
子候門三徑就荒松菊猶存攜
幼入室有酒盈罇引壺觴以自
酌眄庭柯以怡顏倚南窓以
寄傲審容膝之易安園日涉以
成趣門雖設而常關策扶老

소식이 쓴 도연명의 「귀거래혜사」

5. 시상은 어떤 경로로 표현되는가

이렇게 해서 맑은 영혼의 눈으로 보는 세계가 열리면, 그 세계를 어떻게 해야 가장 아름다운 시로 써낼 수 있을까. 소식도 이 문제를 창작에서 중요한 또 하나의 관건으로 생각하고 있었다. 「친구 이백시의 산장도 그림을 평하는 글」에서 소식은 이렇게 말한다.

> 용면거사가 산에 거처함은 외부 사물로부터 완전히 자유로우려는 것이며, 그렇게 해서 그의 정신은 맑은 영혼으로 세상만물과 교유하고 그의 지혜는 온갖 세상이치를 꿰뚫었다. 그러나 이런 높은 도의 경지에서는 또한 기예도 있어야 하나니, 도만 있고 기예가 없다면 사물이 마음에만 와 닿고 손으로 표현되지 못한다.[1]

또 유괄에게 보내는 편지에서는 "사물에는 참모습이 있는데 그것을 파악하는 일도 어렵지만 그것을 파악했다하더라도 다시 그것을 입이나 손으로 표현해내지 못하면 안 됩니다. 문학이라는 것은 어떤 내용을 완전하게 표현해내는 일이기 때문입니다"[2]라고 한다. 마음에 떠오르는 시적 또는 예술적 영감을 도道라고 한다면 그것을 다시 언어나 그림으로 표현해내는 일은 기技이다. 도와 기의 합일, 문학예술의 관건인 이 문제를 소식은 어떻게 풀어갔을까. 문여가가 그린 대나무 그림을 두고 쓴 소식의 글「운당곡 언죽기」를 읽어 보자.

대나무 싹이 틀 때는 한 치밖에 안 되지만 마디며 잎을 다 갖췄다. 매미나 뱀의 배 무늬 같은 죽순 때부터 열 길이 넘는 칼처럼 클 때까지 마디와 잎은 근본적으로 갖추어져 태어나는 것이다. 그러나 요즘 그리는 이들은 마디 하나하나 다 그리고 잎도 하나하나씩 해서 잔뜩 그리니 그게 무슨 대나무인가. 대나무를 그릴 때는 반드시 먼저 대나무의 완전한 전체 모습을 파악한 다음에 붓을 잡고 충분히 보다가, 그리려는 형상이 잡히면 순식간에 그것을 그려나가야 한다. 이는 마치 토끼가 튀고 수리가 내리 꽂듯 해야 하는 것으로 만약 조금만 방심해도 그 영감을 놓쳐 버린다.
이런 얘기는 문여가가 내게 가르쳐준 것인데 사실 나는 그렇게 그릴 줄 모른다. 마음으로는 그렇게 그리면 되는 줄 알면서도 막상 그리려면 안 되는 것이다. 그런 줄 알면서도 못 그리는 것은 나의 안과 밖이 일치되지 않았기 때문이며 마음과 손이 상응하지 않기 때문이니 이는 내가 배우지 못한 탓이다. 제대로 볼 줄 알면서도 그림에 서투른 사람은, 평소에는 훤하게 잘 보다가 막상 붓을 잡으면 어떻게 그려야 할 줄 모르니 어찌 대나무 그림에서 뿐이랴.

　동생 소철이 「묵죽부」를 지어 문여가에게 말하기를 "포정은 소 잡는 사람이지만 양생을 추구하는 사람도 그 이치를 배우고, 윤편은 수레바퀴를 만드는 사람이지만 학문하는 사람도 그 이치를 배운다고 합니다. 각각의 하는 일은 다르지만 만물의 이치가 한 가지인 까닭입니다. 선생님도 대나무를 그리면서 그 이치를 깨달은 분이 아닙니까"라고 한다. 자유는 그림을 그린 적이 없기 때문에 문여가의 그 도의 경지만 알아챘을 뿐이다. 만일 나라면 어찌 그 경지의 도만을 이해하겠는가. 그림을 그리는 그 방법까지도 배우고 싶다.[3]

　맑은 영혼의 눈으로 열린 세계가 손끝을 통해 그림으로 그려지지 못한 까닭을, 소식은 자신이 기예를 배우지 못한 탓이라고 말하고 있다. 그러면서 그는 그 기예가 일정한 규율을 터득함으로써 도달하게 되는 것이라고 여겼다. 문학 또는 예술창작에 있어서의 기예, 그것은 규율을 파악함으로써 얻어지는 것이다. 문여가의 경험담을 전하는 소철의 글 「묵죽부」에서, 소철 자신도 말하고 있지만 문여가의 경지는 『장자』에서 문혜군에게 설명한 포정의 소 잡는 경험과 상통하는 것이다. 그 경지에서 한 포정의 말에 주목해 보자.

　　제가 좋아하는 것은 도道로써, 이는 기技의 단계를 넘어선 것입니다.[4]

　포정의 기예에는 도가 용해되어 있었던 것이다. 소를 잡는데 순서에 따라 칼을 움직이는 규율이 있다면 그 규율이란 소를 잡는 기예의 원칙이며, 시와 예술에 표현의 규율이 있다면 그것은 시와 예술창작 기예의 토대이다. 시와 예술창작의 규율, 그 중요성을 소식은 「염관대비각기」라는 글에서 요리와 양조에 비유해서 이렇게 말하고 있다.

양이나 돼지고기로 요리를 할 때 여러 가지 양념으로 맛을 내고, 수수나 쌀로 술을 빚을 때 누룩으로 양조하니 이는 어디나 똑같은 이치이다. 재료도 같고 물이나 불도 똑같은 데다가 날씨조차 같건만 맛은 만드는 사람마다 제각기 다르다. 똑같은 수량이라면 어째서 똑같은 좋은 맛을 못 내겠는가. 그러나 옛날의 전문가들은 절대로 그 수량을 남겨 전하지 않았다. 때문에 능력 있는 사람은 그 수량을 터득해서 맛을 내었고 능력이 부족한 사람은 수량을 어림이라도 해서 만들어내었다. 그 이치는 한 가지이지만 잘하고 못하고의 실력은 그 음식에 뻔히 보인다. 사람들은 그 이치가 다른 줄 알고 수량을 소홀히 한 채 "나는 음식 맛을 안다"고 하면서 알맞은 양의 배합과 조화를 무시하고는 맛이란 조리법에 있는 게 아니라면서 제 마음대로 만든다. 그러나 이런 음식은 사람들이 토해 버릴 뿐이다.[5]

요리와 양조에는 각기 그에 따른 일정한 방도와 규율이 있다. 그러나 그 방도와 규율을 무시하고 "제 마음대로" 만든다면 흉내만 낸 사이비음식일 뿐이다. 앞에서 소식이 "배우고 싶다"고 한 그 "법"은 원래 대나무 그림의 기예였지만, 시 창작에서도 마음속에 떠오른 영감을 가장 좋은 시어와 서술로 표현해야 하는, 즉 "내용을 완벽하게 표현하는 사달辭達이라는[6]" 기예가 필요한 것이다. 그러면 그 기예는 어떻게 배워야 할까. 소식은 이런 경험을 다음 「서신에게 보내는 편지」

에 남기고 있다.

예전에 왕평보는 자신이 지은 「감로사」라는 시의 "연기 깔린 들 위로 흰 새가 날고/구름 걸린 산허리엔 창등 나무 휘감겼다"라는 시구를 내게 자랑한 적이 있습니다. 내가 "시의 멋은 그 '휘감겼다(捲)'는 글자에 있소만 그 '날고(飛)'는 너무 평범하군요" 하니 평보는 한동안 꿍하고 있다가 내게 글자를 바꿔달라고 하더군요. 내가 곧바로 '가로지르고(橫)'로 바꾸자 평보는 탄복해 마지않았습니다. 이처럼 시를 쓰는 일은 며칠 몇 달이고 갈고 닦아서 되는 것이지 글재주만을 자랑하려 해서는 안 되는 것입니다. 그러면서도 반드시 진부한 표현을 넘어서야 합니다. 건중정국 원년 1월 3일 갑자. 소식 씀.[7]

여기서 우리는 소식이 말하는 기예의 단서를 발견할 수 있다. 기예는 일시적인 기교와 재치를 자랑하는 것이 아니라 오랜 기간을 두고 갈고 닦는 동안에 자연스럽게 터득되는 것이다. 기예가 어떻게 해서 도의 경지와 일치될 수 있는지는 「해를 비유함」이라는 소식의 다음 글이 설득력 있게 말해 준다.

남쪽 지방에는 잠수를 잘하는 사람이 많은데 매일 물 속에 살다시피 한다. 일곱 살이면 물장구를 치고 열 살이면 물에 뜰 줄 알며 열다섯 살이 되면 자유롭게 잠수를 한다. 그것이 어찌 저절로 된 것이랴. 다 물의 원리를 터득한 까닭이다. 매일 물에서 살며 십오 년 정도 되면 자유자재로 놀 수 있는 것이다. 생전 물 구경 한 번 못한 사람은 다 커서도 배만 봐도 무서워하는 법이다. 북쪽 지방 사람이 잠수 잘하는 사람에게 잠수하는 방법만 묻고, 그런가 보다 하고 강물에 들어가면 빠져 죽지 않을 리가 없다. 그러므로 배우지도 않고 도를 구하는 일은 다 이런 북쪽사람 같은 짓이나 다름없다.[8]

매일 물에서 살면서 물의 원리를 터득하는 일은 그림은 물론 서법이나 시에서도 똑같이 적용되는 원칙이다. 소식이 볼 때 서법의 도는 "붓이 언덕을 이루고 먹물이 연못을 이루면 왕희지가 아니면 왕헌지쯤은 될 것이요, 붓이 천 개나 달아 없어지고 먹을 만 개 정도 갈아 없애면 장지 아니면 회소쯤은 될 것"[9]이며, 시의 도는 "책을 만 권을 읽으면 신통의 경지에 이른다"[10]는 원칙하에 얻어지는 법이다. 이런 기예의 수련이 도의 수련, 즉 청정한 마음의 수행과 병진할 때 시와 예술은 이상적인 경지에 다다르는 것이다. 다음은 「진관의 서예작품에 발문을 쓰다」라는 소식의 글이다.

진관이 요새 쓴 초서 작품에는 동진 시기의 멋이 배어 있고 시에는 아름다움이 한결 돋보인다. 참으로 이 사람은 부단히 노력해서 상당한 수준에 이르렀음을 알겠다. 기예에만 진전이 있고 도에 진전이 없다면 이런 수준에 다다를 수 없으니 진관은 기예와 도가 동시에 제고된(技道兩進) 것이다.[11]

『장자』가 전하는 수많은 우언 고사를 보면 모두 초월적이고 달관적인 정신세계의 높은 경지를 묘사하고 있다. 그러나 우리가 간과하기 쉬운 것은 그 우언 고사들의 주인공이 들려주는 '과정'이다. 그 경지에 이르기 위해서는 수많은 시간과 노력이 필요하다.

싸움닭 훈련 전문가인 기성자, 매미잡기의 달인 구루 꼽추, 수레바퀴 제작의 명장 윤편. 이들이 들려주는 자신들의 득도 과정은 하나같이 법도를 지키며 수 년 수십 년간 노력했다는 것이다. 법도는 『장자』에 나오는 수영의 달인이 공자에게 말했듯이 자연의 섭리에 맞추어 스스로 자연의 주재자가 되어 가는 과정의 필수 조건이다. 이는 또 소 잡는 일의 명인인 포정이 19년 동안 걸어온 길이기도 하다.

"기예와 도가 만나고, 부단한 연마과 맑은 마음이 만나는 일"¹²⁾은 소식 시학의 중요한 골격이다. 장자 사상은 소식 문학과 예술이론의 원천이었던 것이다.

■ **소식의 시론** 맑은 마음으로 포착된 시상은 좋은 기예를 통해서 완전한 작품으로 완성된다. 즉 시를 쓰려면 가슴속에 형성된 시상이 손끝을 통해 가장 이상적인 언어로 표현되어야 하는데, 이를 위해서는 오랜 기간 동안 시작에 필요한 연마가 필요하다. 부단한 노력을 통해 얻은 기예와 맑은 영혼의 만남을 소식은 '기도양진技道兩進'이라고 했다.

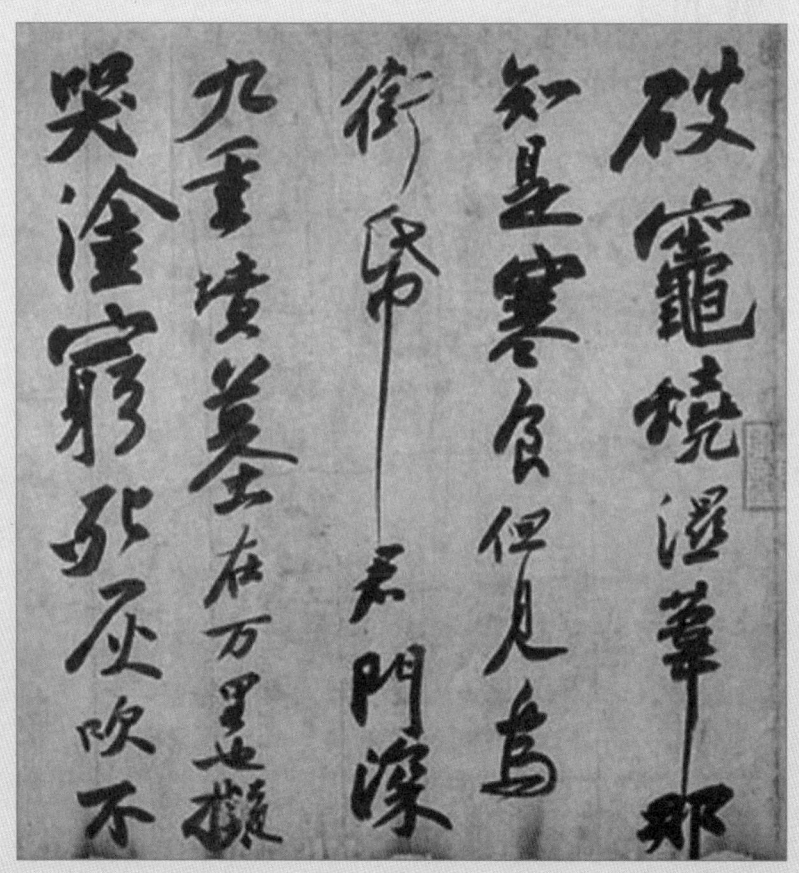

소식의 친필 「황주한식시첩」

6. 시 창작의 규율은 무엇인가

맑은 마음과 오랫동안 연마된 기예의 합일만 이루어진다면, 사실상 여기에서 문학예술의 창작은 이상적으로 완성된다. 그러나 창작의 과정에는 과정 나름대로의 규율이 있다. 그 창작과정에 대해 소식은 몇 가지 중요한 원칙을 제시해 남기고 있다. 그 하나의 원칙이 적힌「오도자의 그림에 부치는 글」을 보자.

지혜로운 사람들은 사물을 창조하고 유능한 사람들은 또 그것을 계승해 가니 결코 어떤 한 사람이 다 이루는 것이 아니다. 군자들의 배움이나 기술자들의 기술도 고대로부터 한나라, 당나라를 거치며 완비된 것이다. 그러므로 시는 두보에 이르러, 문장은 한유에 이르러, 글씨는 안진경에 이르러,

그리고 그림은 오도자에 이르러 고금천하의 모든 것들을 능가했다. 오도자의 인물 그림은 마치 등불에 비추어 그린 듯, 사람의 온갖 자태 동작을 한 치의 오차도 없이 자연의 이치에 맞게 그려내었다. 그림의 참신한 의미는 법도에서 나오고 오묘한 이치는 자유분방함 속에 보이는 법이니, 이른바 포정의 여유 있는 칼 솜씨나 악만의 도끼 솜씨 등은 고금에 단 한 사람뿐이다. 내가 다른 그림을 볼 적에 때로는 작가를 묻지 않았으나 오도자 그림만은 먼발치서 보아도 그의 것인지 금방 안다. 현재 전하는 그의 진짜 그림은 드물지만 사전숙이 소장한 것은 평생에 한두 번 볼까말까한 진품 그림이다. 원풍 8년 11월 7일 씀.[1]

소위 전통이요, 고전이라고 하는 것은 문학이나 예술작품이 수천 년 역사 속에 부침했던 세상의 모든 옛것들 속에서 금강석처럼 변치 않고 전해져 내려오는 것들이다. 그것들이 사라지지 않고 보석처럼 값진 문학예술 작품으로 남아 있을 수 있었던 까닭을 소식은 오도자의 그림을 칭찬하는 위 글에서 밝히고 있다. "참신한 의미는 법도에서 나오고 오묘한 이치는 자유분방함 속에 보이는 법",[2] 이는 시와 예술의 만고의 원칙이다. 여기서 말하는 법도는 수천 년 동안 이어져 내려오는 전통적 규율을 말하며, 자유분방함은 작가의 자유로운 독창성을 말한다. 규율에 관한 소식의 다음 문장 「어짊을 논함」을 보자.

맹자는 "어짊이란 활 쏘는 일과 같아서 행하여도 좋은 결과가 없다면 자기 자신에게 문제가 있는지를 반성해 보아야 한다(反求諸身)"고 했다. 나도 활쏘기는 배운 적이 있는데, 처음부터 적중시키리라고 마음먹고 과녁을 처다보면서 쏘고 나면 열에 아홉은 빗나가고 어쩌다가 한 발 정도 맞곤 했다. 활 잘 쏘는 사람이 내게 가르쳐 주기를, 내 자신에게 문제점이 있는지를 살펴보라고 한다. 손의 균형이 맞았는지, 발의 자세는 정확한지 등 온몸이 법도에 맞아야 한다며, 그 중 하나라도 규범에 맞지 않으면 문제가 생기게 된다고 한다. 규범대로 완벽하게 자세를 취하고 나면 적중여부에 마음을 두거나 과녁을 주시하지 않아도 열 발 쏘면 열 발 다 맞는다는 것이다. 온몸의 자세가 법도와 규범에 털끝만큼이라도 어긋나면 저만치 가서는 한 길 이상의 오차가 벌어지는 법이다. 그러므로 맹자의 이른바 "어짊은 활쏘기와 같다(仁者如射)"는 말은 공자가 말한 소위 "자아 집착을 버리고 법도 규범을 지켜야 한다(克己復禮)"는 말과 다름없다.[3]

앞에서 우리는 소식이 기예의 터득을 위해서 규율을 중시하고 있음을 확인했지만 시학에 대해서도 이런 이치는 마찬가지이다. "평소의 말이 입에서 나오는 대로 쓰고/시 짓는 법은 옛사람을 따르면//별것 아니라고 사람들은 말하지만/오묘함은 바로 여기에 있다."[4] 즉 문학예술의 창작은 전통을 바탕으로 할 때 새로운 경계를 열 수 있으니 이것이 바로 소식이 말하는 '법도'이다. 이 법도를 통해서 자유스러운 경지로 올라섰을 때 비로소 오묘한 창작의 세계가 열리는 것이다. 소식은 "시와 그림의 법도는 원래 상통하니/자연스러움과 참신함이다"[5]라고 말한다. 다시 말하면 시와 그림은 모두 전통이라는 법도로 연마한 연후에 자신의 자유로운 창작을 가해서, 자연스럽고 참신한 경지를 개척해야 한다는 것이다.

그러나 소식은 붓글씨를 언급하는 한 시에서 "나는 붓글씨를 내 멋대로 쓸 뿐 고정된 법도는 없다"[6]고 했는데, 그렇다면 그는 서법의 전통을 무시하고 있는 것이 아닌가. 이에 대한 대답을 우리는 소식이 서법을 논한 문장 「석창서 취묵당」에서 찾을 수 있다.

　장욱의 초서는 자유분방하면서도 점과 획마다 멋이 배어 있어서 신품이라고 불린다. 그러나 요즘 초서를 잘 쓴다는 이들 중에는 해서나 행서를 못 쓰는 사람이 있으니 이는 크게 잘못된 것이다. 해서에서 행서가 나오고, 행서에서 초서가 나오는 법이다. 해서는 서 있는 것과 같고 행서는 걷는 것과 같으며 초서는 달리는 것과 같으니, 서지도 걷지도 못하면서 달린다는 것은 있을 수 없는 일이다.[7]

　자유분방한 필법의 구사는 반드시 서법의 규율을 터득하고 난 연후에나 가능한 것이다. 집필과 운필, 점획과 여백, 농담과 완급은 가장 기본적이고 전통적인 필법과 습자를 통해 체득되어야 하고, 그 규율과 법칙이 내 의식과 손에 배어든 다음에는 자유롭게 써도 법도를 벗어남 없이 나의 뜻과 멋을 표현할 수 있게 된다. 소식은 위 글에 이어 다시 안진경의 글씨를 칭찬한다. "안진경의 글씨는 웅장하고 수려하며 옛 법을 넘어서 변화시켰으면서도 (옛날의 시법들을 집대성한)[8] 두보처럼 품격이 자유분방하다."[9] 마치 사생화를 실제와 다름없이 그리는 수준이 되면 무궁무진한 추상적 창작이 가능하듯, 서법이든 시든 전통과 규율의 집대성을 통해서 자기만의 독창적인 새로운 세계가 열리는 것이다. "나는 일찍이 이백시가 그린 부처 그림을 본적이 있는데 자기 마음대로 그렸음에도 불구하고 부처와 똑같았다."[10]는 소

6. 시 창작의 규율은 무엇인가

식의 말은 이를 설명한다.

　여기서 우리는, 포정이 문혜군에게 "저의 도는 기예를 넘어선 것입니다"라고 한 것처럼, 소식의 소위 '내 마음대로'의 창작도 결코 법도를 무시한 것이 아니라, 법도를 넘어선 것임을 알 수 있다. 소식은 위의 「염관 대비각기」에서 음식을 만들 때 적당한 양의 재료와 조리법을 무시하고 제 마음대로 만드는 것을 질책하기도 했는데, 이들 요리사들의 '제 마음대로'는 '법도를 넘어선 제 마음대로'와 전혀 다른 것임은 물론이다.

소식의 시론　창작은 반드시 전통적인 법도를 바탕으로 해야 한다. 이 법도를 바탕으로 오랫동안 연마하는 가운데 시와 예술은 자유자재한 창조적인 경지에 오를 수 있으며, 평범한 언어와 소재도 참신하게 소생될 수 있는 것이다.

소식의 〈묵죽도〉

소식의 시가 사상

7. 어떻게 창작할 것인가

앞에서 논의한 것을 간단히 말하면 "문학이건 예술이건 먼저 전통의 옛 법을 오랫동안 숙달한 다음 그 옛 법 위에 독창적인 경지를 열어야 한다"는 것이다. 그렇다면 그 새로운 경지를 어떻게 열어야 할까.

다음은 소식의 「화수기畵水記」이다.

예나 지금이나 사람들이 수면을 그리면 보통 멀리까지 평평하게 가는 물결을 그리는데, 잘 그리는 사람이라 해도 그저 파도의 기복만을 묘사할 뿐이다. 사람들더러 손으로 대어 보라고 하면 울퉁불퉁 느껴진다고 기가 막히다고 하지만, 사실 그것은 종이의 질감을 이용해 미묘한 기술을 가했을 뿐이다. 당나라 광명년간에 처사 손위는 새로운 화법을 개발해서 넘실대는 거대한 파도를 그렸는데, 산과 바위의 생김에 따라 물의 모습을 부여하니 수면을 그리는 법이 바뀌어 신품이라 불리었다.[1]

고요한 수면에 잔잔한 비늘무늬 물결을 그리는 방법은 오랫동안 하나의 전통 화법으로 자리를 잡고 있었다. 그러나 손위는 기운차게 하늘로 솟구쳐 오르는 파도를 대담한 필치로 그려낸 것이다. 특히 산이나 바위의 모양에 따라 물의 모양이 자연스럽게 굽이치는 다양한 변화의 물결이 그려졌다. 전통의 화법을 넘어서서 그림의 대상에 따라 작가의 정신을 자연스럽게 주입하는 것, 이것이 바로 새로운 경지를 여는 방법이다. 소식은 이왕의 화법으로 그린 수면을 '죽은 물(死水)'이라고 했는데, 손위의 그림으로 말미암아 물이 살아난 것은 그가 물의 형상이 아닌 물의 참모습, 즉 물의 본성에 따라 그렸기 때문이다.

서시의 얼굴을 그렸는데 아름답기는 하지만 기쁨으로 느껴오지 않고, 맹분의 눈을 그렸는데 크기만 컸지 전혀 무서움을 못 느끼겠다. 이는 형상의 주재자를 그려내지 못했기 때문이다.[2]

『회남자』의 이 말은 형상을 취하고 본성을 소홀히 한 그림을 질책하는 것이다.[3] 「송 한걸의 그림에 부치는 발문」에서 그림에 관한 소식의 얘기를 더 들어 보자.

선비가 그린 말 그림을 보면 마치 천하의 말을 다 훑어보고 그린 듯 말의 넘치는 기상을 그린다. 그러나 화공(판매용 그림을 그리는 사람)의 그림은 단지 말채찍 또는 말의 털과 가죽·말구유·여물 등을 잔뜩 그려, 전혀 말다운 말을 볼 수 없다.[4]

말의 기상, 말의 말다움이 없는 말 그림은 그저 가죽과 털만을 그린 것일 뿐이다. 소식이 당나라 때 유명한 궁중화가 한간의 말 그림을 이백시 집에서 보고 동생 소철에게 준 시에 이런 구절이 있다. "붓을 놀려 울긋불긋 말을 그려냈지만/만리 먼 말의 기상을 그 누가 알랴//한간의 그림은 몸뚱이뿐 뼈는 그리지 못하여/부질없이 알맹이 없는 가죽만 남겼구나."[5] 소식의 아우 소철도 같은 의미의 시를 남기고 있다.

　　화공 한간은 어찌 알았으랴
　　말 그림은 말 가죽만 그리는 게 아님을

　　세 마리 말의 뱃속까지 그려낸다면
　　세상을 비웃어도 남들은 모르는 것과 같으리.[6]

사실 이는 소철이 형 소식에게 보낸 것이고 앞의 시는 그 시에 화답해 지은 시이다. 그림을 그릴 때 사물의 '뱃속'까지 그려내는 것이 중요하다. 소식은 한 수의 시에서 다음과 같이 말한다.

　　그림을 그리는데 겉모양만 따진다면
　　어린아이의 견해와 다름없다

시를 짓는데 반드시 어떻게 써야한다면
시를 아는 사람이 결코 아니다

시와 그림의 법도는 원래 상통하니
자연스러움과 참신함이다

변란의 새 그림은 살아 있는 듯
조창의 꽃 그림은 막 피어난 듯

이 두 폭 그림은 어찌하여
담담하면서도 이토록 아름다울까

그 누가 이렇게 꽃 한 송이로
한없는 봄을 그려낼 수 있을까.[7]

겉으로 보이는 '형상'이 아닌 '정신'을 그려야 하는 것은 시나 그림이나 다름이 없다. 그 살아 있는 듯한, 막 피어난 듯한 '정신'은 우리가 앞에서 논의한 '참모습'이요, '본성'이다. 문학이나 예술은 형상을 통해 그 '실상'을 보여준다. 소식이 황주에 설당을 지어 놓고 한 손님과 논변하는 내용 중에 "이 설당을 지은 것은 내가 눈의 형상을 취하고자 함이 아니오, 눈의 의미를 취하고자 함이다"[8]라는 대목이 있는데, 이는 형상을 넘어 본성을 취하고자 한 소식의 관점을 보여준다.

문학에 관한 그의 설명을 「자평문自評文」에서 들어 보자.

　나의 글은 한없이 넘치는 샘물 같아서, 어디건 가리지 않고 솟아나와 평지를 도도히 흐르니, 하루에 천리를 가기 어렵지 않다. 산과 바위가 있는 곳에 이르러서는 그 형세에 따라 자연스럽게 응하여 어디로 어떻게 흐를지 알 수 없다. 알 수 있는 것은 오직 가야 할 곳에서 가고 멈춰야 할 곳에서 멈춘다는 사실뿐이다. 그 외에는 나 자신도 알 수 없는 것이다.[9]

　문학창작에서, 표현하려는 내용과 소재에 따라 작가의 사상과 감정을 부여하려면, 그 "부여"하는 방법은 먼저 대상의 참모습을 파악한 다음 "가야 할 곳에서 가고 멈춰야 할 곳에서 멈추는"[10] 자연스러움을 따르는 것이다. 소식이 이렇게 물로 자신의 문필을 비유하는 데에는 까닭이 있다. 「염예퇴부」에서 물에 관한 그의 말을 들어 보자.

　세상에서 가장 믿을 만한 것은 오직 물일 뿐이다. 아무리 강이 크고 바다가 넓어도 의미를 거기에 실을 수 있다. 물이란 어떤 형태도 고정적으로 이루는 법 없이 사물에 따라 형체를 부여한다. 천변만화 하는 가운데에도 일정한 이치만 유지할 뿐이다.…… 오호, 사물이란 안정된 가운데에서도 변화를 보이고 위태로운 듯하면서도 안정됨을 추구한다. 내 이런 말을 추론해 간다면 사물의 진정한 이치를 알 수 있으리.[11]

　물이 사물에 따라 형체를 이루듯이 화가나 시인들이 사물의 겉모양에 따라 표현을 했음에도 창작물이 지극히 자연스럽고 조화로운 것은 바로 사물의 내적 정신을 그려냈기 때문이다.

> **소식의 시론**　창작에는 일정한 규율이 있으니 그것은 곧 참신함과 자연스러움이다. 그러나 그 참신함과 자연스러움은 반드시 대상의 내적 본질을 그려내는 것으로 완성된다. 이는 말을 그릴 때 말의 털과 가죽만이 아닌, 그 속의 기상을 그려내야 하는 것과 같다.

소식의 시가 사상

8. 좋은 시란 어떤 것인가

소식이 말한 것처럼 자연스러움을 잃는 일 없이 자유자재로 천변만화한 창작의 세계를 연다면, 그 지극한 아름다움은 시와 예술의 세계에서 어떤 모습으로 열릴까.

다음은 소식의 「당시 육가서에 부치는 글」이다.

> 영선사 지영 스님의 글씨는 뼈대가 단단하게 안정된 데다가 여러 훌륭한 서체를 겸비해서, 정교한 아름다움의 극치에 이르렀으니 오히려 성글고 무미건조하기까지 하다. 그러나 그것은 마치 도연명의 시를 보는 듯 처음엔 산만한 것 같으면서도 자꾸 보면 그 오묘한 멋(奇趣)을 맛보게 한다.[1]

이 글은 앞에서 소식이 초서를 잘 쓰려면 먼저 해서·행서를 잘 써야 한다는 논지의 문장 도입 부분이다. 주목할 만한 것은, 글씨체가 정교한 아름다움의 극치에 이르러 오히려 성글고 산만해 보이기까지 한다는 대목이다. 그리고 소식은 그것이 시에서도 마찬가지로 오묘한 멋을 맛보게 한다고 말하고 있다. 이 말의 의미가 무엇을 가리키는지 「황자사의 시집에 부치는 글」에서 글씨를 비유하여 시를 논한 소식의 다음 글을 보자.

내가 일찍이 서법를 논하면서 말하기를, 종요와 왕희지는 글씨가 성글고 무미건조하지만 그 오묘함이란 필획을 넘어선 곳에 있다고 한 적이 있다. 그런데 당나라 안진경과 유공권에 이르러 고금의 필법을 한데 묶어 발전시키니, 서법이 새로워져 천하가 모두 이들을 스승으로 삼고, 종요, 왕희지는 잊어 버렸다. 시 또한 마찬가지이다. 소무와 이릉 시의 자연스러움, 조식과 유정 시의 진솔함, 도연명과 사영운 시의 초탈함 역시 각자 최고의 것이었다. 그러나 이백과 두보 시가 독보적인 아름다움으로 역대의 시를 넘어서자 고금의 시인들은 모두 잊혀졌고 위진 이래의 그 격조 높은 고상함도 역시 쇠미해 갔다. 이백과 두보 이후, 일부 시인들이 간혹 격조 있는 시를 지었지만 역시 재능이 못 미쳤는데, 오직 위응물과 유종원의 시만이 질박함 속에 섬세한 아름다움을, 담백함 가운데 지극한 맛을 띠어, 나나 그대가 미칠 바가 못 된다.

당나라 말엽의 사공도는 험난한 내란 중에도 시문을 고아하게 지었는데 이는 태평하던 시절의 기풍을 이은 것이다. 그가 시를 논하면서 말하기를 "매실은 신맛이요, 소금은 짠맛이다. 음식에 매실과 소금이 없어서는 안 되지만 그러나 음식의 참 맛은 시고 짠 맛, 저 너머에 있는 것이다"라고 했다. 사공도는 자신이 시를 쓰면서 경험한, 문자 너머에 있다고 하는 시의 맛 스물네 가지를 제시했는데, 처음에는 나도 그 오묘한 뜻을 몰랐다가 이제야 그 말을 되새기며 안타까워하는 것이다.[2]

안진경과 유공권의 붓글씨처럼, 이백과 두보의 시풍은 뛰어난 것이요, 아름다움의 극치에 이른 것이었다. 그러나 소식이 볼 때 그것은 마치 가장 맛좋은 매실, 가장 맛좋은 소금일 뿐이었다. 소식은 신맛, 짠맛을 넘어 오히려 뭐라고 언설로 표현할 수 없는 무덤덤한 맛에 주목하고 있는 것이다. 이 같은 관점으로 시를 논한 다른 글 「한유와 유종원 시를 평함」을 보자.

유종원의 시는 도연명보다는 못하지만 위응물 시보다는 위에 있다. 한유의 시는 다소 호방함만 지나치고 고상한 아름다움은 부족하다. 시에 질박함과 평이함이 중요하다고 하는 것은, 겉으로 보면 밋밋하지만 속으로는 기름지고, 평이한 듯하면서도 실상은 아름다운 것을 말함이니, 도연명이나 유종원의 것이 바로 그런 시들이다. 만약 안팎이 다 질박하고 평이하다면 별 것 아닌 시들이다. 부처가 말하기를 '보통사람이 꿀을 먹으면 단지 단맛만 느낀다'고 했는데, 사람들은 다섯 가지 맛의 음식을 먹으면서 쓴맛 단맛 등은 쉽게 구별하지만 그 맛 이면의 깊은 맛까지 느낄 줄 아는 사람은 백에 한둘일 뿐이다.[3]

위의 글을 읽으면서 우리는 소식이 위와 같은 관점의 초점을 한 사람의 시인, 도연명에게 맞추고 있음을 발견하게 된다. 소식은 동생 소철에게 보내는 한 편지에서 이렇게 도연명을 얘기한다. "나는 다른 시인들의 시는 별로 좋아하지 않는데 오직 도연명의 시는 좋아한다. 도연명이 지은 시는 얼마 안 되지만 질박하면서도 아름답고 말라붙은 듯하면서도 기름졌기 때문이니, 조식·유정·포조·사영운·이백·두보 등의 시인들도 못 미치는 것이다."[4] 이제까지 소식의 문장으로 보면 소식의 이와 같은 관점은 결코 도연명 시풍에 대한 단순한 기호가 아니라 일정한 기준과 이론을 바탕으로 한 시학관임을 알 수 있다. 아름다움이 극치에 달해 오히려 담백함·질박함을 보이는 시와 예술의 경지는 소식 시학의 이상이었던 것이다. 소식이 「조카에게 문학을 얘기하는 편지」의 다음 구절은 그가 이상적으로 여기는 문학관이 무엇인지를 증명한다.

무릇 문학이라는 것은, 젊었을 적엔 기상이 넘치고 몹시 화려하게 쓰게 되지만, 나이가 들면서 원숙해지면 점점 평담하게 쓰게 되는데, 사실 이는 평담한 것이 아니라 현란함이 극치에 이른 것이다.[5]

소식의 이와 같은 관점은 중국 고대 도가의 열자나 장자가 말한 "깎고 또 다듬어 다시 질박함으로 돌아간다"[6]는 말과 상통하는 것이다. 여기서 소식의 말을 다시 한 번 상기할 필요가 있다. 소식은 『남행집』 서문에서 억제할 수 없는 정감의 표출을 위해 쓰지 않을 수 없어서 쓰는 글이 좋은 글이라는 관점을 갖고 있었다. 그러나 그는 사물이나 감정의 실상을 그려내려면 끝없는 고뇌를 바탕으로 한 사유가 필요할 뿐 아니라, '깎고 또 다듬는' 절차탁마의 제련 과정이 필수적임을 강조하고 있다.

고뇌 어린 사유와 부단한 문장 제련이라는 두 가지가 시의를 최고로 묘사한다. 그렇게 해서 나온 시는 불필요한 군더더기 살을 빼고 요점과 핵심만 그려내는 새로운 모습의 언어로 소생하는 것이다. 이 단계에서 시는 너무 평이해서 멋도 없고 맛도 없어 보이지만 읽으면 읽을수록 귀에 남고 가슴에 울린다. 소식은 그런 최고의 시를 추구한 시인이다.

소식의 시론 맑고 고요한 영혼의 눈을 회복했을 때, 비로소 참된 자아와 세계를 만날 수 있다고 여기는 소식은, 또한 숙련된 기예만이 이를 자유자재하게 그려낼 수 있다고 믿었다. 그러나 그렇게 해서 시와 예술이 최고의 경지에 이르게 되면 이 세계는 오히려 담담하고 질박한 표현으로 나타난다고 보았다.

소식은 가슴속에서 자연스럽게 흘러나오는 시가 가장 아름답다고 여긴다. 그러나 그가 지적하는 자연스러움에는 두 가지 조건이 있는데, 그 하나는 자기 자신의 마음을 맑고 순수하게 하는 일이며 다른 하나는 노래하고자 하는 대상의 내적 본질을 파악해내는 일이다. 이 과정에서 자아를 순수하게 하는 일은 곧 대상의 본질을 포착하는 첩경이 된다. 이렇게 해서 참된 자아(시인의 정신)와 참된 대상(사물의 정신)이 만나게 될 때 시인은 비로소 노래하고자 하는 시의를 자연스러우면서도 깊은 감동으로 그려낼 수 있다.

여기까지의 단계를 시의(道)의 숙성과정이라고 한다면, 그 숙성된 시의가 언어로 표현되기 위한 창작의 과정이 필요하다. 소식은 여기서 법도에 바탕을 둔 언어의 기예(技)를 강조한다. 자연스러운 시의는 또한 자연스러운 언어로 노래돼야 하는 것이다. 시의의 자연스러움이란 치열한 사유를 통해 회복된 맑은 영혼을 말함이요, 언어의 자연스러움이란 현란한 기교가 극치에 달해 오히려 담백하고 평범한 경지로 되돌아온 것을 의미한다. 이 두 가지 조건이 어우러진 시를 소식은 이상적인 작품이라고 여겼다.

[소식 시의 표현]

1. 소재와 시어
2. 해학과 풍자
3. 비유와 웅변

1. 소재와 시어

(1) 소재

소식 시의 최대 특징의 하나는 어떤 사물, 어떤 소재이건 모조리 시어로 용해시켜 참신한 시작품으로 새로이 주조해낸다는 사실이다. 이에 관해서 많은 사람들이 주목해 왔는데, 그 중 왕사정은 이렇게 말한다. "송나라 사람들 중에서 시를 가장 많이 쓴 사람은 소식과 육유이다. 소식은 제자백가에서부터 지리에 관한 내용은 물론 불교·도교·귀신 설화 등을 섭렵해서 종횡무진·자유자재로 창작을 했다."[1]

수식의 시는 확실히 풍부한 내용과 소재를 갖고 있다. 이는 소식의 폭넓은 학문과 풍부한 경험의 결과이지만 한편으로는 그 자신의 문학관과 관계가 있다. 자신이 말한 대로 '억제할 수 없는' 창작 격정으로 '내용 있게 쓰는' 창작 정신은 그가 보고 듣고 생각한 모든 것을 시로 재창조되어 나오게 했던 것이다. 그는 "깊은 학문뿐만 아니라 풍부한 재능까지 있어, 고대의 경사자집류와 지리·불경·도장·방언·소설에서 우스갯소리·욕설·동네 아녀자들이 하는 얘기까지 한 번 시로 쓰기만 하면 곧 전고가 되었다."[2) 뿐만 아니라 "소식은 가슴에 커다란 용광로를 품고 있는 듯 어떤 쇠붙이든지 모조리 용해시켜 재주조해냈다. 그 필력의 대단함이란 마치 천마가 하늘을 나는 듯하고 신선이 노니는 듯 변화무쌍하여, 하고 싶은 대로의 뜻을 마음껏 펼치니 한유 이래로 또 하나의 새로운 시 세계를 개척하였다."[3) 소식은 고대 경전의 심오한 내용에서부터 우스갯소리와 욕설 등 촌부의 상소리까지, 고상한 말이나 비속한 말을 가리지 않고 모든 것을 자신만의 독특한 시어로 빚어냈던 시인이다.

왕십붕(1112~1171)[4)은 소식 시를 소재에 따라 78개의 종류로 나누고 있다. 다음은 왕십붕의 분류에 의거해서 소재가 가장 많은 종류순으로 정리한 분류표이다.

酬答	293	傷悼	49	樓閣	27	茶	12	試選	8	塔	4	城郭	2
送別	170	雨雪	46	投贈	27	酒	12	省字	8	陵廟	4	壁塢	2
書	114	亭	45	湖	26	音樂	11	詠史	8	獸	4	舟楫	2
雜賦	95	燕飲	44	絶句	21	婦女	11	風雷	8	池沼	3	卜相	2
紀行	91	節序	43	月	17	木	11	田圃	8	竹	3	蟲	2
花	79	堂宇	41	尋訪	17	江河	10	硯	8	橋梁	3	菌	1
題詠	74	古迹	37	宮殿	17	溪潭	10	述懷	6	醫藥	3		
簡寄	59	懷舊	36	仙道	16	歌	10	魚	6	行	3		
寺觀	59	山岳	36	慶賀	15	夢	10	食物	5	燈燭	3		
園林	57	惠	35	留別	14	器用	10	射獵	5	墳塋	3		
游賞	56	戲贈	32	居室	14	筆墨	9	茶	5	懷古	2		
釋老	56	泉石	31	禽	13	果實	9	宗族	5	時事	2	총계	2155

왕십붕이 분류한 소식 시의 총수는 모두 2,155수이다. 그러나 왕문고의 『소문충공시편주집성』에는 소식 시의 총수가 2,696수로 기록된다. 즉 왕십붕의 분류 시집이 소식 시의 전부를 수집한 것도 아니고 또 분류도 엄밀하지 않은 점 등의 결함이 있지만[5] 이 분류는 소식 시의 소재의 광범위성과 다양성을 충분히 설명해 준다. 이에 대해서는 이미 왕십붕이 이 책의 서문에서 지적하고 있다.

동파 선생 소식은 뛰어난 재능에 풍부한 학식으로 일세를 풍미하여, 경사자집의 고문헌은 물론 소설·잡기·불경·도서·고시·방언 등 미치지 않은 곳이 없다. 그러므로 천지의 조화, 고금의 흥망성쇠, 풍속의 변화 및 산천·초목·금수·해물·곤충에 이르기까지 그 오묘한 세계를 꿰뚫어, 그 가슴으로부터 쏟아져 나오는 시문은 장강 대하처럼 도도히 흐르며 천변만화한다. 사실 그 한 마디 한 마디 사이에 이는 물결은 보통 사람이라면 그 물가조차 넘보지 못할 정도이다.[6]

왕십붕의 분류가 아니더라도 소식의 시를 들춰보면 다양한 소재가 눈에 뜨인다.[7] '국(羹)'·'죽순(筍)'·'국수(麵)' 등의 음식과 각종 동식물은 과거에는 감히 상상도 할 수 없었던 소재들이다. 이런 소재의 시는 명대 장지상이 편찬한 『당시류원』에 항목조차 없는 것들이다.

위와 같은 소재 외에도 소식은 자신의 시에서 자유자재로 '전고典故(어원의 근거가 전하는 관용적 어휘)'를 쓰고 있다. 이에 관해서는 송대의 조기가 『동파선생시집서』에서 상세히 언급한 바 있다.

나는 소식의 시를 50항목으로 완전하게 분류했다. 그 중에는 옛 시인의 시구를 한두 구절 인용한 경우와 두 글자에서부터 여섯 글자를 인용한 경우, 또는 옛 시구의 위아래 구절에서 각각 한 자, 두 자, 네 자씩 뽑아 쓴 경우도 있었다. 이와는 달리 옛 시의 시의만 빌려 쓰되 글자는 전혀 다르게 하기도 하고, 또는 글자를 같게 쓰되 시의는 다르게 하는가 하면, 옛 시의 시의를 되살리면서도 옛 시가 미처 보이지 못한 미묘한 시의를 그려냈다. 어느 한때의 사건을 묘사하면서 한 구절 내에 두 개의 전고를 인용하기도 하고, 전고를 안 쓴 듯하면서도 썼는가 하면 쓴 듯하면서도 안 썼다.

 도교·불교문헌이나 소설·비석·지방지에 실린 괴상한 이야기, 잘못된 고사나 옛 사람의 글자를 끌어 시 짓는 법도가 되게 하였고, 모든 종류의 옛 시구·전고가 다소 부족하다 싶으면 때때로 재미있는 일화를 삽입하기도 했다. 때로는 전고가 없이도 훌륭하게 표현했으며, 쉬운 표현을 쓰면서도 깊은 뜻을 그려냈다. 간혹 글자가 부자연스러운 경우도 있지만 그 한 자 한 자가 모두 내력이 있는 것으로 이는 다 옛 시구나 글자를 새로이 주조해 낸 것이다. 가끔은 당시 시인들의 시구나 옛 사의 구절, 옛 시중의 잘못 쓰인 전고·시어가 그의 시에서는 교묘한 대구로 쓰이기도 하고 옛사람의 이름과 자, 유언비어, 경전 주석서의 감춰진 얘기, 속어·비어, 시저인 감상과 사물의 이치까지 시어로 썼다. 이런 점이야 말로 소식 시의 전반적인 특징이다.[8]

 전고를 안 쓴 듯하면서도 썼고, 전고인 듯 하면서도 사실은 아닌 특징이야말로 소식 시어의 탁월한 제련 솜씨이며, 이 또한 소식 자신의 시학 실천이었다. 소식은 "시란 반드시 알맹이가 있게 창작해야 하나니 전고를 씀에는 옛 것을 새롭게, 속된 것을 고상하게 만들어 써야 한다"[9]고 강조했던 것이다.

소식 시의 전고 사용에 대해 안반은 다음과 같이 평한다.

서애가 말하기를 '소식의 시는 너무 직설적인 데다, 완곡하고 깊은 맛이 부족한데 이 점이 바로 옛 사람보다 못한 부분이다. 진사도도 소식의 시가 거칠고 가볍다는 단점을 지적한다'고 했는데 나 역시 동감이다. 그러나 소식이 전고를 사용하는 것을 보면 심한 경우 구절마다 점철을 하는데 예를 들면 「진장이 아들 얻은 것을 축하하며」 「장자야가 첩을 들이다」 「술을 못하는 서맹을 놀리다」 등의 시이다. 류진옹이 말하기를 황정견은 만 권의 책을 읽어 옛 시인들과 글자 한 자를 다투겠다고 했지만 생각만 좋지 시의는 못 미치며, 잔뜩 지어 놓은 시구는 격조가 떨어지는 것들뿐이다. 종영은 '별의 별 얘기 다 늘어놓고 그것을 전고라고 써대면 시가 좋을 리가 없다'고 했는데 그렇다면 전고를 이용하면 안 된다는 말인가? 두보가 이르기를 '만 권의 책을 읽으면／글 쓰는 붓이 신들린 듯 달린다'고 했으니 전고를 안 쓰는 게 아니라 전고가 녹아 들어가 극히 자연스럽게 써지는 것으로, (소식의 시도) 이렇게 해서 수준 높은 작품이 되었던 것이다.[10]

안반은 소식의 시가 비록 구절마다 전고를 인용하고 직설적으로 가볍게 쓰는 듯하지만 결국 전고가 자연스럽게 녹아드는 경지까지 이르고 있다고 칭찬한다. 이는 바로 "시를 쓰면서 전고를 이용하는 것은 부처의 말처럼 소금을 물에 타되 물을 마셔야 소금 맛을 느낄 수 있는 듯 녹아들어야 한다"[11]라는 청대 설설의 말과 상통하는 것이다. '소금이 물에 녹아든 듯이' 전고를 쓴 다음의 시「남도로 부임하는 자유에게」를 보자.

그대 떠날 날짜 다가옴이 괴로워
소슬히 부는 비바람에 가슴 에인다

나중에는 변한 모습 알아보지 못해도
만나는 날 그 목소리는 아직 남아 있으리.[12]

아우 소철에게 준 이 짧은 송별시에서 앞의 두 구절은 이별을 슬퍼하는 형제애가 짙게 드러난다. 그러나 뒤의 두 구절의 비유는 시의가 거의 처절하다 싶을 정도로 강렬하다. 셋째 구절은『한서·당고전』의 전고가 쓰인 것이다. 즉 수염을 자르고 이름을 바꿔 가며 쫓기던 하복은 변장을 하려고 석탄 검댕을 얼굴에 바른다. 몹시 초췌한 모습에 그를 만난 동생도 그를 못 알아볼 정도였지만 목소리를 듣고 그가 자신의 친형인 줄 알았다는 고사이다.[13] 마지막 구절은『전국책』의 고사를 배경으로 썼다. 지백의 두개골로 술잔을 하고 싶을 성도로 원한을 품고 있다는 조양자의 말을 들은 예양은, 지백을 죽여 그의 원수를 갚아 주기 위해 눈썹과 수염을 깎고 몸을 더럽게 하여 걸인처럼 꾸민 채 시험삼아 아내를 찾아간다. 그를 알아보지 못하던 아내가 목소리를 듣고 알아채자 그는 불덩이 석탄을 삼켜 마침내 목소리까지 바꿨던 것이다.[14] 소식은 이 시에서 극한 상황의 고통이 담긴 이런 고사를 빌어 동생과의 이별을 슬퍼하고 있다. 사실 독자는 이러한 전고를 모르더라도 시구만으로도 고통스러운 이별의 시의가 고스란히 배어 나옴을 느낄 수 있다. 이런 정도의 전고 사용이야말로 "완연히 녹아들어 저도 모르게" 쓰는 시어 예술이다.

석혜홍(1071~1128)은 "전고를 써서 시구를 아름답게 하는 일은 그 고사의 의미를 어떻게 적절히 사용하느냐가 관건이지 그 전고를 그대로 끌어 쓰는 것은 소용없는 일이다. 이에 대해서는 오직 왕안석과 소식·황정견만이 제대로 알 뿐"이라고 하면서 위에 든 소식의 시가 바로 그 한 예라고 언급하고 있다.[15] 그 고사의 뜻을 취하되 실제의 내용은 취해서는 안 된다는 말이다. 청대의 왕우화 역시 "형상을 취함은 정신을 취함만 못하고, 전고를 씀은 그 전고의 의미를 취해 씀만 못하다"[16]고 말하는 것이다.

학문과 폭넓은 경험에서 우러나오는 소식의 '용사用事(고사를 빌려 쓰는 기법)'는 결국 그의 시에 무한한 깊이와 폭을 느끼게 해준다. 송대의 강기는 "학식이 풍부하다 보니 저도 모르게 나오는 고사를 쓰는 일은 '용사'를 잘하는 것이요, 시의가 넘쳐 시어를 충분히 발휘한 것은 어휘력이 좋기 때문이며, 순간적으로 사물을 포착해서 의미 있는 언어를 만든다면 참다운 시 창작의 법도를 터득한 것"[17]이라고 하며 소식의 시에 긍정적인 평가를 하고 있다. 그러나 소식 시의 '용사'에 가장 적절한 평가를 남긴 사람은 조기이다.

그럼에도 불구하고 지적해야 할 것은, 소식의 전고 인용이 생각 없이 쓰인 것이 아니며, 옛 시구의 인용이 모두 의식적인 것이 아니라는 점이다. 가슴속에 가득한 학식이 차고 넘치는 가운데 시를 쓰다 보면 그 시구가 내 것인지 남의 것인지 저도 모르게 쏟아져 나와서, 읽는 이들에게 그저 그 시의를 완전히 표현해낼 뿐이다.[18]

소식이 「유자후의 시에 제하다」에서 강조한, 시구를 지을 때는 '옛 것을 새롭게, 평범한 것을 아름답게' 써야 한다는 말은 비단 '고사의 인용'만을 가리키는 것이 아니다. 그는 일찍이 시가 창작에 관해서 언급하면서 "입에서 쏟아져 나오는 평범한 말이라도 반드시 법도를 따라야 한다. 사람들은 이를 평범하다고 하지만 비범한 시구는 바로 여기에 있다"[19]라고 말하고 있다. 여기서 말하는 소위 '비범함 언어'란 바로 자연스럽게 사용하는 '평소의 언어'를 일컫는다. 소식의 다음 시를 보자.

스님이 눈길을 내며 문을 나서자
맑고 차가운 콧물이 코에 가득 흐른다

장삼 소매 축축하고 신발바닥 젖어오니
눈 삽을 들고 계단을 다시 오르다 …….[20]

이 시에서 '맑고 차가운 콧물', '젖은 신발바닥' 등은 당시의 기준으로 볼 때 확실히 고상하지 못한 시어라고 할 수 있다. 그러나 이런 시어야말로 소식 시의 '범속한 것을 고상하게' 하는 특징이다. 그 외에 "오리 털이 말총에 내려앉으니/마치 흰색의 봉황을 탄 듯하다"[21]라는 두 구절을 두고 청대의 기윤은 "오리 털(鵝毛)이라는 말은 원래 눈을 가리키는 속어이지만 그 다음 구절의 다섯 자 때문에 멋있는 시구가 되었다. 이로써 쇠붙이를 금으로 바꿔 놓는 소식 시의 대단함을 알게 된다"22)고 평어를 붙이고 있다. '범속한 것을 고상하게'란 사실 언어 의미의 한계를 깨는 돌파와 해방을 말한다. 원매(1716~1798)는 "유우석은 시에 '고糕(떡)'자를 쓰기 싫어했는데 이는 그가 당나라 풍의 시를 쓰던 시인이었기 때문이다. 소식은 유우석의 이런 점을 비판하면서 옹졸하다고 했지만 이 또한 소식이 송시를 쓴 송대 시인이었기 때문이다"23)라고 한다. 소식의 이러한 관점과 문학적 실천은 나중에 '송조宋調(송나라 시풍)'라는 이름으로 황정견의 '쇠붙이를 황금으로 만들기〔點鐵成金(점철성금)〕'나 양만리의 '시를 살아나게 하는 법〔活法(활법)〕' 등의 이론적 기초가 된다.

여하튼 소식의 이런 시학관은 자신의 시에서 '시어에 쓰이지 못할 말이 없다'는 창작 실천을 보여준다. 이에 관한 한 일화가 전해 온다. 소식이 황주에 살 때 하수재를 만나 기름과자를 먹었는데 바삭바삭하고 맛있었다. 주인에게 그 이름을 물어 보니 이름이 없다 한다. 어떻게 이렇게 바삭거리느냐고 물으니 주위의 손님들이 "아예 '바삭(甚酥)'이라고 이름을 붙여주세요" 한다. 반장관은 소식이 술을 못하는 것을 알고 늘 단술을 내어놓아 접대를 했다. 소식은 웃으면서 "이건 필시 술에 물을 잘못 탄 게로군"했다. 나중에 소식은 '바삭'이 생각나자 시를 한 수 지었다.

꽃을 마주하고 술을 드니 만사가 편안한데
내 허리엔 오로지 술병 하나 걸렸지

반씨네 물탄 술을 한 잔 가득 들었으니
이젠 그대 집에 가서 '바삭'이나 맛봄세.

이 일화를 전하는 주자지는 이런 소식의 창작이 자신이 말한 대로 "항간의 비속어라도 다 시어가 될 수 있는데, 다만 반드시 용해를 해서 써야 한다"는 주장의 실천적 결과라고 강조한다.[24] 소식이 '시정의 평범한 말'을 자신의 시에서 용해해서 아름다운 시어로 주조해내는 것은 바로 '범속한 것을 고상하게'라는 창작 실천이었던 것이다.

소식의 시어 개척에는 전문 용어에까지도 미쳤다. 소식 시의 전문 용어에 관해서는 최근 항초의 논문[25]이 좋은 자료를 소개하고 있다.

소식의 시에는 그 외에도 적지 않은 속어·방언이 있다.[26] 청대 조극의는 이를 두고 "방언을 시어로 쓰는 것에는 질박하면서도 고상하고, 아름다우면서도 저속함의 구별이 있는데 이 경우에는 후자에 속한다"[27]라고 했는데, 다소 부정적인 시각이 엿보이긴 하지만 방언을 시어를 쓰기도 한 소식 시의 특징이 당시 시어를 개척하는 데 큰 공헌을 한 것만은 틀림없다.

소식의 시 "언젠가는 너의 집에 관직이 쏟아지면/한밤중 춤을 추다가 항아리를 깨리라"[28]라는 구절에서 '파옹破甕(항아리를 깨다)'은 재미있는 고사에서 끌어온 속어이다. 여기에는 다음과 같은 일화가 있다. 한 가난한 선비의 집에 가재도구라고는 오직 항아리 하나뿐이어서 밤에는 이걸 지키며 잠을 잤다. 어느 날 저녁 그는 상상을 하면서 만약 천금이 생기면 집과 전답을 산 후 첩을 두고 좋은 수레를 타고

황주의 적벽

다니리라 생각하다가, 상상만으로도 기쁜 나머지 경중경중 뛰다가 그만 항아리를 깨고 말았다. 그후로 엉뚱하고 황당한 망상을 하는 것을 '항아리 망상'이라고 한다."29)

또 다른 시30)에서 소식은 '복부腹負(배를 업다)'라는 시구에 주석을 달고 "한 장군이 배부르게 먹고는 배를 어루만지며 '나는 이렇게 너를 저버리지 않는다.(필자 주: 장군은 배를 만족하게 했다는 의미로 말했다. 그러나 '負'의 원 뜻은 '업다'이다)'고 하자, 주위에 있던 사람들이 '장군이 배를 업고 있는 게 아니라 배가 장군을 업고 있으니 여간 신경 쓰이는 게 아니오'라고 했다"31)는 고사를 소개한다.

조령치(1051~1134)는 『후청록』에서 소식 시어의 한 예를 들고 있다.32) "얼어붙은 옥루玉樓가 추위에 떨리고/흔들리는 은해銀海에선 별꽃이 반짝인다"라는 시구에서 '옥루'·'은해'는 원래 '어깨'·'눈동자'를 일컫는 道家의 술어이다. 이를 제대로 번역하자면 "얼어붙은 어깨가 추위에 떨리고/흔들리는 눈동자에선 (현기증 때문에) 별꽃이 반짝인다"라고 해야 한다.[33]

이렇게 방언·속어·전문 용어의 시가 창작상의 운용은 시어 영역의 개척과 확대를 의미하지만, 이 때문에 후세 사람들의 질책을 감수해야 했다. 청대 섭교연은 이렇게 말한다. "소식은 세상 만물을 모조리 시에 넣어 자기 것으로 했다. 그래서 범속한 풍격의 시가 대종을 이루며 청아한 것은 그 다음이다. 경우에 따라 억지 운을 맞춘 것들은 재주를 부린 것에 지나지 않고 천박하여 사족의 혐의가 있을 뿐이다."[34] 당나라 때의 시풍에 익숙한 데다가 당시만을 시의 전형이라고 여긴 사람들에게 소식의 시가 얼마나 눈에 거슬렸는지 짐작이 가는 논평이다.[35]

사실 이런 질책과 비난을 감수하고 진행된 시적 언어 영역의 확대와 발전은 송대 시가의 특징이 된다. 소식은 그 중에서 가장 두드러진 역할을 했을 뿐이다. 왕문고는 주변의 「풍월당시화」를 빌어 다음과 같은 일화를 소개한다. 삼료가 손님들과 시를 논하고 있을 때였다. 그 손님이 "세간에 전하는 실화 중에는 시로 써서 되는 것도 있고 시로 쓰기 곤란한 내용도 있습니다만 오직 소식만이 가리질 않는데, 항간의 보잘것 없는 이야기도 그의 손에만 들어가면 마치 신선의 손길이 닿으면 기와 쪼가리가 금덩이 되듯이 기가 막히는 일입니다"라고 한다. 이에 삼료는 "소식의 입 속에는 특별한 소화 기관이 있으니 남들이 어떻게 흉내를 내겠습니까?"라고 대답했던 것이다.[36] 왕리기는

"내가 일찍이 소식 시문의 창조적인 점을 지적하면서 그 고상함과 범속함을 자유자재로 넘나드는 경지가 대단하다고 말한 적이 있다. 고상한 내용은 고상한 것을 그리기 때문이니 이런 옛사람들의 장점이야 소식 또한 가능했지만 범속한 것으로 아름답게 시를 쓴다는 것은 옛사람들도 흉내 내지 못하는 경지의 것이다"[37)]라고 한다. 소식에게는 "기왓장을 금덩이로 변하게 하는 신선의 도술"처럼 범속한 언어를 빛나는 시어로 재창조하는 능력이 있었던 것이다.

청대 섭섭(1627~1703)이 소식 시의 이런 특징에 대해 언급한 다음 문장은 가장 적절한 평가가 될 것이다.

두보의 시는 고금에 으뜸이다. 그의 전후로 천년 동안 시인은 끊임없이 이어져 나왔지만 오직 한유와 소식만이 재능과 실력에서 두보와 겨룰 만하다. 한유의 시는 단 한 글자도 남을 따르는 일 없이 마치 태화산처럼 우뚝 서 있어 아무도 감히 오르지 못한다. 평범한 문인들이 엉터리로 논하는 걸 보면 열에 오륙은 말장난일 뿐이다. 소식은 세상 만물을 섭렵해서 하찮은 이야기까지도 시로 써내지 않음이 없다. 비유컨대 잡동사니 쇠붙이가 용광로에 들어간 뒤 금덩이로 제련되어 나오는 듯하니 보잘것 없는 이들이야 어찌 그 발끝이라도 따라가겠는가? 그러면서도 소식의 시 한 글자도 안 읽고서는 이러쿵저러쿵 떠들어대니 참으로 슬픈 일이다.

한유는 전고를 쓰면서도 자신이 새롭게 해석해서 쓴다. 소식은 시 한 구절에 두세 개의 전고를 쓴다. 이는 사실 지식을 자랑하려 해서가 아니라 학식과 재능이 넘치다 보니 저절로 쏟아져 나오는 것이다. 이는 모두 두보에 뿌리를 두고 있는 것으로 두시를 읽다 보면 이런 시풍이 결코 한유나 소식의 창조가 아니라는 것을 알 수 있다. 시 한 구절에는 반드시 전고 하나밖에는 쓸 수 없다고 여기는 이들은 모두 우물 안의 개구리요, 한유나 소식 시만을 모르는 게 아니라 두보의 시조차 모르는 이들이다.[38]

청대 전영도 "평범한 입말이라 하더라도 시어로 쓸 수 있으니 운율에 맞게 쓰면 아름다운 시구가 된다."[39]고 했는데 이는 소위 '옛 것을 새롭게, 평범한 것을 아름답게'라는 소식 시학 이론의 충실한 실천이었다. '새롭고', '멋있게' 할 수만 있다면 거리낌 없이 방언·속어·전문 용어 등을 시어로 환골탈태시키며 자유자재로 전고를 사용하였다. 그의 이러한 시학 실천은 나중에 그의 문하생 황정견을 중심으로 한 '강서시파' 시학 이론의 토대가 되기도 하지만, 여하튼 시어 영역의 이런 개척과 확대가 소식 시의 '새로운 창조'의 하나임은 부정할 수 없다.

(2) 시어

위에서 논의한 바와 같이 소식의 시어의 개척과 확대는 그의 언어 용해 능력과 관계가 있다. 그러나 용해된 언어가 어떻게 제련되어 나오는가 하는 문제는 별개의 것이다. 앞에서도 언급한 바 있지만 소식은 도연명과 두보의 시를 예로 들어 시어의 잘못된 선택은 "시적 운치를 반감시킨다"고 강조한다. "좋은 시를 쓰려면 잘 다듬어야 하나니/이는 곧 아연에서 은을 제련해 내는 것"[40]이라는 소식의 말은 그의 시어 연마에 관한 견해를 엿보게 한다.

소식의 두보 시에 관한 언급은 하나 더 있다. 송대 범온의 기록을 보자.

두보는 시에서 자주 쓰는 글자가 하나 있는데 예를 들면 '修竹不受暑(긴 대나무 숲은 더위를 가리고)', '野航恰受兩三人(들에는 두세 사람 길을 걷는데)', '吹面受和風(얼굴에 불어오는 바람 따뜻하다)', '輕燕受風斜(비끼는 바람을 타는 날쌘 제비들)' 등으로 '受'자에 묘미를 두고 있다. 소식은 특히 '輕燕受風斜'라는 구절을 좋아해서 제비가 바람을 안고 앞으로 나아갔다 물러났다 하며 나는 모습은 '受'자가 아니면 결코 그려낼 수 없다고 한다. 범온은 또 다른 예를 들어 "회해의 사작품 중에 '杜鵑聲里斜陽暮(두견새 소리에 노을 지는 저녁)'이라는 구절이 있는데, 소식은 이를 두고 '이 사는 교묘한 아름다움은 있지만 앞에 '斜陽(노을)'이라고 해놓고 다시 '暮(저녁)'라고 하니 중복된 표현이다'라고 한다. 이로 볼 때 시를 지으면서 표현이 중첩되는 것은 삼가야 된다는 것을 알았다."[41)]

적당한 시어를 고르는 것은 시의를 완벽하게 표현하기 위한 가장 기본적인 작업이다. 그리고 이를 위해 낱말이나 구절을 수정하는 일은 필요한 과정이다. 송대의 오증은 "소식은 일찍이 삼료와 얘기하면서 '두보는 새로 쓴 시의 수정을 다 마치고 홀로 길게 읊조려 본다고 했으니 그가 시를 지을 때 얼마나 신경을 썼는지를 알 수 있군요'라고 했는데, 역시 시란 부단히 고치고 다듬기를 꺼려해서는 안 되는 것임을 알겠다"[42)]라고 말하고 있다. 즉 소식은 일사천리의 창작이 아닌 다듬고 고쳐 가는 시어의 제련 과정을 중시하고 있는 것이다.

앞에서 말한 것처럼 친구가 지은 "연기 깔린 들 위로 흰 새가 날고/ 구름 걸린 산허리엔 칡등나무 휘감겼다"라는 시구에서 '날고(飛)'를 '가로지르고(橫)'로 바꾼 소식을 두고 청대 송장백은 "이는 '한 글자의 스승(一字之師)'이다. '쇠붙이를 황금으로 만든다'는 것은 적당한 글자 수정인 퇴고만으로 그치는 것이 아니다"⁴³⁾라고 한다. 이런 소식의 시학관이 실제의 작품에 어떻게 운용되고 있는지 원부 3년(64세, 1100) 소식이 담주를 떠나기 전에 쓴 시 「징매역 통조각」을 보자.

갈 길 멀어 시름겨운 지친 나그네
누각에 잠시 올라 내려다본다

나루터 가로지르는 백로를 응시하니
푸른 숲은 어느새 만조에 잠기네

내 생애를 해남에서 마치려는데
황제는 무양을 보내 내 혼을 부르신다

아득하니 송골매 넘나드는 곳
저 한 줄기 청산이 중원이겠지.⁴⁴⁾

이 시에서 '貪看白鷺橫秋浦(나루터 가로지르는 백로를 응시하니)' 구에서처럼 백로가 날아가는 모습을 '비飛'라고 하지 않고 '횡橫'이라고 한 것은 위에서 든 예에서처럼 시적인 운치를 한결 더해 준다. '橫'자는 난간에 기대선 시인의 시선이 저 멀리 가을 포구 위로 날아가는 백로를 오래도록 따라가고 있음을 형상화시켜 준다. 이를 평범한 '飛'자로 했다면 이런 그윽한 정취를 살리지 못했을 것이다. 이어서 '不覺青林沒晚潮(푸른 숲은 어느새 만조에 잠기네)'는 얼마나 운치 있는 구절인가. '물속으로 가라 앉는다'는 의미인 여기서의 '몰沒'자는 같은 글자가 들어간 시구 '杳杳天低鶻沒處(아득한 하늘 아래 송개 숨는 곳)'나 두보의 시 '白鷗沒浩蕩(갈매기도 잠기는 드넓은 파도)'보다 더욱 아름답다.

소식의 한 시는 제목에서부터 시어에 대한 그의 의지를 읽을 수 있다.「강에 눈이 내리므로 구양수의 시 형식을 본받아 쓰되 염鹽·옥玉·학鶴·로鷺·서絮·접蝶·비무飛舞 등의 글자로 눈을 비유하지 않고, 또 호皓·백白·결潔·소素 등의 글자로 눈을 표현함 없이 동생 자유의 운에 따라 시를 쓰다」라는 시를 보자. 시의 제목이 비록 길기는 하지만 진부한 표현의 시어를 극복하고 참신하게 쓰려는 의지가 그대로 드러난다.

  웅크리고 잠든 나는 얼어버린 거북
  눈이 내리는 것은 나그네가 먼저 알지

  아침 강변에 나서니 끝없이 넓은 세상
  나뭇가지 부는 바람에 더욱 추워라

  청산은 마치 젊은이처럼
  하루 밤에 창랑의 늙은이로 변했다

햇볕 들며 바야흐로 물 흐르는데
강가에 이는 물결 소리도 없다

바람 따라 분분히 가림 없으니
골짜기나 언덕에 가득 내린다

텅 빈 강, 너른 들, 한이 없는데
방으로 들어오니 사각사각 소리난다 …….[45]

 소식은 먼저 눈이 내리는 밤 잠 못 들고는 강가로 나가 거닐면서 그 설경을 비유적 방식으로 그려낸다. '아침 강변' 두 구절은 첫 두 연에 이어 원거리에서 조망하는 시각으로 찬바람 부는 백색 천지의 야경을 그리고, '청산' 두 구절은 '창랑의 늙은이'로 설산풍경을 그리더니, '햇볕' 두 구절에 와서는 시선을 좀더 잡아당겨 강변의 설경을 묘사하고, '바람 따라' 두 구절은 시선을 다시 허공으로 올려 그 눈 내리는 정경을 그리고 있다. 여기쯤 이르러 눈에 뒤덮인 밤의 천지가 한 폭의 그림처럼 눈앞에 펼쳐지지만 그러나 단 한군데도 '눈이 내린다', 또는 '하얗다'는 직접적인 표현을 한 곳이 없다. 이는 소식이 시제에서 말한 대로 구태의연한 시어와 그 표현을 극복하기 위한 노력의 소산이다. 이 당시 소식의 나이는 불과 23세(가우 4년, 1059)였다.
 앞서 소개한 대로 소식의 「학탄鶴嘆」은 시어의 선택이 얼마나 중요한지를 한 일화로 남기고 있다. 그 외에도 소식의 「혜숭의 그림 춘강

만경에 제하다」라는 시를 두고 왕사정(1634~1711)은 이렇게 말한다.

「이아爾雅」의 '구상루購蔏蔞'를 곽박郭璞은 "상루蔏蔞란 물쑥이다. 물가에서 자라는데 새싹은 먹을 수 있으며 강동 지방에서는 생선국을 끓여 먹는데 넣는다"고 한다. 소식 시를 보면 '물쑥이 가득한 곳에 갓 피어난 갈대싹/이때가 바로 복어가 올라올 때지(蔞蒿滿地蘆芽短, 正是河豚欲上時)'라는 구절이 있는데 이 구절은 단지 경물만을 읊은 것이 아니다. 이로 볼 때 소식의 시에서 단 한 글자도 근거 없이 쓰인 것이란 없다.[46]

갓 자란 물쑥은 복국을 끓여 먹기에 가장 좋았던 것이다. 즉, 시인이 본 것은 개별적인 경물이 아니라 경물 전체가 전해 주는 자연계의 메시지이다. 단 한 글자를 쓰더라도 세심하고 치밀한 선택을 하는 것은, 소식 자신이 강조한 대로 시의 '사물을 그려내는 비결'이다. 소식 시어의 선택에 관해서 송대의 하원(약 1094년 전후 생존)이 생생한 예를 들어 언급하고 있다.

내가 일찍이 소식의 후손에게서 소식 시 원고를 얻었는데 그 중 구양숙 필과 화답하는 시를 보니 '淵明爲小邑(도연명이 읍장을 했네)'이라고 써 놓고 '爲(했네)'자에 동그라미를 치고는 '求(원했네)'자로 고쳐 썼다. 또 '小邑' 두 글자도 지우고 다시 '현령縣令'자로 고쳤다. 이렇게 세 글자나 고쳐서 오늘의 시구가 나온 것이다. '胡椒銖兩多, 安用八百斛.(후추는 두 숟가락도 많건만/어찌 수백 말을 쏟아부으리요)'라는 시구도 처음에는 '胡椒亦安用, 乃貯八百斛(후추를 어찌 함부로 쓰랴마는/결국 수백 말이나 부어 버렸네)'였는데 만약 처음의 시구로 했다면 후인들에게 흠 잡혔을 것이다. 이로 볼 때 천하의 대시인이라도 결코 단번에 써 내는 것이 아니라 수없이 고치는 어려움이 있었다는 사실을 알았다.[47]

이상의 몇 가지 사례는 소식의 시어 운용의 정묘함과 그 창작 과정을 잘 설명하고 있다. 소식 시어의 정묘함이 잘 나타나는 다른 한 사례로 대구對句를 빼놓을 수 없다. 이에 관해서 송대 석혜홍의 글이 있다.

대구 기법으로 말하자면 역대 시인들이 이미 할 수 있는 기량을 다 발휘하면서 역시 전고나 그 내용, 그리고 그 출처를 드러내는 것으로 그쳤지만…… 소식의 기묘한 수법에는 미치지 못했다. 예를 들어 '듣건대 고래를 타고 노닐기도 했지만/때로는 이를 잡으며 고생담 말하기도 했지', '누에 시장 풍경에 고향이 생각나네/당시엔 말을 타고 등불 놀이를 다녔지', '용마 술 만 말이라도 지나치지 않네/고깃배만 이러 저리 흔들리는데' 등을 보면 고래(鯨)와 이(虱)를 짝맞추고 용마(龍驤)와 고깃배(漁舟)를 짝 맞추니 그 크기와 기염이 다름으로 말하면 마치 세상을 조롱하는 듯하다. 식을 줄 모르는 소식의 호걸다운 기상이란 바로 이를 두고 하는 말이나.[48]

청대의 조익(1727~1814)도 『구배시화』에서 "소식 시의 호방한 기상은 글자나 구절을 멋있게 하려고 신경을 쓴 것이 아니라 필력을 펼치다 보니 자연스럽게 참신한 격조가 드러난 것이다"[49]라고 하면서, 그 "물 위로 바람이 지나면 물결이 자연스럽게 이는 듯한" 시를 썼다고 말하면서 다음과 같이 강조한다.

소식은 사실 시구를 다듬는 것에 그다지 신경 쓰지 않았다. 그런데도 기막히게 다듬은 부분은 읽는 이들도 다듬었는지를 알아챌 수가 없을 정도이다. 예를 들면 '한 해 동안 만사가 행복했는데/단지 죽는 일 한번 못한 게 흠이다(年來萬事足, 所欠惟一死).', '배고픔을 안고 책상에 기대지만/단 한 글자도 삶아 먹을 수가 없구나(飢來據空案, 一字不堪煮).', '세상사 어디고 제대로 된 재미란 없지/맛있고 좋은 건 모두 고난에서 나오는 법(人間無正味, 美好出艱難)' …… 등이다. 이런 시구는 다른 사람들은 천만 번 손질을 한다 해도 이토록 멋있을 수 없지만, 소식은 일필휘지로 써 내어 작위적인 부분을 전혀 볼 수 없으니 이야말로 천재적 시인인 까닭이다.[50]

소식의 시어에 대한 다듬기는 앞에서 언급한 대로 자신의 시학 이론의 실천이었다. 앞서 말한 것처럼 소식은 공자의 이른바 '사달辭達'을 새롭게 해석하면서 "말이라는 것은 의미를 온전히 전달하기만 하면 된다고 하면서 다듬을 필요가 없다고 하는데 이는 크게 잘못된 것이다"라고 하고는 '마음과 손의 일치(心手相應)', '도에는 기예가 따라야 함(有道有藝)'을 강조한다.

그러나 소식이 말하는 이른바 '사달'이란 역시 '달의達意'를 전제로 하는 것이다. 소식이 전고를 교묘하게 운용하는 등 시어의 영역을 과감하게 개척해 나가면서 '평범한 것을 아름답게, 옛것을 새롭게' 한 것도 사실은 시문의 '달의'를 목적으로 한 노력의 일환이었다. 이는 또한 그가 말한 대로 "시란 언어의 기술에 그치는 것이 아니라 그 내재된 의미를 보는데 있기"[51] 때문이다. 그 내재된 의미를 완전하게 표현하기 위해서 그는 비단 시문의 다듬기를 강조하였을 뿐만 아니라 이의 실천을 위해서 자신의 내부에서 용해되고 재주조된 언어를 마음껏 쏟아냈다.

소식 시어의 이런 특징은 바로 원호문(1190~1257)이 말한 대로 그가 "시어 자체를 아름답게 하려고 의도한 것이 아니라 (자신의 시의를 마음껏 펼치려다 보니) 어쩔 수 없이 뿜어져 나오면서 저절로 아름답게 된 것"[52]이다. 이는 앞에서 말한 것처럼 소식이 강조한 "시적 생명을 중시하고(尙意)" "도가 있어야 한다(有道)"는 문학관의 소치이자 "문장이 자연스레 펼쳐지면서 아름다움이 저절로 넘친다(文理自然, 姿態橫生)"라는 문학 실천의 결과이다. 이런 각도에서 보면 위에서 논의한 소식의 시「징매역통조각」의 '횡橫'·'몰沒' 등의 시어 역시 언어 문자를 교묘하게 운용했다고 보기보다는 가슴에 넘쳐 나는 아름다운 시의를 표현하려다 보니 '어쩔 수 없이 저절로 아름답게 된 경우'라고 해야 할 것이다. 소식은 자신의 서법에 관해서 "내가 비록 명필은 아니지만/서예에 대해서 나만큼 아는 이도 없다//그 깊은 의미를 터득한다면/따로 어떤 틀을 배울 필요가 없는 것"[53]이라고 하는데, 그의 이런 관점은 그림이나 시가에도 똑같이 적용된다.

시가 창작 과정에서 "시의"의 비중은 "시어"에 앞서는 것이다. 그는 단지 풍부한 학식과 천부적인 재능, 그리고 깊고 폭넓은 사유로 "붓보다도 먼저 달리는 시의"[54]를 감당하기 어려웠기 때문에 기발한 시어와 함께 거친 시어도 불사했던 것이다.[55] 왕국유의 다음과 같은 논평은 적절하다.

대가들 작품의 정감 묘사는 사람의 마음에 감동을 주고 그 경물 표현은 사람의 이목을 틔어 준다. 시어가 자연스럽게 쏟아져 나오므로 꾸미고 조작된 모습은 찾아볼 수 없다. 자연스럽고 순수한 의식으로 보기 때문에 보이는 것도 모두 자연의 참 모습이다. 시와 사가 모두 이와 같으니 이런 관점으로 고금의 작품을 감상한다면 크게 틀림이 없으리라.[56]

소식의 시론   소식 시의 주요 특징은 가능한 한 모든 사물을 가리지 않고 자신의 시어에 용해해 넣는다는 점이다. 특히 광범위한 소재와 전고 및 방언·속어·전문용어 등을 자유자재로 운용하였을 뿐만 아니라 다시 아름다운 시어로 새롭게 주조해냈다. 이는 그의 "평범한 것을 아름답게, 옛것을 새롭게"라는 시학관의 결과이며, 소식은 이런 창작 실천을 통해서 시적 이미지의 영역을 크게 넓혔다.

洞庭春色賦
吾聞橘中之樂不減商
山豈霜餘之不盡而四老

소식의 「동정춘색부」

2. 해학과 풍자

(1) 해학

　　우리가 소식 시어의 '용해성'이라는 특징을 논의할 때 빠뜨릴 수 없는 사실 하나는, 소식 시가 '우스갯소리와 욕설'까지 수용하고 용해했다는 점이다. 실제로 소식 이전에 이런 소재를 시가에서 다룬다는 것은 쉬운 일이 아니었다. 황정견은 "소식의 시문은 천하 제일이지만 남을 욕하는 것이 그 단점"[1]이라고 지적하기도 했다. 소식의 이런 특징을 두고 그는 또 "그런 전철을 밟지 않도록 조심해야 한다"고 했고, 진사도도 "소식은 초기에 유우석의 시를 본받아 시를 썼기 때문에 원망이나 풍자가 많은데, 그의 시를 공부하면서 이는 조심하지 않으면 안 된다"[2]고 했다. 그랬던 황정견은 나중에 『동파선생진찬』에서 소식 시의 이런 특징이 그의 기상과 절개에서 나온 것임을 인정했다.

　　소식은 당당하게 사천에서 나와 사마광과 함께 문단에 올라서서는 ……
동파의 술, 적벽의 피리, 놀리고 비웃고 노하고 꾸짖는 모든 것이 시문이
되었다. …… 동파는 세상에서 바다 위에 뜬 좁쌀 하나지만 커다란 지조
는 누구도 따를 자 없을 정도여서 천지와 더불어 영원한 것이다.[3)]

여하튼 시학의 전반적인 발전과 변화의 추이에서 본다면 이는 소식
의 시가 시의 정감의 영역을 확대시켰다고 볼 수 있다. 이런 의미에서
청대 섭섭의 다음과 같은 논평은 타당하다.

　　소식의 시는 고금에 없던 새로운 경지를 열었다. 천지 만물과 놀리고 비
웃고 노하고 꾸짖는 모든 다양한 감정의 모습이 그리고 싶은 대로 붓끝에
표현 안 된 것이 없으니, 이는 한유 이래로 거대한 변화요, 정점이었다. 그
뒤 수십 년 혹은 수백 년에 다소 변화가 있었지만, 어느 한 사람이나 몇 사
람이 변화를 주었어도 별로 대단한 것은 못 되었다.[4)]

　나중에 유희재(1813~1881)도 "어떠한 시상이나 어떤 사물이라 해
도 시로 그려내지 못함이 없었던 시인은 당대의 두보요, 송대의 소
식·황정견뿐이다. 그들이 가슴속에 용광로를 갖고 있지 못했다면 결
코 금은동철의 모든 쇠를 용해해내지 못했을 것"[5)]이라고 한다.
　소식 시의 '우스갯소리와 욕설'에 대해 송대 채조(?~1126)는 「소식
이 공처가 진조를 놀리다」라는 글에서 다음과 같은 일화를 소개한다.

소식이 황주에서 유배 생활을 할 때 진조와 가깝게 지냈다. 진조는 자신이 참선공부에 조예가 깊다고 여겼으나 그의 아내는 이를 몹시 싫어했다. 어느 날 손님이 찾아오자 그녀는 담장 밖까지 들리도록 쉬지 않고 욕을 해대는 바람에 진조가 몹시 두려워하는 것이었다. 이를 놀리려고 소식이 시를 한 수 지었다.

그 누가 진조만큼 도가 높으리
불법을 논하느라 밤새는 줄 모르네

그러다 하동 사자 포효하는 소리에
지팡이를 떨어뜨리곤 가슴을 쓸어 내린다.[6]

그 외에도 소식은 「아우 자유를 놀림」이라는 시에서 동생인 소철을 두고 이런 시를 쓴다.

완구선생 몸집은 작은 산언덕
완구선생 거처는 작은 조각배

언제나 고개를 숙이고 책을 읽는데
기지개 한번 켜면 천장을 들이받네

비바람에 빗물이 얼굴로 흘러내리고
남은 창피하다 해도 태연하기만 하지······."[7]

어찌 보면 딱하기만 한 처지에 있는 친구나 동생에 대한 시의가 문득 이렇게 우스갯소리 같은 작품 속에서 생동감 있게 살아나고 있으니 이것이 바로 소식 시의 해학성이다.

그는 이렇게 남을 상대로만 우스갯소리를 한 것이 아니라 자기 자신에 대해서도 역시 '배고픈 쥐(飢鼠)'나 '상갓집 개(喪家狗)' 등의 낱말로 표현하기를 서슴치 않았다. "가난한 나는 마치 굶주린 쥐처럼/긴 밤 내내 부질없이 이만 갈고 있다"라든지 "노쇠한 동파 노인 오랜 여로에/추위와 굶주림에 주린 쥐 같다", 또는 "모습이 마치 상갓집 개 같다"면서 거리낌 없이 자신의 시의를 표현하기에 주저함이 없다.[8]

이런 시어에 관해서 송의 황철(1140년 전후)도 한유의 시를 예로 들어가면서, 소식의 시 중 "아무 하는 일도 없이 나는/공연히 관청의 봉급만 축내고 있다", "강동 회는 불면 날아갈 듯 얇아/말로만 얘기해도 군침이 돈다", "춥고 배고픔 면치 못하며/공연히 배부를 꿈만 꾸고 있다", "평생 읽은 수많은 책/단 한 글자도 배고픔을 해결 못 하지", "배고픔을 안고 책상에 기대지만/단 한 글자도 삶아 먹을 수가 없다" 등의 시구가 처연한 심경 중에도 여유 있는 해학을 잃지 않고 있다고 지적하고 있다.[9] 소식 시 중 위와 같은 시어를 쓴 작품이야말로 해학의 멋이 절로 배어 나오는 좋은 예이다. 청대 왕사한이 "해학의 삼매에서 기지가 반짝이는 시"[10]라고 평한 「안주노인이 꿀 먹는 노래」를 보면 "안주노인 마음은 강한 쇳덩이/안주노인 가슴은 어린이 마음//오곡을 안 먹고 꿀만 먹으며/꿀벌을 가리키며 시주 보살이란다 ……"[11]라고 하는데, 이 시에서 소식은 안주노인인 친구 중수에 대한 우의를 해학적으로 그리고 있다. 어떤 시의이건 그의 이런 시어의 묘용을 통해서 새롭고 참신한 맛으로 재창조된다. 그러므로 섭섭은 "시를 짓는데도 본성과 감정이 있으니 또한 나름대로의 면목이 나타나기 마련이다 …… 소식의 시는 한 편 한 구절 어디에도 하늘을 나는 천마나 신선처럼 고상한 풍류가 아닌 곳이 없고, 기쁨과 즐거움은 물론 놀리고 비웃고 노하고 꾸짖는 다양한 감정이 배지 않은 부분이 없이 사계절의 모든 기운을 고루 갖추었다. 이런 점이야말로 소식 시의 진면목이다."12)라고 했던 것이다.

소식 시의 전체 작품 중에서 '희작戲作' 등 '희戲'자가 들어가는 제목은 모두 88개인데 거의 매 30편마다 한 편씩의 '희작'이 있는 셈이니 이는 소식 시의 해학성을 가늠케 해준다. 이런 까닭에 청대의 기윤은 적지 않은 숫자의 소식 시에 익살스럽고 해학적인 시라는 뜻의 '골조滑調'라는 말로 평어를 달고 있다. 그 중 대표적인 예를 들면, 친구에게 술을 보내며 부인을 잘 모셔야 늘 좋은 안주상으로 대접을 받을 수 있다고 충고하는 「조명숙 교수에게 벽향주를 보냄」이라는 시13)와 황주에서 큰 눈이 내리던 날 친구 서군유에게 작은 너구리 비슷한 '우미리牛尾狸'라는 동물을 보내면서 그대의 고운 손을 귀찮게 해 드리지만 부디 나를 위해 칼을 갈아 요리를 잘해 달라는 내용의 「서사군에게 우미리를 보냄」이라는 시14) 등이다.

(2) 풍자

소식 시의 특징 중 하나는 신랄한 풍자와 꾸짖음이다.

옷 속에 갑옷을 입고도 뭐가 그리 두려웠느냐!
미오에 감춰 둔 금은보화는 늙어서 쓰려 했다지
필경은 영웅인데 그 누가 흉내내랴
배꼽 등잔에는 다른 등불이 필요없었다 하니.[15]

이 「미오眉塢」 시는 동한 말년의 동탁을 소재로 한 영사시인데, 시의 뒤 두 구절에서 소식은 '미오의 동탁이야말로 과연 영웅이다. 그렇지 않다면 누가 그처럼 자신의 기름진 배꼽에다 심지를 꽂아 촛불을 만들도록 하겠는가' 하고 역설적인 풍자를 한다. 동탁이 죽자 그의 포악함을 징벌하려는 백성들이 버려진 그의 시신을 가져다가 배꼽에 불을 붙였는데 며칠이 지나도 꺼지지 않을 정도로 기름이 많았다고 한다. 이 시를 두고 기윤은 "너무 경박한 정도에 이른 것이 아니냐"고도 했지만 이야말로 역사상의 거짓된 영웅에 대한 소식다운 풍자이다. 「단원자가 보여준 이태백 초상화에 부쳐」라는 시를 보면 소식은 이백의 초상화를 보면서 술 취한 이백이 황제의 최측근 신하인 고력사에게 신발을 벗기라고 했다는 얘기를 회상하는 구절[16]이 있는데, 이 또한 당시의 권세가들에게 따가운 질타이다. 백성들의 고충은 아랑곳하지 않고 양귀비 입맛에 맞는 신선한 과일 '여지'를 광동에서부터 전용 파발마 편으로 실어 나르게 했던 재상 이림보에 대한 「여지탄」의 질타 역시 신법을 실행키 위해 수많은 백성을 도탄에 빠트린 신법 정치가들에 대한 꾸짖음이다.[17]

「맹교의 시를 읽고」라는 시는 원래 맹교의 엄숙한 창작 태도와 노력에 대한 긍정적인 평가를 한 작품이지만 실제 문장에서는, "인생은 아침 이슬/밤낮으로 스러져 가거늘//어찌 가을 벌레 소리 같은 맹교 시로/이 두 귀마저 괴롭히랴//차라리 이런 시집 치워 버리고/좋은 술 한 잔 드느니만 못하리", "나는 맹교 시를 싫어하면서도/맹교 같은 시를 똑같이 쓰고 있다//뱃속이 꼬로록거리고/벽장엔 주린 쥐가 부스럭거린다"[18]라는 구절 등은 모두 풍자로 점철되고 있다. 소식 시의 다른 시인에 대한 풍자는 이에 그치지 않는다. 「세간에 전하는 서응의 〈폭포〉 시에서 "한 줄기 폭포로 청산의 색깔을 가르고"라는 구절은 정말 보잘 것 없다. 이 구절을 두고 백거이가 크게 칭찬하면서 누구도 따를 수 없는 명구라고 했다는데 백거이가 비록 쉬운 시를 썼지만 이 정도를 칭찬할 시인이 아니다. 이에 시 한 수를 지었다」라는 긴 제목의 시를 보자. "'옥황상제 은하수를 내리셨는가'/옛적부터 오직 이백의 이 곡뿐이다//떨어지는 폭포수 물보라는 얼마나 되기에/어째서 서응의 엉터리 시는 쓸어버리질 않는가"[19]라고 함으로써 소식은 이백의 멋진 시를 칭찬하면서 서응의 시는 한없이 깎아내리고 있다.

  어설픈 시인과 시에 대해서 뿐만이 아니다. 정치에 대한 비판과 풍자는 그가 가장 적극적으로 다루던 것이다. 「과거시험 감독관들에게」라는 시는 당시 신법 정책하의 문풍과 과거에 대한 불만을 표한 작품이다. 옷깃 안에 모범답안을 써서 슬쩍 보거나, 돈을 받고 시험문제를 몰래 빼내 주는 등의 비리를 풍자한 이 시를 두고 청대의 기윤은 "신법을 통렬하게 비난하면서도, 우스갯소리로 시작해서 모욕에까지는 이르지 않았으니 사실 이렇게 끝맺음을 해야 했다. 시를 더 이상 쓴다 해도 쉽지 않은 일이다"[20]라고 했다. 시의 내용을 문제삼아 소식을 사형 직전에까지 몰고 간 중국 최초의 필화사건인 『오대시안烏臺詩案』 (감사원의 소식 시 안건)에 따르면 소식이 항주·밀주·서주에 근무할 시기에 쓴 시는 상당수가 "신법"과 그 주동인물인 왕안석 당파를 향한 풍자와 질타였다. 「유도원에게 부침」이라는 시의 "한 마리 학이여 조석의 변화에 놀라지 마시라/수많은 까마귀는 사실 암수 구별도 어려우니"라는 구절은 조정 안의 "군자와 소인이 뒤섞인 정치 구조"를 풍자한 것이고, 「주장관에게 보내는 시」의 "어찌 제비와 박쥐처럼/낮과 밤을 다투는 짓을 흉내내야 하는가"라는 구절은 당시의 관리들의 "옳고 그름을 분간 못하는" 풍조를 꼬집는 것이었다. 「전안도에게 혜건차를 보냄」이라는 시의 "보잘것 없는 풀잎 차가 유명한 것은/요사스럽고 제멋대로인 자들이 고관에 오른 듯"이라는 시구는 "세인들이 작은 권세를 잡고는 위아래도 모르고, 아첨이나 잔재주를 부리지 않으면 그저 남을 무시하고 행패 부리는 짓들을 비꼬는"[21] 시구이며 「이방직이 기산에서 기우제를 지내자 비가 오다」라는 시는 "용왕께서 게을러 비를 뿌리지 않으니 사람들이 모두 하늘을 원망한다"는 비유로 "조정의 권력자들이 직무를 소홀히 하고 잘잘못을 가려 일하지 않는 바람에 백성들이 천자를 원망하게 한다"는 풍자이다.[22]

「장안도에게 근래에 쓴 시를 보이다」라는 시의 "황폐한 숲에선 잡매미들이 울어대고/썩은 연못에선 잡개구리들이 울어댄다"라는 구절은 수없이 바꾸는 신법정책 때문에 황폐해진 국정과 풍속을 황폐한 숲과 호수에 비유하면서, 이 때문에 학자들도 말만 분분해서 귀를 틀어막고 더 이상 대화하고 싶지 않을 지경에 이르렀다고 풍자한다.[23] 「산촌」 또한 풍자적인 수법으로 왕안석의 신법에 대해 강한 비판을 드러내고 있다. "칠순 노인네들 허리에 낫을 차고/부끄럽게도 봄산의 고사리를 캔다"는 시구나 "노인들 밥 싸들고 일터로 달리지만/돈 한 푼조차도 손에 남는 게 없다"는 두 수의 시는 신법 정책이 시행되면서 연로한 백성들조차 고생스럽게 일하면서도 생활 형편이 전혀 나아지지 않는 현실을 날카롭게 지적한다.

『오대시안』의 기록은 이 시를 두고 "산간의 백성들도 먹을 게 없어서 늙은이까지 나무 순이나 산채를 캐러 다니는 현실을 말하면서 새로운 제도인 소금법 문제를 풍자한 것"이라고 하면서 "백성들은 다소의 청묘전을 얻기는 하지만 생활비로 대부분을 쓰게 되고, 시골 농민들은 도시에 드나들며 일감을 얻지 못하면 그저 도시 말투나 배워 가는 게 고작이라는 등, 이 또한 청묘법과 조역법의 병폐를 풍자한 것이다"[24]라고 설명을 덧붙이고 있다. 이와 똑같은 평어[25]를 남기고 있는 청대의 사신행은 사실 「유도원에 화답하면서 장사민에게 부침」이라는 시야말로 "노한 정도가 아니라 아예 욕설을 퍼부었다"고 한다. 다음이 그 시다.

인의라는 것은 인간의 도리요
시와 그림은 취미일 뿐이거늘

서로 대단하니 어쩌니 해대는 꼴이
마치 보리색이 푸르다고 떠드는 모양 같다

썩은 쥐들은 어째서 저토록 시끄러운가

높이 나는 기러기는 저 홀로 한가한데

주정뱅이는 깨우치려 해도 소용없다
술 깨면 저절로 정신을 차리리니.[26]

「왕진숙이 소장한 그림에 부쳐」라는 시 중의 「산차」 시는 그림을 비유로 당시 정치 상황을 비판한다. "떠돌이 벌에 꽃가루 다 빼앗기고/꽃 심 져서 꽃들은 향기마저 잃었구나//봄바람 맞이할 가지는 그 몇 개이랴/머지않아 콩잎지는 서리 바람이 불 터인데"[27]라는 이 시는 나중에 기윤으로부터 원망과 분노가 배인 시[28]라는 평을 받는다. 청대 심덕잠(1673~1769)은 "내면적인 진면목은 각기 다른 법이다. 이백의 시를 읽으면 굴레를 벗어난 자유분방함이 있고, 두보의 시에는 우국과 현실을 염려하는 충정이 있다. 세상은 자신을 버렸지만 재능을 다한 경우가 한유의 시요, 다양한 감정을 마음껏 발산하고 고아한 풍류를 그린 것은 소식의 시이다"[29]라고 하고 있다. 즉 소식 시에는 "다양한 감정의 발산"과 "고아한 풍류"가 동시에 나타나는 특징이 있다.

이상과 같은 검토를 통해 본 결과 '해학' 특징의 소식 시들은 시가 창작상 정감 영역의 폭을 상당히 넓혔음을 확인할 수 있다. 청대 설설의 언급을 주목해 보자.

횡산이 시를 논하면서 두보·한유·소식 세 시인뿐이라고 하는데, 내가 볼 때에는 …… 소식은 천부적인 재능으로 풍류의 멋이 넘쳤으며, 다양한 감정의 발산이 모두 시가 되었다. 그의 풍부한 학식과 폭넓은 안목이 있어

수용하지 않음이 없었던 것이다. 그는 권신들과 불화했으므로 늙도록 시를 써야 했다. 긴 시는 두보·한유에 다소 손색이 있으나 그 외에는 언어 문자만으로는 비견할 수 없다.[30]

소식 시의 이런 특징은 또한 그 자신의 자유분방하고 얽매임 없는 성격이 반영된 것이다. 청대 방동수(1772~1851)는 이에 대해 비교적 타당한 견해를 남기고 있다.

시에 범속한 내용이나 세상살이의 고난이 간간이 배어 있는 시로는 두보가 가장 많고 한유 역시 적지 않다. 산수 풍월과 화조 등 사물의 천태만상을 기발하고 재기 있게 그려내는 시인은 이백과 두보·소식이 제일이다. 고금의 흥망성쇠 고난과 기쁨을 온전히 그린 시인은 두보가 으뜸이며 한유도 그에 못지않다. 전고와 사실로 새로운 시의를 이끌어내어 놀라운 시를 못 쓰면 죽을 때까지 붓을 멈추지 않겠다고 독창의 묘미를 보여준 시인은 황정견이지만 두보에서 배워 온 것에 조작을 가한 정도에 불과하다. 조롱과 풍자, 해학, 노장과 불가의 시의가 자유자재로 솟구쳐서 마음껏 발휘한 것은 천고에 오로지 소식 한 사람뿐이다.[31]

그러나 소식 시의 이러한 특징은 역대로 문학과 사상에 편견을 가진 사람들, 또는 정치적 도구로 문학을 이해하고 있는 사람들에 의해서 불경스럽고 방자한 것으로 폄하되어 왔다. 그 중의 대표적인 인물은 송대의 양시(1044~1130)이다. 그는 "문학이란 온유하고 돈독한 성품을 보여야 한다. 특히 다른 사람에게 대하는 언어나 문장은 더더욱 온유하고 돈독해야 한다. 소식의 시를 보면 대부분 비난과 조롱이니 군주를 공경하는 자애로운 마음이라고는 전혀 없다"[32]라고 하면서 "시를 지음에 고아한 풍류가 없으면 시를 쓸 수가 없다. 시로써 위의 잘못을 충간하는 것은 나무랄 것 없고, 듣는 사람도 반성을 할 것이므로 이야말로 도움이 되는 일이다. 그러나 충간이 비방으로 흐르고 듣는 이로 하여금 분노케 한다면 무슨 도움이 되겠는가. 소식의 시를 보면 오직 조정의 비방으로만 일관하고 온유 돈독함이란 전혀 없으니 그는 이 때문에 죄를 지은 것이다"[33]라고 강조하고 있다.

붕구만의 『오대시안』에 따르면 소식 당시의 일부 문인은 정치적 목적에 부응하기 위해서, 소식의 하는 짓이 비방과 모욕을 일삼을 뿐만 아니라, 상소를 하는 글에도 방자하게 비난과 책망하기를 삼가지 않으며, 함부로 황제를 모멸한다[34]라는 등 소식을 평가절하하기에 주저하지 않았다. 청대의 오교 역시 보수적인 문학관으로 "소식과 황정견은 시로써 장난을 친 듯해서 그르친 점이 적지 않다"[35]고 했다. 이와 비교해 볼 때 채조의 다음과 같은 관점은 상당히 공정한 평가라고 할 수 있다.

> 소식은 천부의 재능으로 시를 지었으니 마땅히 일월성신의 빛과 겨룰 정도이다. 그는 옛사람들이 이루지 못한 많은 것을 이루었다. 그의 시문이 마치 만 섬이나 되는 샘물이 솟아오르는 듯하다는 말은 지나친 게 아니다. 그러나 동방삭 같은 지나친 충간과 간간이 보이는 해학 때문에 깊은 함축이 있는 시가 드문 게 흠이다.[36]

소식은 일찍이 자신의 성격과 창작 방식과의 관계를 언급하면서 "나는 말을 삼갈 줄 모른다. …… 이는 마치 먹은 음식이 내려가지 않으면 반드시 토해 내고야 마는 것과 비슷하다"[37]라고 하면서 자신은 "마음속에 하고 싶은 말이 있으면 반드시 내뱉어야 한다"[38]고 한다.

그는 이외에도 「사당기思堂記」라는 글에서 자신의 성격 특징을 좀 더 구체적으로 말한 바 있다.

"나는 참으로 이 세상에서 가장 생각을 하지 않는 사람이다. 생각이 떠오르는 대로 곧바로 말해 버리니 생각할 새가 없다. 말을 안 하고 생각하다 보면 말을 못하고, 말을 하면서 생각을 하다 보면 이미 말은 끝나 버린다. 이렇게 평생을 살았으니 무슨 생각을 했는지를 모른다."[39]

사실 진정 '아무 생각 없이' 산다면 어떤 의미의 창작도 불가능할 것이다. 그럼에도 불구하고 소식이 '무슨 생각을 했는지 모른다'(不知所思)고 하는 것은 바로 그의 생활은 물론 시가 창작도 어떤 틀에 박힌 생각이나 얽매임이 없는 상태, 곧 이것저것 재고 따지지 않으며 오직 "마음을 가다듬고 정신을 온전히 하는"[40] 자세로 창작에 임했기 때문이다. 다시 말하면 소식 시는 시를 짓기 위해서 의식적이거나 작위적인 시어를 쓰는 것이 아니라 순수하고 맑은 내면 본성의 마음에서 자연스럽게 쏟아져 나오는 것이다. 때문에 소식 시의 이런 특징은 소식의 자아의식이 그 자신의 순수한 본성과 완전히 일치하는 상태를 전제로 가능한 것이었다고 할 수 있다.

고정관념이 없고 자신의 의식을 자아 내면의 순수한 본성과 일치시

켰을 때 이를 도가에서 '자연自然'이라고 한다. "내면의 마음이 흐르는 대로 몸도 자연스럽게 따라가며, 그 자연스런 즐거움에 육신을 맡길 뿐 허망한 명리에 얽매이지 않는다. 본성에 따라 노닐고 세상 만물을 거스르지 않으며, 죽어서도 이름에 연연치 않나니 형벌이 나에게 미칠 리가 없으리라"[41]라고 말하는 『열자』의 글은 소식과 같은 '자연스런' 삶의 모습을 설명한다. 소식이 말하는 이른바 '반드시 토해 내고야 만다(必吐出乃已)'에서의 '반드시'란 사실 자기 내면의 본성을 속이지 않는 '불위不違'·'불역不逆'의 '자연自然'을 강조한 것임에 다름없다. 소식은 일찍이 "입에서 좋은 시가 쏟아져 나오는데 누가 감히 언어를 가리랴."[42] 또는 "입에서 쏟아지는 평범한 말들 속에/시의 법도는 옛 법도라는 전통 속에 있나니//사람들이 대수롭지 않다고 하는/바로 여기에 오묘한 시 세계가 있다"[43]라고 했지만, 그의 시학관인 "글은 비록 적게 짓더라도/결코 억지로 꾸며 지으면 안 된다"[44]라는 말처럼 그의 시가 작품 또한 이와 다름없는 것이다.

이상에서 논의해 본 바와 같이 소식의 자연스럽고 진술한 성격 특징은 소식의 시에 독특한 풍격으로 반영된 것이 사실이다. 이는 그 자신의 지론이었던, 문장의 흐름은 자연스러워야 한다는 말과 상통한다. 즉 '文理自然'이라는 문학관은 이렇게 그의 성격 특징과 어울리면서 왕왕 '해학'이라는 시어의 모습으로 나타났던 것이다. 더욱이 거리낌 없이 쏟아지는 그의 시상은 삼라만상의 소재 속에 용해되면서 자유자재한 시의로 발휘되었다. 섭섭도 "시란 마음속 깊은 내면의 소리이니 결코 마음에 없이 나와서는 안 되지만, 사실 마음에 없이 나올 수도 없는 것이다"[45]라고 말하거니와 소식 시의 '해학'적 특성 또한

"반드시 토해 내고야 만다"는 성격 특징과 "평소의 말이 쏟아져 나오게 한다"거나 "평범한 말을 아름답게 재생한다"는 그 자신의 문학관이 어우러진 결과였다.

■ 소식의 시론　소식의 시가 언어의 또 다른 특징은 자유분방한 붓끝에서 거침없이 쏟아지는 우스갯소리, 그리고 풍자와 비판의 질타 등 과거에는 감히 시어로 쓸 수 없다고 여겼던 소재와 언어들을 사용한 것이다. 소식 시의 이런 특징은 그의 개성과 시학관이 합쳐진 결과지만 결국 중국 고대 시가에서 감정 영역의 확대에 중요한 영향을 미쳤다.

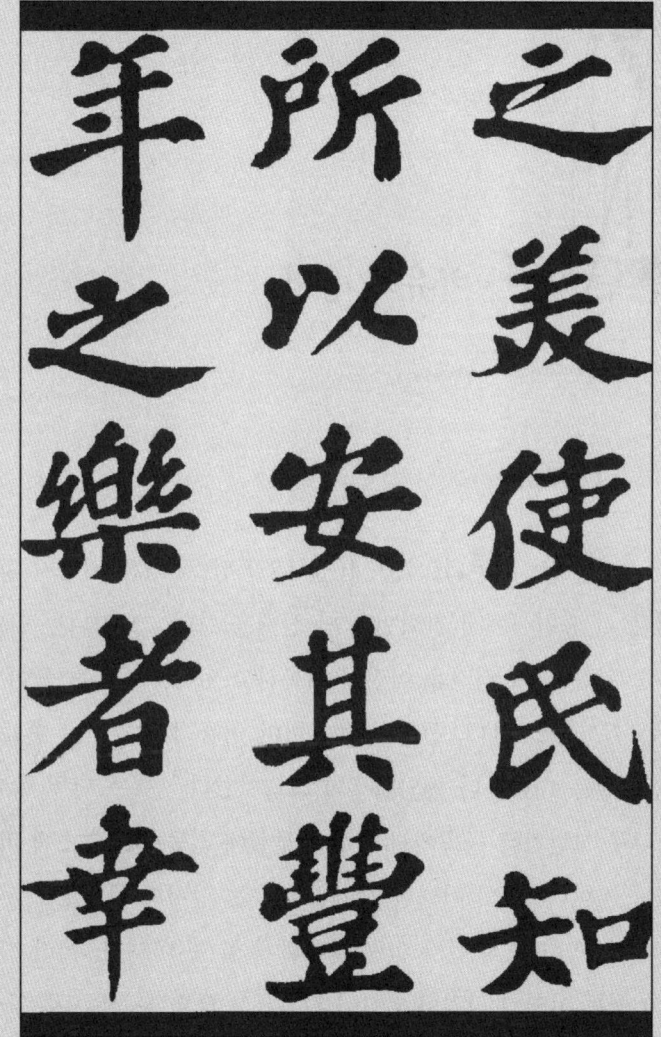

소식의 「풍락정기」

3. 비유와 웅변

(1) 비유

원풍 6년(1083) 10월 12일 밤, 소식은 귀양지 황주의 한 낡은 절 승천사에서 장회민과 밤 산책을 하며, 그 거니는 달빛 아래 수중 같은 뜰의 정경을 이렇게 기록하고 있다. "뜰에는 물이 고인 것처럼 맑고 고요한데, 물속의 풀들이며 마름이 어지러이 흔들리는 모습은, 실은 대나무나 백양나무의 그림자였다." 그는 달빛 속에 펼쳐진 나무 그림자를 물속에서 뒤섞여 물살에 흔들리는 수초에 비유하고 있는 것이다. 그의 이러한 간단한 비유는 당시의 풍경으로 하여금 상당히 아름답고도 현실감 있게 살아나게 할 뿐 아니라, 이런 정경을 접하고 있는 시인의 심경이 얼마나 평화롭고 고요한지를 아주 잘 묘사하고 있다. 다음 소식의 시 역시 비슷한 정경을 그린 아름다운 시이다.

텅 비고 고요한 방에 누워 있자니
밝은 달이 성긴 대나무에 잠긴다

내 마음을 시원히 닦아내려고
한 움큼 떠 마시려 해도 떠지지 않네.[1]

시인은 달빛을 물에 비유함으로써 성긴 대나무들이 달빛에 가라앉은(浸) 것을 보고, 마음을 씻으려(洗) 할 뿐만 아니라 두 손으로 움켜 떠서(掬) 마시기(飲)까지 하려 한다. 이런 시경은 어떻게 창조되는 것일까? 그것은 바로 소식 시의 표현상 특징의 하나인 '풍부한 상상의 비유'에서 나온다. 다음의 시구들을 보자.

가련하구나 병이 든 석류 나무의
꽃은 마치 찢어진 붉은 옷섶 같구나.[2]

쥐들은 사람을 보면 놀라서 뛰며
강보 벗겨진 아이같이 두려워한다.[3]

동해는 흡사 푸른 옥고리처럼
서북쪽에서 래주로 한없이 밀려온다.[4]

오직 서호만이 서시를 닮은 듯
어여쁘게 그대를 위해 화장을 하지.[5]

소식은 병든 석류꽃을 보면서 '찢어진 붉은 옷섶(破紅襟)'을 연상하고, 쥐의 불안하고 초조한 모습을 '강보가 벗겨진 갓난아이(兒脫襁)'로 비유한다. 그의 눈에는 '東海가 푸르고 둥근 구슬(碧環)로 보이고, '西湖'는 님을 위해 화장을 곱게 한 '서시(西子)'로 보이는 것이다. 이런 간단한 비유는 위와 같이 평범한 경물을 일시에 살아 숨 쉬는 시상으로 변화시키고 있다. 그러나 소식의 비유는 단순한 한두 개 낱말의 대비에 그치지 않고 시상의 흐름을 따라 자연스럽게 전개되므로 언제나 다양하고도 풍부한 모양으로 전개된다.

상류는 곧고 맑게 흐르며
하류는 굽고 여울이 인다

꽃 배 옆에는 거울 같은 물
웃으며 묻는다. 너는 누구냐고

별안간 비늘 같은 물결이 일며
내 수염과 눈썹을 흩어버린다

흩어지면 백 명의 내가 되지만
순식간에 다시 나는 여기에 있네.[6]

소식은 「범영泛潁」이라는 제목의 이 시에서 강물을 '거울(明鏡)'에 비유하며 물결을 '비늘(鱗甲)'에 비유함으로써 물살을 타고 내려오는 배 안에서의 시경을 생동감 있게 그려내고 있다. 비유를 하기 위해서 비유하는 것이 아니라 시인의 맑은 눈에는 저절로 그렇게 보이는 것이다. '비유'는 그 남달리 보이는 정경을 표현해내기 위한 좋은 방법의 하나였다.

중국 고대 시인 중에서 소식은 '비유'를 탁월하게 운용했던 시인이다. 그의 비유 수법의 다채롭고 참신함은 다른 시인들이 감히 넘보지 못할 수준의 것이었다. 소식의 시 중에서 뛰어난 비유 수법으로 역대 문인들의 주목을 받아 온 작품은 「백보홍」이다. 조익은 소식의 시가 글자나 형식에 구애받음 없이 자연스럽게 비유를 펼치는 수법의 하나로 이 시를 예로 들며 소식의 이런 표현은 고금에 없는 독창이라고 칭찬한다.[7] 사실 단 네 개의 구절에 일곱 개의 비유가 연이은 이 시의 수법은 확실히 '예전에 없었던' 소식 시어의 특징인 것이다. 때문에 이 시는 역대로 소식 시를 논평했던 사람들에 의해서 소식 시만의 것으로 지적돼 왔다.[8]

현대의 전종서 역시 이 시에 대해서 다음과 같이 언급한다.

(소식 시의) 풍격상의 가장 큰 특징은 풍부하고 참신하며 적절힌 비유이다. 뿐만 아니라 그의 시에서는 송대의 문장가들이 즐겨 쓰던 이른바 '박유博喩' 수법이 보인다. …… 예를 들어 「백보홍」 시를 보면 '토끼가 달리고 수리가 내리 꽂듯/달리는 말이 천길 비탈 내리닫듯//가야금 줄이 끊어지고, 화살이 날 듯/틈새 사이로 번개 치고 연잎에 빗물 튀듯' 이 네 구절에 일곱 개의 비유가 연이어지는 것은 『시경』이나 한유 시의 비유가 무색해지게 한다. 그 외에도 「석고가」에서는 여섯 가지의 비유로 '한두 글자 외에

여덟 아홉은 읽어 내지 못하는' (석고문의 어려움을) 그렸고, 「독맹교시」에서는 네 가지의 비유로 (맹교의 시에) '좋은 시구가 거의 없음을' 지적했다."[9]

전종서가 말하는 이른바 '박유'란 다양한 비유 수법으로 여러 가지 비유어를 써 가며 어떤 하나의 시의를 표현하는 방법을 말한다. '박유'는 이렇게 숨돌릴 겨를 없이 비유에 비유가 꼬리를 물고 전개되기 때문에 비유의 종류도 다양하거니와 어떤 비유는 한두 구절의 범위를 넘어선다. 이는 일반적인 비유 수법과는 차원이 다르다. 일반적인 비유는 보통 낱말이나 구절의 범위를 벗어나지 못하지만 '박유'는 여러 종류의 비유를 집중적으로 구사하여 어떤 하나의 시의를 드러낸다.[10] 위의 전종서가 든 예문 중에서 소식의 「백보홍」은 거친 물살을 타고 쏜살처럼 흐르는 조각배의 모습을 일곱 개의 비유를 연이어 써 가며 비유함으로써 그 시상이 눈앞에 생생하게 전개되게 하였다. 또 「석고가」에서는 그 돌 북의 표면에 새겨진 고대 문자가 거의 마모되어 열에 아홉은 해독하기 어려움을 강조해야 했다. 이를 위해서 소식은 "구불구불한 글자는 뱀이 기어가는 듯//처음에는 손가락으로 글씨 연습을 한 듯하더니/막상 읽으려니 마치 입 속에 재갈을 물린 듯"[5]의 세 구절과, "옛 그릇이 그리 많아도 아는 건 솟 정鼎 뿐이듯/별이 그리 많아도 아는 건 북두성뿐이듯//자질구레한 흠터는 이미 모호해지고/그저 팔 다리만 대강이 보이 듯/어여쁜 그믐달이 구름에 숨어들 듯/깨끗한 벼 잎이 잡초에 뒤섞이듯"[12]의 여섯 가지의 비유를 사용하고 있다.

「맹교의 시를 읽고」에서 소식은 맹교의 시 중 좋은 구절을 발견하기 어렵다는 뜻으로, 소식은 "잡풀 숲에서 꽃 한 송이 찾듯/고통스런 시어로 번민을 삭이고//맑은 물 떨어져 바위를 뚫고/여울물은 삿대에 아랑곳 않듯//처음엔 작은 생선을 먹는 듯/아무런 맛을 느낄 수 없고//소라를 삶는가 했더니/하루 종일 빈껍데기만 빨게 하는 듯"이[13]라는 네 개의 비유를 쓰고 있다. 이상의 예로 보아도 소식 시의 비유는 확실히 다양하고 복잡하게 비유하는 '박유'라는 남다른 특징을 갖고 있는 것이다. '박유'는 이처럼 소식의 시에서 시의를 살아 있는 시상으로 형상화시킨다. 다음의 「장사승익재」 시를 보자.

장사승이 근래에 집을 한 채 지었는데
그 집에 '익益'자를 넣어 이름을 지었다

내가 듣기로는 옛 성인들은
'益'을 단번에 이루려 않았다

마치 멀리 떠나는 나그네처럼
밤낮으로 꾸준히 길을 재촉했으니

올해는 위로 북경 지방에
내년엔 아래로 광동지방에

동으로는 바닷가에서 창해를 둘러보고

서로는 위수와 경수를 밟아 보아

나중엔 돌아와 문닫고 앉아도
천하가 다 눈앞에 훤히 보이는 듯 ……14)

　진정으로 '유익有益'함을 구하고자 하는 일이 얼마나 멀고도 험한 과정인가를 장황한 비유로 설명하는 소식은, 이어서 '학문은 부지런히 공부해야 하지만(爲學務日益)', '도를 닦는 일은 나날이 (무엇인가를) 버려 가는 일이다(爲道貴日損)'라는 도가적 시의를 설명하기 위해서, 다시 천명의 환자를 다루다 보면 생사를 보는 신통력이 생길 수 있다는 '의술을 배우는 이(學醫人)'의 비유로 시의를 전개하고 있다. 소식은 이 시에서 진정한 '益'이란 '버리는 일(損)'이라는 역설적인 시의를 강조하기 위해서 '나그네'와 '의사'의 두 가지 비유를 들어 '익재益齋'라는 이름의 진정한 의미를 강조한다.15) 「복건으로 가는 장길보를 전송하며 쓴 시」인 다음의 시도 유사한 수법의 작품이다.

그대의 모습은 초연한 학처럼
강호가 붙잡아도 떠나네 그려

그대를 잡지 못함 한스럽지만
푸른 산은 남쪽으로 한없이 뻗었지

문 앞의 강물은 하늘을 열고

절 뒤의 맑은 못은 옥구슬일세

그대는 흐르는 천리 강물이건만
나는 천산 계곡에 고여 있는 물.[16]

시인은 장길보를 '학'에 비유하며 이렇게 이별의 정을 비유로 그린다. 소식은 또한 그를 천리 강물로 자신을 천산 아래 고인 물로 비유함으로써 시의 가득 벗을 보내는 슬픔을 담고 있다. 다음은 아예 첫 구절에서부터 비유로 시작해서 작품의 말미에 가서야 비로소 시의가 드러난 작품 「도연명의 〈음주〉 시에 운을 맞춰 쓴 시」이다.

뽕나무의 뽕을 먹는 누에는
별안간 하늘을 날고 싶어

어느 날 날개를 펴 날아 보건만
결국은 거미줄에 걸리고 만다

한 둥지 안에서 시끄러운 참새들
넓은 호수에선 편하리라 하지만

물가로 가니 조개에 물려
어찌 다시 돌아갈 수 있으랴

누에나 참새란 누구를 말함인가
한 번 웃으니 만 시름이 사라진다

다행히 지금 시절이 좋을 때이니
그대여 술 있거든 마음껏 들어보세.[17]

    소식 시의 '비유'는 여기에 그치지 않는다. 「동정춘색」이라는 시에서는 "좋은 술이란 시를 낚는 낚시요/시름을 쓸어버리는 빗자루일세" 등 풍부하고 다양한 비유가 무궁하게 펼쳐진다.[18]

    비유는 시상과 시의를 생동감 있게 표현하는 좋은 수법의 하나이다. 송대 진규의 『문칙』에서 말한 대로 『역』은 형상으로 그 의미를 드러내며, 『시』는 비유로 그 정감을 표현"[19]하는 것이다. 청대 심덕잠은 "사물이나 그 이치를 모두 밝혀 설명하기란 어려운 일이다. 그러므로 늘 다른 사물의 예를 들어 본질을 보여주는 것이다. 사람의 감정이나 천기 역시 사물을 빌어 비유나 반복적인 소리로 그 희노애락을 드러내는 것이니, 비록 쉬운 말로 표현되지만 그 의미는 깊은 것이다"라고 한다.[20] 소식의 시중 '일日'·'월月'을 묘사하기 위한 비유를 청대 섭교연(1652년 진사)은 이렇게 말한다.

    소식이 막 떠오르는 태양을 표현하는 것은 '아득한 수평선에 태양이 떠오를 때/만리 바다 붉은 파도에 하늘까지 물든다//높이 솟구치는 태양을 보노라면/황금으로 빚어낸 가을 귤을 보는 듯', 초승달에 대한 묘사는 '달이 뜨기 전에는 온 산이 높더니만/서광이 비추는 곳에 달 떠 있구나//잔에 남은 술에 은파가 일렁이고/구름 번지는 것은 파도 부서지는 듯', 이런 기백은 그야말로 일월과 빛을 다투는 정도이니, 이백과 두보의 문장이 아무리 뛰어나다 해도 어찌 소식에게 한 자리를 내줘야 하지 않겠는가."[21]

사실 이런 시상을 표현하기 위해서는 '비유'가 아니고서는 불가능하다. "소식 시에 '내게 나무 상좌를 동행시켜 주게/그대에겐 말없는 죽부인을 드릴 테니'라는 구절이 있다. 혜일이 협산을 만나자 협산은 '누구와 동행한다는 말이죠?' 하고 묻는다. 그러자 혜일은 '목상좌요'라고 말했는데 사실 '목상좌'란 지팡이를 말한다"[22]라고 하는데 이 시구는 「사수재에게 죽부인을 보내며」라는 시에 나온다. "사는 동안 좋은 물건은 천진함을 그르치지/늙어서 전원으로 가는데는 이 몸 하나면 되는 것을//내게 목상좌를 동행시켜 주게/그대에게는 말없는 죽부인을 드릴 테니// ……"[23]에서의 '죽부인'은 원래 '죽궤竹几'를 가리킨다. 소식은 「유자옥의 시에 차운次韻(상대가 지은 시의 각운에 이어서 짓는 시 창작법)하다」라는 시에 주석을 붙이고 "죽궤를 죽부인이라고도 한다"고 말했던 것이다. 소식은 이 시에서 지팡이를 '목상좌'로 비유시켜, '죽부인'과 대응하게 함으로써 독특한 시적 멋을 보이고 있다.

송대 범계수는 "소식이 비유에 능했다"고 하며 몇 가지 다음과 같은 예를 들고 있다.[24] 즉, 소식은 「민지에서의 옛날을 회상하며 자유의 시에 화답하다」라는 시에서 눈 위에 찍힌 기러기의 발자국으로 인생의 허무함을 비유함으로써 '설니홍조雪泥鴻爪(눈이나 진흙에 찍힌 기러기의 발자국처럼 허무함)'라는 성어를 남긴다. 그는 또 시 「수세」에서

섣달그믐 제야의 밤을 지새우는 풍속을 뱀의 동면에 비유하는가 하면, 「화수관」에서는 그림 그리는 것을 수영하고 배 젓는 것에 비유한다. 「염주의 용안 열매는 맛이 좋아 여지에 맞먹는다」는 시에서는 '용안龍眼'과 '여지荔支' 등의 남방 과일을 '감柑'과 '귤橘'에 비유하는 것이다.

「서호에서 술을 마시는데 맑은 뒤 비 내리다」에서 소식은 '서호'를 미인 '서시'로 비유한 것 역시 또 하나의 좋은 비유이다. 송대 진선(1147년 전후)은 이 시를 두고 "소식은 서호를 몹시 좋아해서 일찍이 '서호 경치를 서시에 비유한다면/진한 화장 엷은 화장 모두 잘 어울리지'라고 시를 지었는데, 아는 사람은 이 시가 서호의 참모습을 완전히 그려냈다고 알 것이다. 소식은 또 다른 시에서 '구름 깔린 산은 마치 눈썹과 같고/산 아래 서호는 흡사 눈동자 같다'고 한다. 내가 볼 때 이 또한 서호를 그대로 그려낸 것이다. 만약 서시를 보고 싶으면 서호를 보면 될 것이요, 서호를 보고 싶으면 이 시만 봐도 될 것이다"[25]라고 말한다.

이상의 몇 가지의 예로 볼 때 소식의 시는 과연 풍부한 비유를 다양하게 구사하고 있음을 알 수 있다. 「관기에게 주다」라는 시는 매우 운치 있는 작품인데 그 운치는 이 시의 뒤 두 구절이 앞 두 구절을 비유하는데 있다. 송대 하원은 다음과 같은 일화를 소개한다.

소식은 황주에 있을 때 매번 연회가 있을 때마다 먹을 아끼지 않고 남에게 글씨를 써 주었다. 때로 관기들이 시중을 들면 글씨에 그림을 곁들여 주는 경우도 있었다. 그 중 이기라는 기생이 있었는데 총명하고 교양이 있었으므로 소식도 그녀를 귀여워했지만 한 번도 글씨를 주지 않았다. 소식이 여주로 옮겨가게 되었을 때 전별을 하는 자리에서 이기는 술잔을 올리고 재배를 한 다음 목도리를 벗어 글씨를 받고 싶다고 한다. 소식은 지긋이 그녀를 바라보더니 먹을 갈도록 하고 먹이 진해지자 붓을 들어 큼직하게 글을 지어 썼다. '동파가 황주에서 칠 년을 살았는데/어쩌다 지금까지 이기를 몰랐을까?(東坡七歲黃州住, 何事無言及李琪?)' 여기까지 쓴 소식은 붓을 놓고 손님과 담소를 계속한다. 그러자 손님이 "평범한 시구 같소만 마지막까지 쓰시지 않으니 어인 까닭이요?" 하고 묻는다. 지필을 거두려는 때 이기가 재차 청하니 소식은 크게 웃으며 "하마터면 잊고 갈 뻔했군" 하면서 이렇게 쓴다. '마치 두보가 서천에 살 때/해당을 사랑하면서도 시로 읊지 않은 듯(恰似西川杜工部, 海棠雖好不留詩)'. 시를 마치자 좌중이 탄복을 하며 크게 술을 마시고 파했다.[26]

좋은 비유는 이처럼 평범한 시의를 운치 있는 시로 소생시킨다.

위에서 살펴본 바와 같이 소식 시의 비유는 수법이 다양할 뿐만 아니라, 시어와 시구 역시 신선하고 적절하다. 예를 들어 소식은, "시인은 마치 뻐꾸기처럼/언제나 제 이름을 부르며 운다(詩人如布谷, 聒聒常自名)"[27]고 했다. 소식 시 중 시가 창작을 비유한 다음의 예를 보자.

새로운 시는 씻겨져 나오는 듯
외부의 때에 더럽혀지지 않네.[28]

새로운 시는 옥 가루인 듯

시구가 되면 맑은 경구가 된다.[29]

새로운 시는 탄환처럼
손을 떠나면 잠시도 쉬지 않네.[30]

여기서의 '새로운 시'란 원문에서 '신시新詩' 또는 '청시淸詩'로 표현된다. 그가 이상적으로 여겼던 시는 '외부의 때에 더럽혀지지 않는', '옥 가루' 같은 '맑은 시'였던 것이다. "새로운 시는 탄환 같다"는 예문은 "시를 짓는 것은 도망자를 뒤쫓듯/좋은 경치 놓치면 되잡기 어려운 법"[31]이라는 시의의 형상적 표현이다.

시의 풍격에 관한 비유는 이루 헤아릴 수 없이 많다.

맑은 시는 뜨락의 불꽃처럼
아름답지만 긴장하게 하네.[32]

작은 시는 가을 국화처럼
아름답게 서리 속에서 빛난다.[33]

그대의 시는 맑은 바람
휘이 휘이 새벽에 불지.[34]

그대의 시는 가을 이슬
내 하늘 꽃을 맑게 한다.[35]

그대의 시는 맑은 바람

아침 잠 자는 나의 발에 불어온다.[36]

시와 노래는 독한 술같이

온통 내 사지를 취하게 하네.[37]

소식의 시 중 일부 시상은 '美人'에 비유되며, '美人'은 다른 시상으로 비유된다.

초승달은 가인처럼

바다를 솟자말자 치장을 한다.[38]

가는 대나무는 미인 같고

들꽃은 처녀 같구나.[39]

봄 난초는 미인처럼

꺾지 않아도 부끄러워한다.[40]

가인은 복숭아와 살구꽃 같아서

나비가 소매 속으로 날아든다.[41]

미인은 봄바람 같아서

어디에 닿아도 아무도 모르고

슬픔은 얼음 눈처럼
그대를 보자마자 녹아 흐른다.[42]

'인생'에 대한 비유가 많이 중첩되는 것 또한 소식 시의 특징이다.

이렇게 얘기하곤 장탄식을 하니
내 인생이란 떠돌이 쑥 풀 같구나.[43]

인생은 아침 이슬
백년의 손님이 되었네.[44]

내 인생은 환상 같으니
내 농담을 그대는 꾸짖지 말게.[45]

인생은 아침 이슬
밤낮으로 백발이 재촉한다.[46]

내 인생은 태산보다 무겁지만
어느새 기러기 깃털만 남겼구나.[47]

소식의 시에서 자아 형상이나 심경에 대한 묘사 역시 구체적인 사물로 대체 표현된다.

술은 못해도 취할 줄은 아는 나는
마치 봄바람이 꽃들을 희롱하는 듯.[48]

마음은 이미 재가 된 나무
이 몸은 언제나 묶이지 않은 배.[49]

내 마음은 지금 못에 비친 달
그대는 커다란 배 같은 모습.[50]

그대는 큰 강에 천리를 비추는 달
나는 이 강처럼 천산을 흐르지.[51]

그대는 불 위의 연기와 같아
불이 꺼지면 그대는 떠나지만

나는 거울 속 모습 같아
거울이 깨져도 없어지지 않네.[52]

그대의 이야기는 옥구슬처럼 떨어지는데
나는 바둑을 두듯 천천히 술을 마신다.[53]

이상의 예문들은 소식의 시가 얼마나 적절하고 신선한 비유로 가득 차 있는지를 잘 보여준다.

시가의 기능의 하나가 정감을 불러일으켜 공명을 주는 것이라면 위와 같은 '비유'는 확실히 이러한 시적 기능을 살리는 중요 방법의 하나이다. 이는 비유가 시상을 창조하는 첩경이기 때문이다. 뿐만 아니라 비유는 사물이나 정감의 미묘한 특성을 포착하게 하여, 시가 작품으로 소생하게 한다. 비유는 생동하는 시상으로 시의를 그려낼 뿐만 아니라 사물이나 정감 내면세계의 이치를 밝혀 준다. 한대 왕부는 비유라는 것이 직접적으로 묘사하기 어려운 부분을 다른 사물에 의탁해 표현하는 것[54]이라고 말한다. 소식의 시야말로 직접적으로 묘사하기 어려운 자아와 사물의 내면세계를 다양하고 참신한 비유로 그려내고 있다. 비유의 운용은 이렇게 소식의 시로 하여금 자유자재하고 기발한 풍격을 형성하게 한다. 공범례는 자신이 편찬한 『소식시집』의 서문에서 소식의 시가 "비유에 크게 능하다"고 했는데 이는 옛사람들의 관점과 일치하는 것이다. 소식은 비유를 통해서 평범한 언어를 시어로, 평범한 사물을 시적 이미지로 바꿔놓았던 것이다.

장삼석은 근년에 쓴 「소식 시 중의 공간 감각」이라는 논문에서 소식의 비유가 "성공한 내적 원인은 그의 독특한 공간 의식에 있다"[55]고 하면서 소식의 시가 공간을 초월하는 특징을 갖고 있다고 상당히 일리 있는 분석을 하고 있다. 그러나 좀더 정확히 말한다면, 시인의 눈과 의식은 시공이라는 현상의 한계를 넘어서 있기 때문이다. 다시 말해서 시인의 순수한 의식은 육안으로 보는 한계를 벗어나 자아와 세계의 내적 질서와 그 법을 볼 수 있기 때문이다. 비유는 시인의 자유로운 사유가 다다르는 상상과 연상의 폭에 비례한다. 자유로운 사유는 미시적이면서도 거시적이고, 찰나와 영원이 동시에 존재한다. 소식 시의 비유는 그 절대자유가 갖는 사유 세계의 폭과 깊이를 설명해 준다. 여기서 우리는 본문의 서두에서 조익이 한 말을 상기하게 된다. "소식 시의 호방한 기상은 글자나 구절을 멋있게 하려고 신경을 쓴 것이 아니라 필력을 펼치다 보니 자연스럽게 참신한 격조가 드러난 것이다." 소식 시의 '비유'는 바로 이런 창작 과정에서 드러난 표현 방식의 하나였다.

(2) 웅변

앞에서 언급한 바 있는 「백보홍」에 대해서 청대 옹방강(1733~1818)은 비유 이외의 또 다른 특징을 다음과 같이 지적한다.

『용재삼필』은 '소식의 「백보홍」 시에서 비유를 중첩해서 표현한 것이 흡사 한유의 「석홍을 보내며」라는 시와 비슷하다'고 했는데, 문법만으로 따지면 그럴싸한 얘기지만, 그러나 이 시의 묘미는 여기에 그치지 않는다. 요즘 이 시를 고른 사람들은 단지 이 시의 제목만 갖고 언급하고 그 내면의 것은 잊고 있다. 이 시의 본 뜻은 '지난날의 유람은 이미 과거지사가 됐다'는 부분에 있다. 이런 전제로 이 시를 읽는다면 소위 '달리는 토끼 향해 수리가 내리 꽂듯' 등의 구절 속에 또 다른 의미가 있음을 알 것이니 이 얼마나 오묘한 글인가. 그러니 어찌 구구하게 비유 수법만을 가지고 이 시를 논할 것인가.[56]

옹방강이 말하는 "또 다른 의미"란 무엇일까. 그 표면적인 의미는 도도히 흐르는 기운찬 물살의 표현에 있지만, 내면의 다른 하나는 그 물살처럼 흘러가는 인생이다. 이 시에서 쉼 없이 흘러가는 물과 그 위에 쏜살같이 떠가는 조각배에 대한 전반부의 묘사는 마치 나의 인생과 다름없다는 후반부의 내용과 알게 모르게 어우러지면서 전개된다고 옹방강은 지적하고 있다. 이런 전개 방식은 확실히 남다른 것이다. 다음은 「백보홍」의 첫 수 전문이다.

거센 물결 힘차게 튀는 물 위로
조각배 쏜살처럼 남으로 흘러간다

사공의 외침에 물새가 날고
거친 돌들 부대끼며 굴러 흐른다

토끼가 달리고 수리가 내리 꽂듯
달리는 말이 천길 비탈 내리닫듯

가야금 줄이 끊어지고 화살이 날 듯
틈새 사이로 번개 치고 연잎에 빗물 튀듯

산들이 휘돌고 바람도 귀를 스치며
세찬 여울 위로 거품 이는 물살

산 고개 넘었으면 통쾌하건만
어쩌자고 하백은 가을 물살을 자랑하나

나의 삶도 이처럼 밤낮으로 흘러서
마음 한 자리로 신라를 다녀온다

취몽 중에 분분히 다퉈 살면서
가시가 동타인 줄 어찌 알리요

문득 고개를 드니 천겁을 지났어라
흘러온 물길 돌아보니 한없는 곡절

그대여 강가의 창석을 보게
천고의 상앗대 자리 벌집 같구나

오로지 이 마음엔 머무는 곳 없어
조물주 부리는 대로 갈 뿐 난들 어쩌랴

배를 내려 말을 타고 각기 떠나는데
부질없이 말 많음을 사공이 꾸짖는다.[57)]

이 시는 전체적으로 전반부와 후반부로 양분할 수 있다. 전반부는 앞에서 논의한 바와 같이 생동하는 비유로 시인이 배를 타고 거센 물살을 따라 흘러 내려가는 정경을 그렸고, '나의 삶'부터 시작되는 후반부는 이런 전반부의 정경을 문득 허무하고 덧없는 인생에 연결시킨다. 이 연결을 위해서 시인은 "산 고개 넘었으면 통쾌하건만"의 두 구절에서 배를 달려 내려가는 주관적인 느낌인 '통쾌함'을, 이에 대한 '하백'의 참뜻이 무엇일까라는 객관적인 문제와 병치시키며 의문을 제기한다. 시인은 이렇게 객관적인 정경에서 얻어지는 시의를 자연스럽게 자신의 심경으로 전이시키며 사변성 농후한 시경을 전개한다. 쉼 없이 흘러가는 물살 위의 배 안에서 시인이 펼치는 논변은 뜻밖에도 『금강경』의 핵심인 "집착이 없어야 참마음이 살아난다"는 정신이다.[58] 내 삶은 저 물결처럼 쏜살같이, 정신 없이 살아왔지만 어디에도 매임이 없고 집착함 없이 조물주가 부리는 대로 흘러왔다는 것이다. 이처럼 소식은 극히 자연스러운 필치로 도도한 시의 웅변을 펼침으로써, 시의 정경은 독자의 눈을 현란하게 하고 그 이치는 독자의 가슴에 설복력을 동반한 감동을 준다.

　소식 시의 이런 특징은 변화무쌍하고 예리한 논변성을 갖췄을 뿐만 아니라, 때로는 논리적인 사변 색채를 띠기까지 한다. 바로 이런 특징은 그의 시로 하여금 도도하면서도 이치에 닿는 웅변으로 나타나게 한다.

　앞서 '시상은 어떻게 포착되는가'라는 부분에서 예를 들은 소식의 「소산 윤장로 벽에 쓰다」라는 시에 대하여, 일부 옛 주석은 이 시가 전해 오는 일단의 고사를 전편에 실었으면서도 그 의미는 각별히 오묘하다고 했듯이 첫 네 구절은 "만약 마음이 어디에 머물면 진정 머문 것이 아니다"(『금강경』)라는 명제의 논변식 전개를 하고 있다. 그는 이어서 이런 역설적 논리를 설명하기 위해서 '수염이 긴 사람'이라는 글부터 여덟 구절은 일단의 고사를 인용해서 의식의 조화로움이 깨졌을 때의 문제를 꽤 설득력 있게 전개하고 있다. 그러나 이 고사는 시의의 흐름 속에서 마치 이것이 고사인지를 분간하기 어려울 정도로 자연스럽게 용해돼 있다. 때문에 청대의 기윤도 "지극히 자연스러워 송대 시풍의 거친 모습이 전혀 안 보인다"[59]라고 평하는 것이다.

다음의 시는 「등주의 해시」라는 작품이다.

> 동쪽의 구름바다는 텅 비고 비었지만
> 신선들 그 속에서 들며 난다지
>
> 혼잡한 세상에 만 가지 모습 만드니
> 어찌 보물의 궁궐 같은 것 없겠는가
>
> 저 뵈는 것 모두가 환상인 줄 알건만
> 난 감히 눈과 귀로 신의 공을 헤아린다
>
> 날씨 춥고 물도 차가워 온 세상 닫혔는데
> 나를 위해 갖가지 동물들이 모두 나셨구나
>
> 웅장한 궁궐 아름다운 경치가 구름 속에 생기니
> 그 신비함에 한유 같은 늙은이도 놀라 자빠지네

인간 세상 소득이란 힘으로 얻지만
저 하늘에는 아무것 없는데 무엇을 자랑하랴

문득 나를 불러 감상하게 하니
참으로 인생의 불행이란 하늘이 만드는 게 아니다

……

만 리 석양에 한 마리 물새 날고
보이는 건 오직 푸른 바다가 바위에 부딪는 것

아름다운 시를 지은들 무슨 소용이랴
우리는 모두 봄바람 속에 사라져 갈 것을.[60]

'해시海市'란 수평선 위의 구름이 뒤엉키면서 각양각색의 형상으로 펼쳐진 하늘의 시장 같은 모습을 말하는 것으로, 이는 날씨 때문에 형성된 산동 지방 앞 바다의 일종의 자연현상이다. 소식은 여기서 단 한 구절도 그 모습이 어떻다고 말하지 않았을 뿐만 아니라, 어떤 감상적인 느낌도 연관 짓지 않고 있다. 그는 이 장관을 보면서 인생의 철리와 자신의 정회를 펼치는 것이다. 소식은 앞의 세 구절을 "어찌 보물의 궁궐 같은 것 없겠는가"라는 구절로 귀결 지으며 '해시'란 결국 '환상'임을 강조한다. 그러나 '웅장한 궁궐' 구절에 이르러 자연스럽게 자신을 당나라의 문호 한유에 비유하면서 "인생의 불행이란 하늘

이 만드는 게 아니다"라는 논변으로 시의를 바꾸어 나간다. 그리고는 마지막 네 구절에서 이러한 논변을 소재와 결합시키며 '해시'와 인생을 보는 자신의 감개로 끝을 맺는다. 왕문고는 "이 시를 다른 사람이 썼더라면 '만리 석양' 구절에서 끝났을 것이다. 그러나 소식은 마무리를 남다르게 처리함으로써 탄복을 자아내게 하니 마치 해시가 무궁무진한 변화로 그 시종을 헤아리기 어렵게 하는 것과 같다"[61]고 말하는데 이런 전개야말로 소식 시의 탁월한 점이다. 시인은 한두 구절로 묘사하기 힘든 자연현상을 소재로 하여 시의를 전개해 나가되 직접적인 묘사는 전혀 없이 인생 철리라는 주제를 드러내고 있다.

　이렇게 정경과 심경을 맞물려 전개한다든지, 정경을 그리며 그 속에서 인생과 사물의 이치를 끌어내는 것은 소식의 웅변적 시가의 특징이다. 사신행은 "단지 '웅장한 궁궐 아름다운 경치가 구름 속에 생기니'라는 한 구절만 제목과 관련이 있고 그 나머지는 온통 논변에 흐르는데 이 역시 허허실실법이다. 만약 이런 환영을 직접 묘사하려 들었다면 정감을 다 실어도 결국 볼품없는 작품이 되었을 것"[62]이라고 하는데 이른바 '허허실실법'이야말로 소식의 웅변성 시의 묘법이다. 다음「팔진적」역시 소식 시의 이런 묘법을 보여준다.

　　모래사장 끝없는데
　　돌로 된 띠 같구나

　　강 위에 종횡으로
　　치아처럼 늘어섰지

공명은 죽었거늘
누가 대열을 지휘하랴

통솔력은 천부의 것
그 비결은 전하지 않네

달인은 절로 아는 법
후세 사람들 헛된 말뿐

한나라가 쇠퇴할 때
간웅이 벌떼 같았지

영웅은 가려낼 수 없고
내란은 끊임없는데

쫓기는 백성 먹을 밥 없이
전장에는 피가 흘렀지

사람은 파리 목숨
서로 죽고 죽이며

정치가 혼란하니

무법이 판을 쳤네

공명이 나타나서
토벌하려 했지만

혼란한 상황에서
끝내 하지 못했네

큰 뜻 결국 꺾이고
세월만 물처럼 흘렀네

군벌 평정하기도 전에
어느 날 세상을 떠나고

단지 팔진도만 남겼네
천고의 아름답고 깊은 계곡에.[63]

'팔진적'이란 제갈량이 강가 자갈밭에 그렸다는 군대 진영 모습의 유적지를 말한다.[64] 소식은 이 암석 유적에 대해서는 단지 "뛰어난 군 통솔력은" 이하의 네 구절만 언급하고 그 외에는 온통 논변으로 일관했다. 이런 구성의 시는 마치 엉뚱한 딴소리를 하는 듯하지만, 소재에 관한 언급을 안 하는 듯이 교묘하게 전개하였으니 이 시야말로 허를 찌르는 허허실실법을 썼다고[65] 기윤이 평했듯이 이 역시 소식 시의 독특한 표현 수법이다.

「두개에게 부침」이라는 제목의 시, "내가 천태산을 오를 제/가로 걸린 돌다리를 건너는데//솔바람 풀 끝 이슬에 불고/푸른 숲의 향기가 그윽해 온다//……"66) 역시 같은 방식으로 표현된 작품이다. 소식은 이 시의 서문에서 "원풍년 7월 25일 두개가 절강에서 돌아와 나하고 금산에서 만났는데 그가 천태산의 비경을 얘기한 바 있어 시를 써서 보낸다"67)고 말하고 있다. 이 역시 또한 두개 본인의 말을 언급함 없이 자신의 꿈 얘기처럼 시작하고 있으면서도 그 가운데 마치 실제의 정경이 펼쳐지는 듯 써 내려간68) 시이다.

그 외에도 기윤이 "깊은 의미가 있는 시는 아니지만 시의 전개가 기발하다"69)고 평한 「월주의 장중사 수락당」이나, 역시 기윤이 "사주지방을 소재로 했지만 허허실실의 수법으로 논의를 펼치는 기교를 보였다"70)고 한 「정칠 아우를 사주의 지사로 보내며」 등도 모두 정경을 소재로 해서 논변을 전개하거나 정경과 논변이 교차되는 경우의 시들이다.

사실 이런 시들은 "시에 정해진 규율이란 없으니/취해서 보이는 세계를 나는 그리고 싶다"71)라는 그의 시학관의 응당한 결과이다. '취중醉中'이란 사실 진짜 술 취한 상태가 아니라 선입견이 배제된 맑은 마음의 상태를 말한다. 유희재(1813~1881)는 "소식의 시는 실제와는 상관없는 얘기를 잘 끌어내는데 이는 사실 선禪적인 깨달음 같은 곳에서 오는 것이다. 언어의 천부적인 재능으로 시를 지으니 그의 문자유희란 이렇게 대단한 경지이다"라고 하면서 "도도히 흐르는 물처럼 시의를 펼치는 중에 그 의미를 파악해 보면 장자와 화엄사상이 주류를 이루는데 소식은 이런 수법의 문장을 즐겨 썼다"[72]고 강조한다. 소식은 시인의 눈으로 감지한 인생과 세계에 대한 메시지를 웅변으로 펼쳤던 것이다. 청대 방동수가 "소식의 시는 고대 산문처럼 종횡으로 전개되는데 그의 이런 자유분방한 필법을 배우려면 먼저 그의 치밀한 필력을 배워야 대문장가가 될 수 있다"[73]고 했듯이, 소식의 '허허실실법'은 표면상으로는 '자유분방한 시구'였지만, 실제로는 '치밀한 필력'의 결과였다.

소식 시의 웅변 스타일의 작품은 '구름과 물처럼 흐르고', '문장의 표현은 자연스럽게'라는 그의 시학관과 관계가 있다. 「소씨가 보내온 술을 감사하며」라는 다음의 시는 술을 소재로 인생의 의미를 설파하는 그의 논변이 얼마나 유려하게 전개되는지를 잘 보여주는 작품이다.

도가 높은 사람이 술을 좋아한다는
그 말을 나는 한유 시에서 보았지만

내 보기엔 반드시 그렇지만은 않다는 것
도가 높은 것과 술은 아무 상관없다는 것

취하면 마차에서 떨어져도 괜찮다지만
술로써 온전함이란 스스로 온전함에 못 미치는 법

달인은 원래 스스로 온전하니
온전하면서 무엇 하러 다시 온전함을 구하랴…….

소식은 이 시의 첫머리에서 한유의 시「최립지에게 보냄」중의 "도가 높은 사람은 반드시 술을 좋아한다"라는 구절을 인용, 술의 힘을 빌어 참된 자아를 찾으려는 짓이 얼마나 모순되고 황당한 생각인가를 정면으로 반박한다. 진정한 '달인'이란 무엇에도 의지함 없이 인위적인 분별심을 떠나야 한다는 사실을 강조하면서 그는 '경산'·'완적'·'필탁'·'유령'·'두보' 등 전대 인물들의 본말이 전도된 행위를 하나하나씩 비판하고 있다. 계속해서 이어지는 구절부터 귀결되는 논변을 보자.

내가 마시지 않는 것은 안 마시는 게 아니라
마음이 달처럼 밝고 둥근 까닭이다

때로 손님이 오면 한 잔 술을 들고
거문고 치우지 않았으나 현조차 잊었다

나의 종씨 소선생은 생각이 깊어
멀리 백 리까지 술동이를 보내오며

전하는 말씀에 안 마셔도 도는 높다 하시지만
세상은 다 같아도 나만 홀로 다르다

같고 다름 가리지 않고 모두 잊음만 못하니
득실의 분별일랑 유희 같은 것

반드시 이 술 마시며 사양치 않으리
어찌 구구하게 취함 여부를 따지겠는가.[74]

　기윤은 이 시를 "전개가 자연스러워 마치 말하는 듯하면서도 천박함에 빠지는 일 없이 높은 격조를 보인다. 그러나 이는 흉내내기 어려운 일로써, 만약 격조가 없다면 황당한 언사에 그칠 것이다. 장자의 논점을 피력하면서 논의 방향전환이 쉽지 않았지만 문득 이런 결말을 이끌어내고 있는 것으로 봐도 그야말로 언변의 귀재이다"[75]라고 평하고 있다. 이 시는 소식이 29세 되던 해(치평 2년, 1065) 봉상에서 경사로 돌아와 직사관이라는 관직에 있을 때의 작품이다.
　사실 그 이전에도 이와 같은 웅변적 스타일의 시가 있었다. 가우 6년(1061), 소식이 관직에 첫발을 디딘 봉상에서 첨판직에 있을 때 쓴 연작시 「봉상팔관」의 하나인 「석고가」 역시 인생에 대한 위와 같은 통찰을 설파하고 있다. 시의 초반부에서 소식은 우선 석고를 발견한 때와 장소를 얘기한 후 석고에 새겨진 문자를 보면서 그 연원을 언급한다. 소식은 문득 그 석고문의 "마땅히 진나라의 때로 더러워져서는 안 되었었다"는 의미를 강조한다. 그리고는 마지막에 이르러 "홍망은 변하건만 사물은 옛날 같고/부귀는 덧없어도 이름은 변함없다//이런 이치 생각하면 탄식만 나오느니/인생은 어찌해야 너처럼 영원하랴"[76]라는 논단으로 시의를 마감한다. 시인은 이 시의 전개를 대부분 석고문에 관한 상황과 내력에 초점을 맞춰 가다가 여기에 이르러서는 돌연 한 걸음 물러서서 사물의 이치와 인생을 논하는 것으로 귀결시

소식의 〈묵죽도〉

킨 것이다. 청대의 옹방강은 "소식의 이 시는 박력이 대단하여 한유의 「석고가」에 뒤지지 않는다"[77]라고 하고, 왕사한도 "웅장하고 강건한 필치와 언어로 쓴 이 시는 그 기백이 한유와 겨룰 만하면서도 한유보다 더욱 세련되어 있다"[78]고 한다.

사실 한유의 「석고가」도 명시로 인정을 받아왔지만, 그와 비교를 할 때 소식의 「석고가」가 '웅혼한 박력이 한유에 버금가지 않는' 까닭은 시 전편에 짜여진 대구 및 그 대구 속에서도 막힘없이 이어지는 변화의 구법이 극히 자연스럽게 전개됐기 때문이다. 이러한 시의 웅변은 예전 시인들의 작품 중에서는 쉽사리 눈에 띄지 않는다.

「사주의 승가탑」은 소식 자신의 초연하고도 달관적인 심경을 그린 좋은 작품이다. 소식은 먼저 앞의 여섯 구절에서 배를 타고 '남행' 하는 도중에 접한 정경을 그린 다음, "이제 나와 세상은 유유히"라는 구절에서부터 "조물주는 하루에도 천변만화를 보인다"라는 구절까지 온통 논변으로 일관하고 있다. 그러나 이 논변은 역시 기윤이 평한 대로 "온통 논리로 일관하고 있지만 여전히 맑고 자연스러운 시"라 할 것이다.

  다음의 시는 소식이 귀양지인 황주에서 생활할 때의 것으로, 한 친구가 쇠지팡이를 보내 오자 그에 대한 사의를 표하는 뜻에서 지은 작품 「철주장」이다.

> 유 선생 손에 있던 흑뱀 같은 지팡이
> 천년 된 뿌리에 마디가 울퉁불퉁
>
> 갑자기 쟁그랑하고 긁히는 소리에
> 모두들 그것이 쇠인 줄 알았지
>
> 지팡이 중간에는 가는 글씨 새기고
> 머리 부분에는 가는 무늬 그렸지
>
> 선생은 이 물건이 신령스럽다는데
> 그 옛날 민왕이 오월에 보낸 거라네
>
> 몇 사람을 거쳤는지 아무도 모르지만
> 가만히 보니 풍상 많이 겪은 듯
>
> 별안간 내게 보내온 뜻 무엇일까
> 두 다리는 아직 버틸 만한데

수레바퀴 자국 따라 계곡을 찾아가고
동정호를 건너 우씨 집을 방문하며

숲을 헤치며 약초를 찾고
짐승이나 벌레들을 물리치라고

나중에는 농기구로 쓸 수도 있겠지
선생을 찾아뵈니 머리는 검으신데

그 지팡이 별고 없느냐고 안부 묻기에
얼른 꺼내 문지르며 선생께 인사한다.[79)]

 시인은 첫 구절에서 뱀이 미끄러지는 듯한 모습 같은 지팡이의 외양을 시작으로, 그 지팡이에서 나는 독특한 금속성, 그리고 '내유외강'이라는 특징과 그 지팡이의 내력을 통해 연상되는 시인 자신의 신세 등으로 시의를 전개시킨다. 이어 '수레바퀴' 이하 네 구절은 지팡이를 통한 시적 상상의 절정에 달하다가 마지막에는 다시 '철주장'으로 돌아와 결론을 맺는다. 이렇게 단지 지팡이 하나만의 소재로 풍부한 시의를 이끌어내어 논변을 펼치기란 결코 쉬운 일이 아니다. 황정견은 이 시의 이런 점을 언급하면서 "「철주장」은 웅혼하면서도 독특하다. 만약 이백이 다시 살아난다 해도 이에 미치지는 못하리라. 평소에 사대부들이 시를 지어 선물과 함께 보내면 시는 대부분 선물과는 관련 없이 짓는다. 이 시는 쇠지팡이를 소재로 하면서도 놀랄 만큼 아름답다"⁸⁰⁾고 한다.

동생 소철이 「난성유언」에서 "비유를 들어 논변을 펼치되 치밀하고 심원한 형 소식의 문필은 이 정도로 뛰어나다"⁸¹⁾고 평한 소식의 「안과 의사 왕언야에게 보냄」이라는 시 또한 이와 유사한 전개를 보이고 있다.

    침은 마치 보리이삭의 터럭 같지만
    기는 흡사 차축처럼 나오도다

    온 몸에 맥락 흐르니
    생명은 털끝까지에 있는 듯

    그러나 맑은 눈으로는
    촉광이 비치는 듯 몸속을 뚫어 본다 ……. ⁸²⁾

이렇게 전개되는 논변조로 소식은 이 시에서 왕언야의 뛰어난 의술을 칭찬하는 한편 자기 자신의 의술에 대한 견해를 펼치고 있다. 사신행은 이 시를 두고 "'그러나 나도 처음에는 몰랐지' 구절에서부터 여덟 구절은 물 흐르듯 자연스러움에 여유가 넘치는 정도가 마치 장자의 글 같다. 운율이 있는 시가 아니라면 어찌 이만한 경지에 이르겠는가"⁸³⁾라고 평하는가 하면 왕사한도 시의의 전개와 변화가 마치 시가 아닌 논변문 같이 보일 정도로 뛰어나다고 칭송한다.⁸⁴⁾

다음은 소식의 「염천」이다.

물이란 본래부터 맑은 법인데
흐리다면 누군가 휘저은 것이리

그대여 이 염천의 샘물을 보게
오색이 저렇게 찬란하지 않은가

청렴함이란 자신 위해 청렴함이니
누가 이런 이름을 이 샘물에 지었을까

청렴함이 있다면 탐오 역시 있고
사랑이 있다고 하면 의심 역시 있음이라

누가 유종원이고
누가 오은지인가

어부의 발은 이미 깨끗한데
허유는 어째서 귀를 닦을까

제멋대로 이름을 짓는다면
이 샘에 대해서는 알 수 없으리

명예나 오욕은 시기가 있지만
다함 없다는 걸 모르고 살지

오늘 문득 염천 샘가에 와서
나는 수염과 귀밑머리를 다듬어 본다

다행히 저 물속의 나는
가는 곳마다 나와 장난을 치네.[85]

 왕사한이 "남한테는 유한한 의미의 시이지만 내게는 무한한 의미의 시이다"라고 평한 이 시에서 소식은 '렴廉'이라는 이름이 붙은 샘물의 명칭에서부터 논변을 펼치면서 "이름을 붙이면 이미 진정한 이름이 아니다"라는 노자의 역설 논리를 이끌어내지만, 그러나 어느 한군데도 직접적인 소재인 샘물 그 자체에 대해서는 언급이 없다.
 「왕유와 오도자의 그림」이라는 시는 소식의 연작시 「봉상팔관」의 세 번째 작품으로, 그는 왕유와 오도자 두 사람의 그림을 소재로 해서 자신의 회화 예술에 대한 조예를 전개한다. 그는 두 사람의 그림을 비교하는 과정에서 화공의 그림과 시인의 그림이 어떻게 다른가를 상당히 형상적인 묘사로 지적하고 있다. 시의 도입부 여섯 구절은 우선 두 사람의 그림 소재와 그림에 관해 자신의 관점을 밝히고, "오도자 그림은 정말 웅장하다"라는 시구 이하 열 구절은 오도자 그림의 '웅장'하면서도 극히 사실적인 점을 칭찬한다. 이어서 "왕유는 원래 시인이었지"라는 시구 이하 열 구절은 왕유 그림의 "그림 너머의 그림을 보여준다(得之於象外)"는 높은 예술성을 칭송하고, 나머지 여섯 구절에서는 그림도 시에서처럼 형상의 묘사를 넘어서서 정신의 묘사라는 경지가 중요함을 강조한다. 이 시는 이렇게 물 흐르듯 회화 예술의 참 도리가 무엇인지를 잘 설파한 작품이다. 옹방강은 이 시에 대해 이렇게 말한다.

실제의 그림을 묘사하면서, 그림이 다른 두 사람의 작품을 생생하게 비교했다. 앞의 작품은 한유에 뒤지지만 이런 작품은 고금에 없을 듯하니 참으로 소식의 천고의 걸작이다. 특히 '두 숲 사이에 우뚝 서서'에서 '머리는 자라 같고'까지의 여섯 구절은 바로 (그 자신이 이 시에서 말한 대로) '붓이 채 나아가기도 전에 기세부터 넘친다'고 한 것과 똑같다. 그 신비한 운치는 결코 한 글자 한 구절로 가늠할 수 없을 정도이다.[86]

청대 방동수도 다음과 같이 긍정적인 평가를 하고 있다.

옛 사람들이 증득한 체험의 언어는 대부분 그 체험을 그대로 표현했으므로 입에서 나오는 대로 말해도 천고에 길이 남는 오묘함이 있다. 그러나 요즘 사람들은 남의 말만 흉내내니 이로써 남을 감동시키지 못한다는 사실은 참으로 속일 수 없는 법이다. 이런 관점으로 대가들의 작품을 보면 그렇지 않음이 없을 뿐 아니라 도연명·두보·한유·소식·황정견을 보면 더욱 그렇다. 신품이라 할 만한 뛰어난 작품들은 필세가 종횡무진하며, 변화무쌍한 가운데 아름답고, 기세 좋게 펼쳐지는 중에도 침착 신중함을 보인다. 이 시에서 '海波翻(파도가 뒤집힌다)', '氣已吞(기운 이미 삼켰다)', '一一可尋源(일일이 그 원천을 찾으리)', '仙翮謝樊籠(새장을 떠나 신선처럼 날갯짓하네)' 등의 시구는 다 이 작품의 특징을 나타내 주는 것들이니 단 한 구

절도 군더더기가 없다.[87]

이상의 언급은 바로 소식 시의 기세 넘치는 웅변성을 잘 설명해 준다. 위 시 중 "붓이 닿지 않은 곳엔 기세 이미 스몄다"는 시구의 박력 또한 소식 시의 예술에 대한 깊은 사유에서 우러나온 것임을 알 수 있다. 양만리(1127~1206)는 『성재집·시화』에서 소식의 시 중 "붓이 닿으면 비바람이 몰아치고/붓이 닿지 않은 곳엔 기세 이미 스몄다" 등의 구절을 '동파체東坡體'라고 하여 소식 시의 특징으로 파악하고 있다.

소식의 시 중 웅변적 스타일의 전형은 이외에도 「석창서 취묵당」[88]을 꼽을 수 있다. 이 시는 원래 석창서의 초서 예술에 대한 소식의 높은 평가를 주제로 한 것이다. 그러나 시의 첫머리는 "아는 게 병이요 우환의 시작이건만/…… 그대는 어찌하여 초서를 잘 쓴다고 자랑하는가"라고 부정적인 논조로 시작되다가 결국에는 '취묵당'의 의의와 석창서의 초서에 대하여 대단히 훌륭하다는 평가로 끝맺음을 함으로써 반전의 효과를 배가시켰다. 기윤이 말한 대로 소위 '꾸짖는 말로 시작하는' 방식으로 전개해서 실제로는 역설적인 논조를 풀어 나갔던 것이다.

시를 통한 웅변으로 자신의 현실 문제에 대한 견해를 전개하는 것 또한 소식 시의 일면이다. 「유효숙에게 부침」이라는 시는 장편의 7언 고시로서, 소식은 이 시에서 왕안석의 신법정책에 날카로운 풍자를 싣는 한편 자기 자신의 정치상의 진퇴양난의 심경을 토로하고 있다. 이 시의 내용상의 구성은 대강 세 단계로 나뉜다. 도입 부분은 세태와 정치 상황을 풍자했고, 이어서 자기 자신의 처지와 곤경을 돌아본다.

그리고 마지막 부분에서는 유효숙에 대한 흠모의 정을 담았다. 이상과 같이 다양한 변화를 준 전개는 마치 한 편의 서사시를 읽는 듯한 맛을 느끼게 할 뿐만 아니라 독자로 하여금 시인이 표현하고자 하는 시의에 몰입하고 수긍하게 하는 힘이 있다. 범곽은 "7언고시는 ……파도 하나가 밀려와 사라지기 전에 다른 하나가 밀려오듯 끊임없이 변화를 줘야 한다. 또한 군대의 전략처럼 정면전과 기습전이 수시로 바뀌듯 해서 그 변화를 가늠키가 어려워야 한다"[89]라고 했는데 이는 바로 소식의 이 시에 해당하는 언급이다.

소식이 41세 되던 해(희녕 10년, 1077)에 쓴 「사마광의 독락원」역시 위와 같은 웅변 스타일의 전형적인 작품이다. '독락원'은 사마광이 '변법'을 반대하며 지방 근무를 자청해서는 낙양에 지은 정원식 건축이다. 그의 『독락원기』를 보면 '독락獨樂'이라고 이름 지은 것은, 자신은 '남과 즐거움을 함께할 만한 군자'가 못되고 그저 '혼자 분수에 맞는 즐거움만을 누리는 범속한 사람'임을 자처하며 지은 이름이다. 그러나 실상은 당시의 정치 상황에 대한 불만과 은둔하고 싶은 욕구를 교묘히 배합한 것일 뿐이었으며, 소식의 위 시는 바로 사마광의 이런 정치적 태도에 대한 자신의 견해를 피력한 논변성 작품이다.

처음의 '청산' 구절부터 '장기' 구절까지의 4연은 우선 정원 숲의 아름다움을 그리며 시작되다가, '낙양' 구절부터 '그 중에'로 시작하는 구절까지는 곧바로 '독락'이라는 두 글자를 놓고 그 의미와 해석으로 논변을 전개해 나간다. 소식이 여기에서 "남과 더불어 즐거움을 누린다고 해도/역시 홀로 만끽하는 기쁨이 있다"고 한 것은 바로 사마광도 구양수가 『취옹정기』에서 "태수는 남들의 즐거움을 즐거워할 뿐"이라고 한 것처럼 남을 위해 일하면서도 더불어 즐길 수도 있는데, '독락'이라는 외곬으로 빠진 것은 현실을 도피한 것이 아니냐는 힐난의 뜻이 감춰져 있다. '명성' 이하의 네 구절은 다시 방향을 바꿔 사마광에 대한 기대와 희망을 비치며, 덕망이 높은 그대께서 더 이상 몸을 사리며 현실 문제를 저버리지 말라고 말하고 있다. 이러한 종류의 시에서 파악되는 것은 경물에 대한 묘사에 심오한 사변이 배어들면서, 깊이 있으면서도 일리 있는 논변이 시원스럽게 전개된다는 점이다. 이 시는 그런 의미에서 사마광을 향한 소식의 훌륭한 웅변이었다.

역사적 사실을 대하며 전개하는 웅변조의 시로는 소식이 59세(철종 소성 2년, 1095)에 쓴 「여지탄」이 있다. 당시 소식은 마침 광동지방의 혜주에서 머물고 있었는데, 이 7언고시는 그가 현지에서 여지·용안 등을 맛보면서 한당 시기 이 과일들이 조정에 공물로 올려지는 과정에서 백성들이 겪어야 했던 재난성 고통과 정치적 폐해를 연상하고 지은 작품이다. 시인은 시의 전반부에서 먼저 이 과일들의 신선도를 유지하기 위해 낙양까지 수만 리 길을 릴레이식으로 과일 운반용 말을 달리도록 하면서도 백성들을 돌보지 않았던 당시의 권세가들에 대한 증오심을 보이는가 하면, 후반부에서는 조물주에게 백성들을 불쌍히 여겨 추위와 주림에서 벗어날 수 있도록 해달라고 축원하고 있다. 그는 또 이런 역사적 사실이 실은 오늘날 차와 꽃 등을 공물로 올려야 하는 신법정치하의 현실과 다름없음을 풍자하면서, 이 정책이 백성들에게 미치는 고통을 신랄하게 지적한다. 소식은 이 시에서 역사적 사실과 현실 문제를 교묘히 결합시켜 나라에 대한 충성심과 민생의 안위에 대한 시의를 잘 그리고 있다. 청대의 방동수가 이 시를 두고 "변화 있는 문장과 기운찬 필치가 장관을 이루며 펼쳐져 진정 사마천의 문장이다"[90]라고 한 것은 이 시의 무게와 특징을 잘 평가한 것이다.

그 외에도 기윤이 "기세가 넘치면서도 변화무궁하여 단 한 군데도 틀에 박힌 표현이 없다"[91]고 한「자첨이 '태평궁 계당에서 책을 읽다' 라는 자유의 시에 화답함」과 시 전편에 단 한군데 허술함 없이 세련 됐다는 평을 받은「장전도의 '비를 기뻐하다'는 시에 차운함」, 그리고 "소식의 시 중 가장 긴 장편시로서 그리 뛰어난 작품은 아니지만 기세가 도도하며 이처럼 일사불란한 전개를 보이기도 쉽지 않은 일이다"[92]라는 평을 받은「주안유에게 차를 부치다」 등의 시가 유사한 풍격의 작품이다.[93]

또한 왕사한이 "서법을 논하고는 있지만 실제로는 자신이 터득한 서법을 설파한 작품"[94]이라고 평한「자유가 서예를 논한 것에 차운을 하다」나 가뭄 상황을 극히 실감나게 묘사하면서 막힘없는 전개를 한"[95] 시라는 평을 받은「가뭄 끝에 비가 온 것을 쓴 공의부 시에 차운하다」, 또 시원스런 표현으로 읽는 이의 마음을 후련하게 한 작품으로써, 경사나 전기를 자유자재로 자연스럽게 운용하여 옛 시인들을 능가했으니 '시가 소식과 황정견에 이르러 절정에 달했다'는 말이 바로 이를 가리키는 것"[96]이라고 평가받은「진소유가 꿈에 장례를 치렀는데 관에 누운 것은 유발이란다. 유발은 이 해에 승진했다……」 등의 시 역시 웅변적 스타일의 대표적인 작품들이다.[97] 뿐만 아니라 시적 경지와 선적 경지를 교차시켜 시의를 전개한「잠견 스님에게 차운하다」및 「삼료를 보내는 시」 등도 모두 그 좋은 예이다.[98] 이런 시들은 예외 없이 도도히 흐르는 물처럼 거침없는 시어와 내용의 전개로

소식의 시적 재능과 학식이 돋보이는 '웅변시'들이다.[99]

소식의 시론　　비유는 소식 시어의 중요한 특징이다. 그는 종종 다양한 비유어와 풍부한 비유 수법을 동시 다발적으로 구사함으로써, 소위 '박유博喩'라는 독특한 표현법을 운용했다. 그리고 그는 정경 묘사에 사물의 오묘한 이치와 논변을 배합함으로써 물 흐르는 듯한 웅변적인 스타일의 시를 썼다. 소식 시의 이러한 독창적 스타일은 송시의 경계와 차원을 색다르게 하는 업적으로 남는다.

[소식의 시적 경지]

1. 사변
2. 달관
3. 자연

소식의 시적 경지

1. 사변

당나라의 교연은 "시란 모든 오묘한 현상의 꽃이요, 열매다. 심원한 사유를 통해서 시는 이 모든 현상의 신비를 벗겨준다"[1]고 했다. 이성적이며 철학적인 풍부한 사유로 인생의 참모습과 문학예술의 본질을 규명하려 했던 소식은 그 자신의 시에서 그 "심원한 사유"가 보여주는 독특한 시경을 열고 있다.

소식이 24세 되던 해인 가우 5년(1060), 모친상을 마치고 개봉으로 돌아가는 길에 리양을 지나며 쓴 시 한 수 「아침에 리양을 떠나다」는 이렇게 시작된다.

부귀란 정해진 것이 아닌 듯

사람들은 절로 영고성쇠를 한다

영달을 하고 싶기는
나라고 어찌 예외이겠는가

안 되면 물러서지만
조금씩은 추구해 가리

이번 여행길에 고향을 생각하니
전원은 이미 황폐해 버렸을 것

무슨 일로 여기까지 와서
장사꾼 마차를 따라 걸을까

별로 나아짐이 없는 것은
내가 게으르고 어리석기 때문

인생에는 포부가 중요하니
한번 나선 길 어찌 헛되랴

강양 나루터를 생각하며
봄 호수에 물쑥이나 심으리.[2)]

청대의 기윤은 이 시가 리양이라는 지명을 소재로 했음에도 불구하고 리양 자체에 대해서는 한 마디도 언급하지 않고 있다고 했는데,[3] 사실 소식은 리양을 떠나는 뱃전에서 뜬금없이 출사와 은둔에 대한 갈등의 사색에 잠겨 있다. 소식은 이미 두 해 전에 아우 소철과 함께 과거에 응시해서 진사 급제를 해놓은 터였다. 그러나 이런 사색은 이 시보다 약간 이른 시기에 쓰여진 「우구에 머물다」라는 시에도 이미 보인다.

해 진 하늘에 노을 붉은데
배를 잡아매고 우구에 묵는다

동네 주민들은 자연스럽게
버들 숲에 서너 집씩 모여서 산다

깊은 산에 가서 땔나무를 해다가
사람을 만나면 팔기도 하고

야채를 끓여 밤참으로 먹으니
어찌 고기와 술을 알리요

초가집 위로 삭풍이 불면
깨진 벽으로는 별들이 보인다

이곳 아녀자들 저렇게 고생해도
소박하고 행복하게 모여서 사는구나 …….

여로 중에 접한 정경을 이렇게 담담히 그리던 소식은 시의 중간쯤 와서 시선을 문득 자기 자신에게로 돌린다.

인생은 이렇듯 평온한 것이건만
못된 세상이 자꾸 나를 유혹한다

부귀가 눈앞에 어른거리니
안빈을 지키기가 이토록 어렵구나

산속의 도인을 누가 알리요
언제나 산사슴과 벗을 한다네

몸은 비록 강호에 맡기고 있지만
생활을 누추하다 하지를 않네

그런데 오늘 나는 무엇 때문에
이토록 황급하고 분주히 살까.[4]

여느 다른 시인들처럼 눈앞의 사물이나 정경을 그리던 소식은 어느 틈엔가 자기 자신의 심경을 그리고 있는 것이다.

그러나 소식 시의 사변 색채는 단지 벼슬길로 향하고 있는 자신의 인생 여정에 대한 내성만으로 그치는 것이 아니다. 삶과 예술의 본질, 자아와 세계의 실상에 관한 심원한 사변은 일생에 걸친 창작 과정에서 부단히 나타난다. 그의 시에서 "내 삶이란 하늘에 맡겨진 것(吾生如寄耳)"이라는 시구는 무려 아홉 번이나 나오고, "인생은 아침 이슬 같다(人生如朝露)"는 표현은 세 번이나 나온다. 이렇게 똑같은 글자의 시구가 거듭 쓰여지는 것은 소식 정신 세계의 한 단면을 엿보게 한다. 사실 소식 이전 시인이라고 해서 이런 내적 성찰의 시의가 없었던 것은 아니다. 그러나 그 사변이 옛시인들에게는 주로 허망감을 탄식하는 노래로 이어졌다면 소식의 시는 이런 감상적인 탄식을 넘어서서 언제나 깊고 먼 성찰의 시상으로 승화된다.

가우 6년(1061), 초임지 봉상으로 가기 위해 소식이 아우 소철과 작별하는 장면과 그 심경은 그의 시에 이렇게 그려진다. "마시지도 않았는데 왜 이리 취한 듯할까/이 마음도 그대를 따라 향하는구나//그대는 부모님을 모시러 가지만/이제 나는 적막함을 어찌 달래겠는가//……." 이렇게 이별의 정을 겨워하던 소식은 시의 중간쯤 와서 문득 "인생에는 역시 이별이 있는 법/그저 세월의 허무함이 한스러울 뿐"이라며 그 괴로움을 철리적 사유로 승화시킨다.[5] 이렇게 출발한 부임길에서 소식은 예전에(가우 원년, 1056) 아우와 과거를 보러 서울로 오다가 중도에 묵었던 한 절간을 지나게 된다. 그때 그들을 반기던 노스님은 이미 고인이 되어 사리탑이 세워졌고 곳곳의 남벽은 허물어져 있었다. 이에 소식은 「민지에서의 옛날을 회상하며 자유의 시에 화답하다」라는 시에 이런 유명한 구절을 남긴다.

우리 인생을 무엇에나 비유할까
기러기가 눈 진흙 잠시 밟은 것

그곳에 덧없는 발자국은 남기지만
기러기는 날아서 또 어디로 떠났을까.[6]

이렇게 소식은 정경을 보면서 심경을 그리고 현상을 통해 실상을 파악한다. 이것이 바로 소식 시에 나타나는 특징 가운데 하나인 철리적 사변성이다.

희녕 8년(1075), 밀주 판관으로 나가 있던 39세의 소식은 장기라는 이가 찻잎을 보내오자 "매사를 인연대로 사는 나에게/이 세상 어디에도 불편한 곳 없다/조각배로 강남에 갔을 때/3년 동안 좋은 생선 한 번 못 먹었어도……"라고 화답 시를 쓴다. 그런데 좋은 차를 선물 받고 기뻐했지만 아마 부인이 찻물에 생강과 소금을 덥석 넣었던 모양이다. 당시에는 찻잎을 주전자에 넣어 달여 먹었고 특히 사천 지방 풍습에는 생강이나 소금을 넣기도 했는데[7] 차를 달이는 데에는 적당한 양과 질이 중요했던 것이다. 소식은 시에서 부인의 요령부득을 탓하면서도 "인생의 어떤 일에 그릇됨이 있으랴/세상의 기호도 제각기 다른 법"이라고 하면서 "생사 화복을 초월한 지 오래거니/어찌 달고 씀으로 미추를 가리겠는가"[8]라고 노래한다. 세상사를 어떤 감정이 실린 주관으로 보지 않고 한 걸음 물러서서 관조하는 이런 그의 시 경향은 항상 "변화하는 사물의 무상함을 보며/또한 자신의 인생을 돌이켜보는"[9] 철리적 사변의 결정이 자신의 시에 배어든 까닭이다.

  희녕 4년(1071), 항주로 부임하는 길에 쓴 소식의 시 「사주의 승가탑」을 보자.

    옛날 남행 뱃길을 따라 흐를 때
    홀연 사흘 동안 역풍이 불었다

    사공이 나더러 기도를 하라는데
    향불도 채 끄기 전에 풍향 먼저 바뀐다

    돌아보니 어느새 장교를 뒤로하고
    조반 시간도 되기 전에 구산에 닿았다

    무심한 하늘 어찌 편중됨이 있으랴
    기도란 그저 내 개인 속셈 때문일 뿐

    모내는 이는 비 오기를 바라고
    거두는 이는 맑기를 바라듯

    가는 사람에게는 순풍이겠지만
    오는 사람에게는 역풍인 법

    사람들 기도를 다 들어 준다면

조물주는 하루 천 번씩 신통을 보여야 하리

오늘 나는 그저 초연하게
가는 것 좇지 않고 오는 것 기대 않네

원하던 대로 됐지만 못 가게 해도 원망치 않으리
아무 때나 기도한다면 신령도 귀찮아 할 것

한유도 삼백 척이라고 노래했던 탑을
증관이 중건했어도 지금은 자취 없네

속된 선비인 내가 그 계단을 밟고 올라
회하를 돌아보니 산줄기만 둘러 있다.[10)]

   당나라 때의 시인이라면 풍향이 바뀌었다는 사실을 언급하면서 그 뒤의 일단의 정경을 몽타주나 백묘 수법으로 계속 그려 나갔을 것이다. 그러나 소식은 '道人' 구에서부터 사람들의 주관적인 생각이란 자연 본래의 섭리 속에서 얼마나 하잘 것 없는 것인가를 논변하기 시작한다. 이러한 시풍은 서정의 노래가 주된 흐름이었던 당나라 시가의 시풍과 비교해 현저히 다른 것이다. 당시의 흐름을 기준으로 삼은 많은 문인들에게 이런 시는 "논변으로 시를 쓰고, 학식으로 시를 쓰고, 산문 쓰듯 시를 쓴다"(엄우 『창랑시화』)는 지적을 받기도 했지만 이는 곧 송시의 특징인 동시에 소식 시의 특색이었다. 청대 말엽 왕국유는 '詞'를 논하는 글에서 시적 정경에는 '유아지경'과 '무아지경'이 있다고 하면서, 시인 자신의 개인적 감정이나 주관적 생각이 전면에 드러난 것을 '유아지경'이라고 한다. 반면 '무아지경'은 말 그대로 작품 속에 시인 개인의 정서나 주관이 용해되어 작자가 드러나지 않는 것이다. 왕국유에 따르면 송대의 시는 격이 떨어지는 '유아지경'인 셈이다. 사실 송대의 시는 대부분 시인이 자신을 적극적으로 드러내서 자신이 화자가 되어 나타난다. 소식 역시 그런 시풍의 전형을 보여준다.

소식이 여산을 구경하면서 지은 시 중에 스스로 여산을 가장 잘 표현했다고 한 「서림벽에 부쳐」라는 시를 보자.

가로로 보면 고갯마루, 세로로 보면 봉우리
어디서 어떻게 바라보아도 모두 다르니

여산의 참모습을 알 수 없는 것은
내 자신이 바로 산 속에 있기 때문일세.[11]

이 시는 그 의미심장한 시의로 역대 수많은 사람들에 의해 읊어지기도 했지만 역시 소식 시의 사변성을 대변해 주는 가장 전형적인 시이다. 시인은 산을 보고(看), 알려고(識)하며, 또한 자신(身)이 시에 직접 등장한다. 소식을 필두로 한 송대 시의 '유아지경'은 시가 보여주려는 정경이 과거와 달랐다. 당시의 경우라면 '情'을 그리고 있지만, 송시는 '정'과 함께 '理'를 그린다. 사물의 이치로서 '理'는 유가·도가·불가의 사상이 크게 융합하여 발전하던 송대의 문인들에게 절대적인 화두였다.

서주에서 44세를 맞은 원풍 2년(1079), 소식은 다시 새로운 임지 호주로 가야 했다. 하급관리와 주민들이 나와 전별을 해주며 슬퍼하자 「서주에서 남경으로 향하며 자유에게 쓰다」에서 그는 이렇게 말한다.

그대들이여 이제 나를 부여잡지 말게나
저 풍악도 구슬피 연주하지 말게나

내 삶은 하늘에 맡긴 것이니
이별이 어찌 이 한 번만 있으랴

이별이란 어디든지 있는 법이며
슬픔이란 그저 정이 든 까닭일 뿐

내 그대들에게 한 일도 없느니
눈물은 누굴 위해 흩뿌리는가

......

석상들도 떠나는 태수들 수없이 보았겠지
그렇다면 웃음과 박수로 전송하게.[12)]

그에게 있어서 이별이라는 것은 그저 '만난 것은 반드시 헤어진다'는 이치로 이해될 수 있는 것이었다. 그 뒤 얼마 안 돼 '오대시안'이라는 필화 사건을 겪고 기사회생의 심경으로 황주 유배지로 간 소식의 철리적 성찰은 거의 달관적인 경지로 이어진다.

동파언덕에서 홀로 술을 마시고
친구도 하나 없이 더덩실 춤을 춘다

때마침 밝은 저 달 동산에 떠오르니
그림자와 더불어 세 사람 되었구나

……

인생이란 하늘에 맡겨진 것이니
무엇으로 화와 복을 가려 논하랴

화건 복이건 따지지 말고
꿈길 같은 인생길 걸어가고 싶어라.[13]

이 시 「왕진경에게」는 이백의 시 「음주」와 비슷하다. 이백은 꽃나무 아래서 혼자 술을 마시다가 달빛, 그림자, 이백 자신의 셋이 짝을 이루어 춤을 춘다. 이백은 시의 끝에서 인생의 허망함을 짙게 느끼며 언젠가 저 하늘나라에서 영원한 즐거움을 맛보자고 한다. 그러나 소식은 이 시에서 삶의 정체성, 초월하고 싶은 희구 등이 도도한 논변으로 그려지고 있다. 다음은 소식의 시 「도연명의 의고시에 화운함」이다.

> 휘파람 소리 들리는 깊고 깊은 밤
> 들에는 달빛 아래 이슬이 가득하다
> 어디에도 의혹에 빠질 일 없으니
> 길하고 흉함 또한 무슨 소용이랴.[14]

그가 파악하는 인생은 하늘에 흐르는 뜬구름 같은 것, 그러나 시인은 언제나 그 가운데의 보편적 진리를 본다. 「법혜사 횡취각」 시를 보자.

> 아름다운 누각도 세월 속에 퇴색하니
> 난간에 선 우리만 쉬 늙는 게 아니구나.[15]

다음은 「8월 15일 조수를 보며」이다.

> 나나 강변 사람들이나 유유히 살건만
> 푸른 파도에 모두들 흰머리로 늙어가네
>
> 조물주도 사람이 쉬 늙는 줄을 아는지
> 때로는 강물을 서쪽으로 흐르게 한다.[16]

소식의 이런 사변성은 비단 인생과 그 질서를 향해서만 있는 것이 아니다. 문학과 예술에 대한 그의 시에도 무게와 깊이를 더해 준다. 다음 시는 「심군의 가야금에 제함」이다.

아름다운 음악소리가 가야금에 있다면
갑 속에서는 어째서 소리가 나지 않을까

만약 그 소리가 손가락에 있다면
왜 그대 손가락에선 음악 소리가 안 날까.[17]

기윤은 이 시를 시가 아니라고 했을 정도로 철리적 주제만 드러나고 있지만, 그러나 이 시의 시의는 풍응류의 주에서 밝혀진다. "게송에 이르기를 '소리가 없다고 없는 게 아니요, 또 소리가 있다고 해서 있는 게 아니며 있고 없음, 즉 생멸을 떠난 곳에 본질이 있다'고 했으니 이 시의 의미는 바로 이것이다."[18] 풍응류는 이 시의 의미가 표상의 세계를 넘어선 곳에서 본질을 볼 수 있음을 보여주고 있다고 지적한다. 이는 바로 시의 의미가 언어와 문자를 넘어선 곳에 있다는 중국의 고대 시론과 일치하는 것이다.[19] 소식의 부친 소순도 "바람이 수면에 일으키는 물결 무늬는 참 아름답다. 그러나 이는 바람이나 물이 스스로 지어낸 것이 아니다. 그저 서로 우연히 만나서 저절로 생긴 것이니 바람의 것도 물의 것도 아닌 그 물결은 세상에서 가장 아름다운 무늬"[20]라고 한다. 예술의 본질이 무엇인가 하는 물음에 대한 이와 같은 관점은 위에서 언급한 소식의 시의와 다름이 없다. 소식의 다른 시

「소소 스님의 가야금을 듣다」를 보자.

    지극히 아름다운 음악은 뜯지 않는 법이요
    지극히 평온한 음악도 연주한 게 아니지

    그렇다면 고요한 이 아름다운 선율은
    도대체 어디에서 어떻게 나오는가

    이토록 내 마음 편안케 하고
    이토록 내 마음 아름답게 하네

    내 마음 여기 있는 줄 이제는 알았으니
    다시 한 번 선율 맞춰 읊조려 보네.[21]

"지극한 것은 인위적으로 꾸며서 되는 게 아니"[22]라는 노자의 역설적 명제가 소식에게서 시적 테마로 노래되고 있는 것이다.

그 외에도 한간의 말 그림을 보며 소식은 시를 통해 "말을 그리려면 그 기상을 그려야지/어째서 그 가죽이나 털만을 그리는가"[23]라고 묻는 것은 "말의 외모는 그리기 쉬워도 그 기상은 그리기 어려운 법"[24]인 까닭이며, 그런 인식을 바탕으로 그는 또 "왕유의 그림은 표상을 넘어선 세계를 포착했다"[25]고 칭찬하고 있다. 이런 소식의 시구는 바로 자기 자신의 말대로 "한 송이 매화를 그려/온 봄의 세계를 표현하려 한"[26] 심오한 사유의 결정이었다.

소식은 자신의 시에서 이렇게 깊고 폭넓은 사변을 통해 예술의 본질을 노래하고 있을 뿐 아니라, 또한 그런 관점으로 논한 남의 그림 작품을 시로 남기고 있다. 그는 친구 이백시의 그림 「양관삼첩도」가 이별의 정경만 그린 것이 아니라 그 노랫소리까지 그려냈다고 칭찬하고 있고[27] 현도 없는 거문고 그림에서 그 거문고 소리를 듣는다.[28] 그는 또 '도연명도'를 감상하면서 도연명이 울 밑의 국화를 따는 것은 그것으로 빚을 술에 뜻이 있는 것이 아니라고 평한다.[29]

여기서 다시 교연의 말을 들어보자.

억지로 생각해서 지어낸 것은 자연스러움을 잃는 일이라고 하지만 반드시 그런 것만은 아니다. 호랑이 굴에 들어가지 않고 어찌 호랑이를 잡겠는가. 시상을 포착할 때에는 고통스런 사유가 있어야만 좋은 시상이 떠오르는 것이며, 이렇게 해서 지어진 시는 언뜻 보면 저절로 지어진 듯하지만 이는 시인의 탁월한 경지가 드러난 것이다.[30]

사실 이는 시 창작에만 그치는 말이 아니라 모든 예술 창작에도 적용되는 말이다. 소식은 "화가는 범속한 사람들과는 다른 법이니/그 오묘한 사유는 시인과 다르지 않다"[31]고 하면서 "도연명 시의의 오묘함은 속인들의 사유와 다른 데서 나온다"[32]고 한다. 시와 예술의 본질은 범상한 사유로는 다다를 수 없음을 알고 또 그 사실을 실제 자신의 시 창작 속에서 논의하고 투영하고 있는 것이 소식 시의 사변적 특징이다.

소식 시의 이런 사변성은 단지 사변 그 자체에 그치는 것이 아니라 사변을 통해 인생과 예술의 보편 규율을 끌어낸다. 위에서도 언급했 듯이 사변 색채는 시의에 깊이와 넓이를 더해 준다. 소식의 대표적 사 작품으로 잘 알려진 「수조가두」에서[33] 소식은 "세상에 만남과 헤어짐, 기쁨과 슬픔이 있듯/달에도 맑고 흐림 차고 이지러짐이 있나니/이는 영원히 어쩔 수 없는 법"이라고 하며 아우 소철에 대한 그리움을 자연의 보편적인 이치로 해석 승화시키고 있다. "인생에 이별이 없다면 그 누가 사랑의 소중함을 알랴//…… 만남과 헤어짐의 순환 속에서 희비는 늘 엇갈리게 마련"[34]인 것이 소식 시가 시의 가운데에서 도출해내고 있는 명제다. "사람들은 애증에 빠짐으로써 생사의 문에 들고 고통에 휘둘린다"[35]는 것이 그가 시의를 통해 보여주고 있는 세계의 법이요, 질서다. 그런 까닭에 그는 위의 사 작품 끝머리에 "그저 우리 서로 오래도록 살며/천리 떨어져서도 저 달만큼은 함께 하자"고 노래한다.

소식이 37세가 되어 항주에 근무하던 희녕 6년(1073)의 일이다. 「서호 근처에 살고 있는 친구 두 명을 찾아갔다가 만나지 못하고 돌아와서는 다음과 같이 시를 지어 부친다」는 제목의 시를 보자.

    호수의 연꽃은
    시름겨운 듯하건만

    처녀처럼 고운 자태는
    어디에도 기대질 않네

노래할 시인도 안 보이니
서리 물든 모습 쓸쓸해라

그대는 고고한 백조 같아
어딜 갔는지 알 길 없네

갈대 사이로 들리는 소리
구름 위로 흘러갔는지

하루 종일 그대를 찾으면서
꽃을 보아도 차마 못 꺾었네

인생은 아침 이슬
백년의 나그네여

한평생 헤매다가
오늘에야 찾건만

소망은 깨어지고
일마다 어긋난다

이것도 운명이라
가슴속까지 쓰리구나.[36]

시름을 머금은 연꽃은 시인 자신이다. 그리고 그 시름은 '이루어지지 않는 소망', '하는 것마다 어긋나는 일'이라는 운명의 덫에 기인한다. 소식에게 있어서 인생은 천명에 맡겨진 부평초요, 꿈이며 나그네였으며, 그 천명은 어떤 헤아릴 수 없는 힘으로 여겨졌다. 위의 시를 지은 그 이듬해(희녕 7년 1074), 그는 「하충 수재의 초상화에 부쳐」에서 이렇게 노래한다.

그대는 보지 못했는가
번개 같은 당명황의 그 눈빛

왼손에 활을 들고 화살을 당긴 모습
그대는 보지 못했는가

눈 속에 노새를 탄 맹호연
눈썹을 찌푸리고 시를 읊느라 어깨를 움추린 모습

굶주리고 부귀롭던 그들 지금은 모두 어디 갔는지
쓸데없이 초상화만 이 세상에 남겼구나

나는 늘 이 몸도 남과 다름 없어
뜬 구름처럼 흔적 없이 사라질 걸 생각하네

그대에게 묻나니 무엇하러 내 초상을 그리는가

그냥 재미로 그린다고 그대는 말하지만

평범한 시골 사람의 내 모습은
산속에서 살려는 생각이라네

명예스런 고관대작 누가 말리랴
포공이나 악공 등을 그려드리게.[37]

 생사를 넘어선 시야로 보는 세계는 부귀와 빈천이 모두 순환 속에 허망한 것이요, 이것을 얻으면 저것을 잃고 저것을 얻으면 이것을 잃는 법의 틀 안에 있는 것이다. 이런 관점으로 그는 또 다른 시「왕랑의 시에 차운하다」에서는 이리저리 잡아뜯지 않는 까닭에 나의 거문고는 망가질 리 없다는 비유를 들어, 기쁨과 슬픔을 초극했던 친구의 인품을 칭찬하고 있다.

한평생 둘러보면
빛과 어둠 교차하고

부귀영화 구해 보면
그것이 곧 재앙일세

영욕을 따져 보니
이것 잃으면 저것을 얻네

거문고가 있기는 하지만

뜯지를 않으니 닭을 일도 없으리.[38]

소식의 시는 이처럼 상대적이면서도 거시적 관점으로 세계를 조망하는 한편 감정의 기복을 철학적 사유로 다스림으로써 마치 정감이 배인 잠언처럼 읽는 이를 어떤 보편적인 진리의 세계로 인도한다. 이는 사실 송대의 시에 보이는 전반적 특징이기도 하거니와,[39] 소식은 바로 이런 송대 시인들 가운데 대표적 시인이었던 것이다. 소식은 특히 그림에 관련된 시에 종종 이런 철리적 특징을 잘 드러내고 있다. 다음 시의 제목은 「실제失題」이다.

그대는 그림만 보겠지만

나는 거기서 인생의 나루터를 본다

저 물 닿은 곳 하늘 끝까지 그린 걸 보면

분명 속세 사람의 솜씨가 아닐세.[40]

소식은 그림에서 인생의 예술 경지를 볼 뿐 아니라, 닭 그림을 보면서 장자의 '무용의 용'을 상기한다. 다음은 「자주의 구계닭 그림을 놀리는 시」이다.

햇빛 밝은 날씨에 대나무 흔들리며

대나무 숲 사이로 구계닭들 보이네

　　그러나 구계닭은 먹을 수 없다 하니
　　사람도 재주 없는 게 복이다

　　자주여 그대 붓은 송곳처럼 뾰족하여
　　천변만화 자유자재 대단한 재주구나

　　허나 그대가 그린 구계닭 참뜻 모른다면
　　인생은 그저 호접몽에 그칠 걸세.[41]

　소식은 이렇게 말하면서 천명의 본질을 지적한다. "바위틈에 백양나무여 천명이란 그런 것/싹틔우기 힘든 것은 돌 틈에 씨 뿌려졌기 때문".[42] 이렇게 철학적 사색의 흔적이 짙게 배인 시구를 소식의 시에서 찾는 것은 그리 어려운 일이 아니다.
　후대 사람들은 소식의 사변성 짙은 이런 경향을 "논변하듯 시를 지었다"[43]고 지적하고 있지만 이는 사실 당나라 시만을 모범으로 삼았던 일부 문인들의 편견 때문일 뿐, 송대의 시인들에게는 이미 훌륭한 이론적 토대가 있었다. 장뢰의 말을 들어 보자. "내 비록 문학을 잘 알지는 못해도 다소 배운 바가 있다. 문장이란 의미를 싣고 달리는 마차요, 의미는 문장을 말로 삼는 법이다. 논리가 분명하면 의미도 살아나고 기운이 넘쳐야 문장을 끌고 나갈 수 있는 것이다."[44] 소식이야말로 이런 이치를 잘 꿰뚫고 있던 시인이었다. 그의 사변성 농후한 시적 특징은 그 자신이 말한 이른바 '언어를 넘어선 의미의 세계'[45]를 시 창작에 부여한 실천적 공헌을 했던 것이다.

소식의 시론 소식 시의 주요 특징의 하나는 풍부한 사변성이다. 사변성이란 시의가 정서의 묘사를 넘어서 깊은 사색과 철학의 색채를 띠고 있다는 말이다. 소식 시의 이런 특징은 사실 송대 시의 전반적 문예사조와 궤도를 같이하는 것으로 역대 문인들은 이에 대해서 부정적인 평가와 긍정적인 평가로 나누어 설명했다. 논변성, 철리성 등의 내용이 담긴 소식의 시는, 그러나 시가의 내면적 경계의 폭을 크게 확대했음에 틀림없다. 인생과 예술에 대한 한층 성숙된 관점이 소식의 시가에 드러난다.

소식의 시적 경지

2. 달관

"마음이 바르면 글씨도 바르다"[1]는 소식의 말을 문학에 빌린다면 "마음이 바르면 문장도 좋다"고 할 수 있을 것이다. 소식 시의 예술적 특징 가운데 하나는 역시 그의 인품이 발하는 문학적 향기이다. 소식 자신도 "내가 듣기로는 옛 군자들이 남을 알고 싶을 때 그의 말을 들어보고, 그게 부족하면 그가 지은 시를 보아 그 인품을 헤아렸다"[2]고 말하고 있다. 그는 또 조보지의 시집을 읽고 그 서문을 써주면서 "그대의 시는 깊고도 맑아 그대의 인품 같다. 작품 중 아름다운 시구를 발견할 때마다 나는 남들이 그대의 글을 좋아하는 까닭을 알겠다"[3]고 한다. 즉 소식은 "문장은 곧 그 사람의 인품"[4]이라고 믿었던 시인이었다.

그렇다면 소식이 이상적으로 여겼던 문인의 인품은 과연 어떤 것이었을까. 소식의 인품을 논하기 위해서는 우선 그가 추구했던 이상적 인간성의 모형을 파악해 볼 필요가 있다. 소식은 진관의 동생 진적에게 보내는 글에서 이렇게 말한다. "장뢰, 진사도 이 두 사람은 선비 중에서도 범속함을 넘어선 고결한 사람들이다. …… 선비란 보석처럼 스스로 가치를 발하는 법이니 어찌 속된 애증의 언어로 그 귀천을 가늠하겠는가."[5] 그는 또 황정견의 시문을 보고 그에게 답하는 편지에서 "이 사람은 보석처럼 빛나는구나. …… 그 뜻이 고상하여 세속의 표상을 벗어나 우뚝 서서는 천지 기운을 타고 조물주와 함께 하니 요즘 사람들이 어찌 알겠는가. 나처럼 방랑하며 세상과 떨어져 사는 사람도 감히 벗하기 어려울 따름이다"[6]라고 말한다. 소식이 추구했던 이상적인 인간상은 "세속적인 굴레를 떠나서 자연을 따르는",[7] 즉 속된 생각을 버리고 인간의 순수한 본성대로 사는 것이었다. 그런 사람은 보석처럼 스스로 가치를 발한다.

소식의 글 「도연명은 달인이 아니다」를 보자.

> 도연명이 지은 「줄 없는 거문고」라는 시에 "거문고의 멋을 알았으면 그뿐이지／무엇 하러 구태여 소리를 구하는가"라고 했는데 내 생각에 도연명은 달인이 아니다. 음률이라는 것이 깨달음에 소용이 없다면 거문고라는 것 또한 있어서 무엇하겠는가.[8]

도연명은 현 없는 거문고를 즐길 수 있다고 하는데 반해서 소식은 한걸음 나아가 현은 물론 거문고조차 없는 음률의 즐거움, 즉 도를 즐길 수 있다고 말한다. 이와 같은 생각은 그가 유영을 보는 견해에도 똑같이 적용된다. 「유영은 달인이 아니다」라는 글이다.

 유영이 늘 삽을 지고 다니며 말하기를 "내가 죽으면 이 삽으로 그 자리에 묻어다오"라고 했는데, 내가 보기에 그 사람은 생사를 초월한 사람은 아니다. 관 짝이나 옷가지 등은 생사를 초월해서 보면 아무런 상관이 없는 것이다. 죽으면 그만이라면서 굳이 '묻어다오' 할 필요가 있는가?[9]

 유영 자신은 생사를 벗어놓고 산다고 할지 모르지만 소식이 볼 때 그것은 또 하나의 아집이요, 굴레였을 뿐이다. 진정한 초월은 생사라는 생각에서조차 완전히 벗어난 절대자유의 경지에 있는 것이다.
 돌아가시면 성대하게 장례를 지내 드리겠다고 말하는 제자들에게 장자는 말한다. 죽어서 땅에 묻히면 개미나 두더지의 먹이가 되고 땅 위에 두면 솔개와 들짐승의 먹이가 된다. 그런데 어째서 땅 위의 것을 빼앗아 땅 속의 것에 주려고 하는가? 혹시 그것은 너희들의 편견의 소치가 아니냐?(『莊子·列禦寇』)
 소식의 이런 관점은 신발을 잃어버린 두 사람의 이야기를 기록한 그의 문장 「유응지의 신발」에서 좀더 사실적으로 묘사된다.

 어떤 사람이 유응지에게 왜 자신의 신발을 신고 있느냐고 따지자 유응지는 곧 벗어 주었다. 얼마 후 그 사람이 자기의 진짜 신발을 찾았다고 신발을 돌려 오자 받지 않았다. 심인사도 이웃 사람이 와서 자신의 신발을 잘못 가져가 신었다고 하자 웃으며 '이게 당신 거였소?' 하고는 돌려줬다. 그런데 그 이웃이 나중에서야 잃었던 진짜 자신의 신발을 찾고는 갖고 갔던 신발을 돌려보내 왔다. 그러자 심인사는 '당신 것이 아니었소?' 하고 웃으며 받았다. 이는 비록 작은 일이랄 수 있지만 사람이 세상을 살면서 심인사 같아야지 유응지처럼 해서는 안 된다.[10]

소식이 심인사의 처세 태도를 칭찬하는 까닭은 심인사의 마음에 아집 등 어떤 고정관념의 틀이 없음을 높이 샀기 때문이다.

그는 또 한기를 칭찬하는 글에서 "그는 한 번 취하면 잃고 얻음, 화와 복, 귀함과 천함, 현명함과 어리석음, 이 모든 것의 분별을 넘어서서 우주 자연의 원천적 기운과 함께 한다"[11]고 말하고 있다. 이러한 정신의 경지, 이런 삶의 태도가 바로 소식이 이상적으로 생각했던 문인 선비의 인품이었고, 문학의 기품 또한 이런 인품에서 나오는 것이었다. 소식이 옛사람이나 남의 문장을 평하면서 말하는 수많은 유사한 표현[12]은 모두 그의 이런 고결한 인품을 척도로 하고 있으며, 이는 또한 자기 자신의 인격과 문학에 대한 요구였다.

소식이 37세 되던 해인 희녕 6년(1073), 그가 항주에서 지은 「임안령 종인과 많은 술을 마시다」라는 다음의 시는 이렇게 노래한다.

    나는 술은 잘 못하지만
    술잔을 들면 기쁨 먼저 가득하다

    머리 흰 나를 불러
    밤새도록 인생의 가을을 노래하게 하라

그대와 과거에 오른 것이 엊그제 같건만
서리 물든 잎 사이의 푸른 잎이 안쓰러워

이제는 나이를 묻지 말기로 하자
자식들이 대나무처럼 무성하거니

수탉이 새벽을 재촉해도 시름겨워 말기를
나이 들어 늙는 것은 우리뿐이 아니리라.[13]

만약 당나라 시인들이라면 "한해 한해 여전히 꽃은 피건만/일년 일년 사람은 늙어 가는구나/그토록 아름답던 고운 얼굴도/다 늙어 죽음 앞둔 그 모습 불쌍해라"[14](류희이), "제 마음 한없이 서글픈 것은/예쁜 얼굴 늙어 가는 시름 때문에"[15](이백), "인생엔 이별이 있고/늙어감 또한 어쩔 수 없다/옛적 젊은 시절을 생각하면/늦게서야 돌아온 것이 한탄스러워"[16](두보)라고 할 것이다. 그러나 소식은 "인생 백년 허둥댄다 해도/백이와 도척 모두 죽어 없으니/그저 한번 좋은 술에 크게 취해서/시비 희비 생사고락 잊어버리자"라고 하면서 "달인은 스스로 달하는 법이니 술은 무슨 소용이랴/세상의 시비 희비란 본래 공한 것"[17]이라고 한다. 그에게도 슬픔은 슬픔이지만 그는 그것의 본질이 원래부터 허망하고 공허한 것으로 인식하고 있다. 인생이 무상한 것이지만 소식은 그것을 있는 그대로 받아들이고 있는 것이다. 그리하여 그는 "텅 빈 고요함의 즐거움을 기꺼워하며/사물의 본 자리에서 노니는 남모르는 기쁨을 만끽"[18]할 수 있었다. 소식의 이런 탈속적이고 초연한 모습은 어디서 연유한 것일까. 「송춘送春」이라는 시다.

> 꿈속 같은 청춘을 좇을 수 있을까
> 그저 시 한 수로 지는 햇볕 붙잡으리
>
> 술에 찌든 병든 몸에 오직 잠만 쏟아지고
> 꿀에 절은 벌처럼 날기 싫어라
>
> 작약 앵두 그림자 땅에 드리우니
> 흰머리로 앉은자리에서 기심을 잊고자
>
> 그대 불법의 진리를 빌어
> 세상의 모든 때를 씻고 싶구나.[19]

　세상은 어디나 틀에 박히고 속된 잡념(機心)으로 가득하지만 이런 생각을 벗어 던져야 비로소 거칠 것 없는 자유정신을 획득할 수 있다.
　소식에게 이 틀에 박히고 속된 잡념을 저버리는 것은, 그가 추구하는 초연하고도 고결한 정신을 회복해서 대자유에 이르는 지름길이었다. "그 누가 소동파 나처럼 흰머리 날리며 기심을 버릴 것인가"[20]하는 것이 그가 지향하는 인생의 항로요, 목표였다. 소식의 「임강선」과 「정풍파」라는 사를 보면 이런 관점은 더욱 명료하게 드러난다.

2. 달관　203

이 몸이 내 것 아님을 슬퍼하나니
언제나 구구한 잡념 잊어버릴까
밤들어 바람 자고 물결도 고요하면
작은 배로 여기서 떠나자
강과 바다에 여생을 맡기리라.[21]

무엇이 두려우랴
강호에 돌아가 도롱이 하나에 평생을 맡기려니
……
돌아가자
비바람 부는 날도 개인 날도 없는 그곳으로.[22]

    이런 노래는 왕왕 시인이 그저 세상을 등지고 은둔해서 살고 싶어 한다는 소극적 의미로 해석되기도 한다. 그러나 이는 현실에서 부딪치는 어쩔 수 없는 속된 잡념에 끌려 사는, 거짓과 모순의 나를 버리고 순수하고 참된 나를 찾아가는 심경을 그린 것이다. 그가 "돌아가"고 싶은 곳은 물안개 자욱한 강과 바다이기도 한 동시에, 그 내면 심경으로 보면 "맑고 흐림"의 분별심을 벗어난 달인의 정신 경지인 것이다.[23]
    소식이 황주에서 '설당雪堂'이라는 별채를 한 채 짓고 그 기념으로 쓴 문장 「설당기」를 보자.

    이 설당을 지은 것은 내가 눈의 형상을 취하고자 함이 아니요, 눈의 의미를 취하고자 함이다. 즉 나는 세상을 등져 벗어나고 싶은 것이 아니라 세상의 그 속된 사고방식의 틀에 얽매이기 싫은 것이다. 눈을 어떻게 감상해야 하는지 알 수 없듯 나는 어떻게 살아야 하는지 모른다. 나는 오직 내 본성과 그 뜻에 따라 살고 싶을 뿐이다. 만물이 눈을 뜨고 태양이 밝아오면 몸을 뒤척이는 내게 새벽의 먼지 날리는 것까지 두루 보인다.[24]

이런 경지는 바로 장자의 "천지의 정신과 상통하면서도 세상 만물을 저버리지 않고, 시비 가리는 것을 초월하지만 세상과 함께 하는"[25] 정신과 일치하는 것이다. 이런 정신의 경지를 바탕으로 하고 있는 소식의 시는, 그러므로 옛 시인들처럼 정감의 심연으로 빠지는 일 없이 초월적이고도 고결한 정신세계를 보여준다.

청대의 방동수가 "맑고 아름다운 시로서 신선의 품격"[26]이라고 한 소식의 「한 밤중 배에서 일어나」라는 시를 보자.

솔솔 부는 미풍에 갈대가 울어
비 오는가 내다보니 달빛이 호수 가득

뱃사람과 물새 모두 깊이 잠든 밤
큰 고기 뛰는 소리 여우 뛰듯 하고

밤 깊어 사방천지 적막한 중에
나 홀로 그림자와 즐기고 있다

소리 없는 조수에 지렁이 뜨고
지는 달 아래 버들가지에 거미 걸렸다

내 삶은 언제나 우환 속에 지나거니
아름다운 이런 정경 얼마나 다시 보랴

닭 울고 종소리에 새벽 새가 나는데
뱃사공도 북을 치며 어기여차 부른다.[27]

만물이 잠든 밤에 그림자를 벗하여 놀고 있는 시인에게 우환은 오히려 고요한 즐거움으로 승화되고 있다. "우환을 나는 하찮게 여기느니/이 세상 어떤 일도 기쁘게 여긴지 오래다"[28]라는 소식의 시구는 그의 시경을 설명하는 진솔한 표현이다.

우환의 승화, 이는 소식 시경의 하나의 중요한 특징이다. 물론 소식 이전 시인들에게도 간간이 이런 면모는 보인다. 소식 자신도 지적했듯이 도연명·사영운 등이 그들이다.[29] 그러나 폭넓은 사변과 깊은 성찰로 자아와 인생을 뒤돌아보며 그 참된 의미를 노래한 시인으로 중국시가사상 소식만한 시인은 드물다. 그의 이런 초탈한 시적 격조는 현실의 아무것에도 신경을 쓰지 않고 그냥 되는대로 사는 현실도피와는 거리가 먼 것임은 물론이다. 이는 자아와 세계에 대한 성찰을 통하여 그 본질을 꿰뚫어 보고 표상의 세계와 정감의 심연을 뛰어넘는 경계의 것이었다.

넓은 의미에서 우환은 사람이 세상사를 접하며 느끼는 책임감과 자신의 한계에서 오는 갈등의 산물이다. '배움은 우환의 시작'[30]이라는 소식의 시구는, 물론 그가 석창서의 뛰어난 초서 작품을 칭찬하면서 역설적으로 표현한 것이지만 우환 의식이 적어도 '앎'에서 출발하고 있음을 설명한다. 그러나 비애감은 이 우환 의식의 하위개념이다. 우환 의식은 지식인이라면 누구나 보편적으로 느끼지만 그러나 그것이 비애감으로까지 확대되느냐의 여부는 사람마다 다르다. 즉 전자는 사람이 자아 가치를 실현하는 가운데 일이 뜻대로 되지 않음에서 발생하지만, 후자는 자기 내부에서 이런 현실을 받아들이는 과정에서 자기동일성 획득의 실패에 기인한다.[31] 이 과정에서 어떤 사람은 이런 현실의 우환을 고통스러워하지만 어떤 사람은 그것을 있는 그대로 받아들인다. 이는 물론 현실의 불합리에 영합하거나 또는 마비된 판단에서 비롯된 무조건적 수용이 아니라 거시적인 안목과 심원한 정신의 경지로 초월하는 것이다. 예를 들어 생로병사는 드러난 필연이요, 길흉화복은 감춰진 필연이다. 그리고 그 감춰진 세계의 질서는 단지 우연으로 보인다. 이 감춰진 질서, 이 필연의 법을 보는 눈을 소유한 사람들이 시인이요, 예술가라면, 그 법의 이치를 파악하고 있는 사람들은 선비·지식인인 것이다. 소식은 이 양자를 다 겸비한 시인이었다.[32]

친구 문여가의 그림을 보고 지은 소식의 시 열 수 중에 한 수 「문여가의 그림 〈양천원지〉에 화운하다」를 보자.

> 종횡으로 근심이 가득한 세상인데
> 이상하다, 선생은 한없이 한가한 듯

어젯밤엔 북창의 청풍 쐬며 주무시니
아침에는 서산에 도는 상쾌한 기운.[33]

우환을 느끼는 것은 시인이지만 청풍을 즐기는 '선생'은 화가 문여가인 동시에 또한 시인 자신이다. 이런 기품의 시인에게 맹교 같은 이의 시는 별 공감을 주지 못했나 보다. 「맹교의 시를 읽고」라는 시이다.

밤 늦도록 맹교의 시를 읽는데
작은 글자 셀 수 없이 많네

……

인생은 아침 이슬
밤낮으로 스러져 가거늘

어찌 가을 벌레 같은 맹교의 시로
이 두 귀마저 괴롭히랴

차라리 이런 시집 치워 버리고
좋은 술 한 잔 드느니만 못하리.[34]

소식은 애처로이 울어대는 맹교의 시가 마치 비애에 젖어 헤어나지 못하는 가을 벌레 울음소리로 들렸던 것이다.

「전 도인에게 부침」이라는 소식의 다음 시는 그가 43세 때(원풍 2년, 1079) 왕안석의 신법정치를 염두에 두고 지은 것이다.

서생은 책만 읽을 줄 알 뿐
세상일에는 아는 게 없어

제 주제 알지 못하고
감당 못 할 약속을 하지

멋있게 기분 한 번 내보지만
지나고 나면 부끄러울 뿐

얼마만큼의 쇠를 녹여 부어야
이런 실수를 주조해낼 수 있을까

내 인생도 온통 우환이거니
혹 죄에 빠질까 두려워라

고요한 관조 속에 기쁨이 있고
살짝 내민 발은 거두기도 쉬운 법

하물며 전부자여
한 번도 꾸며 하는 일이 없지

만나서는 무엇을 말하리
병이 없는데 약은 무슨 소용이랴.[35]

소식이 추구한 것은 '꾸밈없는 경지'요, 이 경지에서 '약'이라는 상대적인 처방은 의미 없는 것이다. 이런 관점은 불교의 교의에 기초한다. "부처는 중생계의 약이다. 병이 없다면 약도 먹을 필요가 없나니 약과 병 모두 사라진 자리에 맑은 물 같은 깨달음의 세계가 있다."[36] 달관의 경지에서 자연과의 합일를 추구하는 이런 특징이 있으므로 기윤은 이 시를 두고 "완전히 송시다운 격조를 갖추고 있으면서도 영원히 빛날 만한 시"[37]라고 평하고 있다.

원풍 3년(1080) 초, 가족들을 이끌고 황주에 내려온 44세의 소식은 생전 처음으로 유배 생활을 하면서 「임고정으로 이사하다」라는 시를 남기고 있다.

나의 삶이란
천지라는 거대한 맷돌 위에 붙어 있는 한 마리 개미 같은 것

어렵사리 우로 돌려 해도
세상은 좌로 돈다

올바른 길을 걸으려 하다 보면
춥고 배고픔 면할 길 없을 듯

밥한 술 먹는 것도 쉽지 않고
앉은자리도 늘 가시방석

그러나 산수는 참 아름답구나
비바람 지나길 잠시 기다리자

젊어서 전원으로 돌아가려는
결단 내리는 이 그 몇인가

다행히 버려진 나는
피곤한 말처럼 안장을 푼다

온 식구가 강가에 도착해 보니
절경은 하늘이 내린 듯

춥고 배고픔으로 부대끼는 중에
이를 기뻐해야 할지 모르겠다

담담한 채 근심과 기쁨도 사라지고
시름 젖은 말은 더이상 필요 없구나.[38]

시의 전반부는 바로 시인이 우환 의식을 느낄 수밖에 없는 현실과 이상의 괴리를 그리고 있다. 다른 시인들이라면 이쯤 해서 비애를 겨워하는 탄식으로 이어지겠지만 소식은 오히려 담담한 심경으로 자유를 만끽하며 유배지의 경치를 감상한다. 그 뒤 황주에서 처음으로 동지를 맞으며 소식은 "내 평생에 몇 번이나 동지를 세었던가/어렸을 적 그 시절 어제 같은데/…… 시를 다 쓰고 나니 오히려 초연해라/눈물은 일찌감치 말라 버린 듯"[39]이라고 한다. 속된 마음을 버리고 우주와 인생의 참뜻을 조망하는 시작 태도는 그의 일생에 일관된 것이다. 48세 되는 해에 소식은 4년 동안의 귀양생활을 마치고, 원풍 7년 (1084) 황주를 떠난다. 이때에 원척에게 보낸 시를 보자. "이 몸은 텅 빈 하늘 같은데/만물은 다 나를 위해 생겨 있는 듯//어째서 밭을 사고 집 사들일까…… 내가 그대를 아느니/그대가 자유를 즐김을 탓할 것 없다."[40] 이렇게 텅 비고 고요한 시상으로 친구에게 부치는 노래는 맑은 마음으로 세상을 보는 눈이 있어서 가능한 것이다.

여기서 우리는 당시와 소식 시 중에 나타나는 비애에 관련된 글자의 사용 빈도를 통계로 점검해 보자. 이 통계는 '비悲', '수愁', '애哀', '읍泣', '루淚', '한恨'의 여섯 글자를 대상으로 당나라 각 시기별 시인과 소식의 전체 시작품 총 글자수의 출현 빈도를 계산한 것이다. 물론 비애에 관련된 글자는 이외에도 '고苦', '곡哭', '추장惆悵', '원怨', '우憂' 등도 들 수 있고, 또 비애가 반드시 특정 글자로만 나타나는 것은 아니지만 위의 여섯 글자는 충분히 비애에 관련된 시어를 대표할 수 있을 뿐 아니라 비교 통계를 내는 주요 근거로 삼는 데 문제가 없을 것이다.[41]

시인\시어	悲	愁	哀	泣	淚	恨	평균 (%)
왕 발	0.101	0.034	0.034	0.051	0.051	0.051	0.053
진자앙	0.072	0.045	0.089	0.045	0.027	0.089	0.061
맹호연	0.030	0.152	0.012	0.006	0.043	0.073	0.053
왕 유	0.131	0.113	0.030	0.011	0.049	0.026	0.060
한 유	0.097	0.061	0.061	0.012	0.063	0.028	0.054
유우석	0.079	0.079	0.027	0.012	0.042	0.048	0.048
백거이	0.071	0.138	0.015	0.011	0.042	0.033	0.051
두 목	0.053	0.171	0.012	0.019	0.102	0.149	0.084
이상은	0.068	0.168	0.042	0.039	0.121	0.079	0.086
소 식	0.052	0.059	0.039	0.021	0.027	0.044	0.041

위의 도표에서 확인한 바와 같이 소식 시 중에 나타나는 비애에 관련된 시어의 사용 빈도는 당나라 때의 어느 시인보다도 낮다. 더군다나 소식 시의 이 빈도 0.041%는 만당시기의 두목이나 이상은 시의 빈도에 비해 절반에도 못 미치고 있다. 시 중에 나타난 시어의 빈도가 비록 전체 시상을 설명하지는 못한다 하더라도 어느 특정 낱말의 사용 빈도는 시인의 시적 이미지 세계를 방증해 주는데 손색이 없을 것이다. 소식 시에는 확실히 비애의 색채가 적다. 상해 복단대학의 왕수조는 소식에 관한 한 논문에서 이렇게 말한다. "소식 이전 사람들은 인생이 무상하다는 것을 느낄 때 대부분 어쩔 수 없는 슬픔에 빠지지만, 소식은 비애의 가락을 띠면서도 결국에 가서는 그 비애를 떨쳐 버린다." 사실 "소식에게 있어서도 인생에 대한 고난 의식과 허망감은 막중한 것이었다. 그러나 그는 결코 인생 전부를 부정하거나 비관하는 감상에 젖는 일이 없었고, 또는 그전 사람들처럼 '정치로부터의

도피'에서 '사회로부터의 도피'로도 빠지지 않았다. 그는 전통 사상과 자신의 체험을 바탕으로 고통—깨달음—초월로 나아가는 하나의 사유 과정을 형성했던 것이다."42) 소식에 대한 그의 이러한 논의는 적절한 것이며 이런 관점은 자신이 밝힌 대로 일찍이 일본의 吉川幸次郎의 견해와 상통하는 것이다.43)

다음의 시 「무창의 보살천 샘물을 마시며 왕자립을 보내다」는 소식이 45세 때(원풍 4년, 1081) 황주에서 지은 것이다.

술도 없고 노자도 없이 그대를 전송하니
그대여 보살천의 샘물 한 잔 드시게

어딜 가서 고개 숙이면 나를 보지 못하리
이 세상 어디든지 이런 샘이 있나니.44)

샘물 가득한 잔에 비치는 것은 또 하나의 세상이요, 그 속에는 언제 어디서나 그대와 나의 얼굴이 비치고 있다. 시간과 공간을 초월해 있는 시인의 정신세계에서 만남은 헤어짐의 단서요, 헤어짐은 만남의 시작이다. 이런 세계에 감상의 색채가 물들 수 없는 것은 당연한 일이며 오히려 고요한 기쁨이 있을 뿐이다.

가지 위의 버들솜 모두 날려 가지만
이 세상 어느 곳에 꽃과 풀이 없으랴.45)

물가 어느 곳에 아름다운 이 없으랴.[46]

봄 오는 어느 곳에 기러기 날지 않으리
들소만 옛길을 밟는 것이 아닐세

오로지 스님 마음 달빛 같으니
어느 집 물동이에 비쳐 안 뵈는 곳 있으랴.[47]

이것이 소식의 세계관이다.

소식이 두 번째로 귀양살이를 하던 영남의 혜주에서 그는 시「종필 縱筆」을 남기고 있다.

서리 바람에 헝클어진 백발로/작은 누각 대나무 침상에 병든 몸을 뉘었다//달콤히 봄잠에 빠진 나를 위해서/스님은 새벽종을 사알살 치는구나.[48]

기윤은 이 시를 보고 "이 시에는 어떤 풍자적인 뜻이 전혀 없는데도 결국은 (이 시로 인해) 화를 불렀다. 대개 실의에 처한 사람이 달관한 듯한 말을 하거니와 그것은 극도의 불만을 토로하는 것이다"[49]라고 했지만 사실 범속한 사람은 달관한 듯한 말을 해도 그 속의 슬픔을 숨길 수는 없는 것이다. 그러나 이 시에서 소식은 오히려 '달콤한 봄잠'을 얘기한다. 말할 나위도 없이 이런 경지는 시인이 인생과 자연에 대한 깊은 성찰과 체득을 통해서 다다른 것이다. 그런 까닭에 이런 유유자적한 시의의 시는 그의 만년 작품에 자주 보인다. 「여지를 먹고」라는 시다.

라부산 아래는 사시사철 봄이거니/꽃나무 과실나무 언제나 싱그럽다//
날마다 삼백 개씩 여지를 먹는다면/영원히 영남사람 돼도 좋으리.[50]

이런 정신의 소식에게 귀양지인 영남 땅 혜주는 더 이상 궁벽한 시골 구석이 아니다. 천지자연과 일체감을 느끼는 그는 곧이어 다시 해남 땅으로까지 쫓겨나서도 인생과 자연을 노래할 수 있었다. 다음 시는 「홀로 술에 취해 려씨 집을 찾아가다」이다.

반쯤 취한 채 려씨 집을 찾다가
대나무 등나무 숲에서 길을 잃었다

가까스로 쇠똥 따라 옛길을 찾아가니
그 집은 외양간 지나 더욱더 서쪽[51]

려씨 동네 어린이들 서너 녀석이
파 잎으로 피리 불며 나를 반긴다

공연히 머나먼 서울 그릴 것 없다
개울가엔 여기도 바람 상쾌한 것을.[52]

기윤은 이 시의 '쇠똥' 두 글자가 눈에 거슬렸던지 "너무 속되다"[53]

고 한 마디 했지만, 사실 이런 꾸밈없는 시어가 쏟아질 수 있는 것은 어디에도 매임 없는 정신만이 가능한 것이었다.

얼마 뒤에 쓴 「종필」[54]에는 "쓸쓸히 늙어 가는 쇠약한 얼굴/더부룩한 흰 수염 서릿바람 지난 듯//아이는 내 얼굴이 동안이라지만/어찌 알랴 술기운에 붉어진 것을"이라 한다. 노쇠한 몸으로 고적한 생활을 하는 시인이건만 "노인네들은 모두들 내 모습 보려 하니/내가 그저 관직에 있기 때문이리//개울가 옛길 삼거리에 홀로 서서/석양에 지나는 사람들을 세어 보노라"며 여전히 자신의 삶을 담담하게 읊고 있다. 그리고 '육류 고기 한 점 맛보기 어려운' 해남 땅에서 지내던 소식은 아우 소철 역시 몸이 많이 여위었다는 편지를 받고 「자유가 말랐다는 소식을 듣다」라는 시에 이렇게 쓴다.

비쩍 마른 신선되어 우리 서로 만나는 날
고향에 갈 때는 아마도 기러기를 타리라.[55]

소식의 시론 당나라 시인들이 인생과 사회를 그릴 때 순수하고 맑은 감성을 아름답게 보여줬다면, 송대의 시인들은 보다 더 성숙한 태도로 삶을 노래하고 세상을 조망했다. 소식은 그런 송대 시인들의 전형을 보여준다. 인생이 허망하고도 슬픈 것이라면, 소식은 그것을 있는 그대로 받아들이고 초연하고도 달관적인 관점으로 노래한다. 초연이나 달관이라는 것은 소극적인 도피적 정서가 아니라 사물의 이치를 파악하고 깨달은 사람만이 다다를 수 있는 정신세계이다. 비애에 젖는 것을 넘어서서 본질을 꿰뚫어 보고 적극적이며 낙관적인 정신세계에 이른 소식이 보여주는 시적 경지이다.

소식의 시적 경지

3. 자연

소식의 시문을 보면 '자연'이라는 낱말이 곳곳에 눈에 띈다. 소식은 비록 이 낱말에 어떤 무게 있는 철학적 의미를 부여하지는 않았지만 그 중에서 가장 형상적인 설명은 역시 자신의 시문이 흐르는 물에 비유할 수 있다고 평하면서 말한 "가야 할 곳에서 가고 멈춰야 할 곳에서 멈춘다"[1]라는 것이다. 그러나 그의 시문에 나타나는 '자연'에 내재된 의미는 비단 시문의 '자연'에 그치지 않는다. 그것은 인생에도, 예술에도 필요한 것이었다. 서복관은 정신의 자유를 추구한 장자에 대해 언급하는 글에서 "이른바 '자연'이란 완전한 정신의 자유를 획득함으로써 자기가 자신의 주인이 됨과 동시에 자기 이외의 사물과도 완전한 조화를 이루는 것"이라고 강조한다. 이는

『장자』를 풀이한 곽상이 말한 대로 "밖으로 사물에 구함이 없고 안으로 자기에게 기대지 않는(獨化)"[2] 완전한 경지의 '자연'이다. 서복관은 이어 장자의 '천뢰天籟'를 설명하면서 "천뢰는 모두 억만 가지 다른 소리를 내지만 각기 스스로는 완전한 것"이니 "스스로 완전함이란 스스로 취함(自取)이요, 스스로 그러함(自然)이며, 스스로 말미암는 것(自由)"[3]이라고 강조한다. 자연은 자유와 다름없는 것이다.

 소식의 말을 들어 보자. (도연명은) "국화꽃을 따다가 우연히 남산을 보았으니 애초부터 아무 생각이 없었던 가운데 심경과 풍경이 일치했기 때문에 기뻤던 것이다."[4] 여기서 '심경과 풍경의 일치'는 역대의 수많은 중국 문인들이 시론에서 언급한 것이거니와[5] 그 '일치'가 어떻게 이루어지는지에 관해서는 좀더 명확한 분석이 필요하다. 그 '일치'는 바로 문학의 '자연'을 설명하는 단서가 되기 때문이다.

 일반적으로 심경이 풍경과 상통하는 찰나를 포착할 때 시의 오묘한 세계가 그려진다고 하지만 그 '심경'이란 사람의 평소 심경을 뜻하는 것이 아니다. "시의 오묘한 세계는 사물의 정경만을 그리는 것이 아니요, 희노애락 또한 사람 마음속의 정경이니 사물이건 마음이건 그 참된 정경을 그려낼 때 비로소 시의 경계가 열린다"[6]고 한 왕국유의 말에 주목해 보자. 즉 마음의 세계도 하나의 '情景'이요, 그것이 '참된' 정경일 때만이 시의 오묘한 세계가 열리는 것이다. 사물과 마음의 상통은 바로 이 '참됨'에 초점이 맞춰지는 순간 이루어진다. 그러므로, '심경과 풍경이 일치'하는 순간을 포착하기에 앞서 시인은 먼저 자기 자신의 심경이 '참된' 상태로 회복되어야 한다.

 이는 바로 장자가 말한 "참된 '나'가 형성된 '나'를 잊는다(吾喪我)"[7]

고 할 때의 그 '참된 나'이며, 또한 도연명이 남산을 바라볼 때의 그 '아무 생각 없는' 나'인 것이다. 송대의 소옹은 이렇게 말한다. "내 마음대로 한다면 감정에 이끌리고, 감정에 이끌리면 탁해지지만, 사물의 법칙대로 하면 본성에 따르게 되고, 본성에 따르게 되면 맑아진다."8) 또 "사물의 법칙에 의거해 사물을 대하는 것이 본성이요, 나의 눈으로 사물을 대하는 것은 감정이니, 본성은 공평하고 밝으나 감정은 치우치고 어둡다"9)고 한다. 이는 "무아지경이라는 것은 사물의 법칙에 따라 사물을 대하는 것이므로 어떤 것이 '나'이고, 어떤 것이 '사물'인지 알 수 없다"10)라고 한 왕국유의 말과 다름이 없다. 이렇게 오욕칠정에 물든 '나'를 버리고 맑은 영혼의 '참된 나'를 회복했을 때, 이 '참된 나'는 사물의 참모습(자연)과 만나게 된다. 이를 한자로 표현하면 '以吾觀物'이다. 순수한 영혼의 눈으로 사물을 대하는 것. 이것이야말로 진정한 '情景交融'이다.

  도연명의 「음주」는 바로 이런 경지를 포착해 그린 것이며, 소식의 위 글 또한 도연명의 이런 경지를 얘기한 것이다. 소식은 친구 이용면이 그린 산장도를 보며 "그 정신은 만물과 교류하고 그 지혜는 사물의 이치를 관통했다"11) 했는데 이는 장자가 말한 '맑은 마음(心齋)'의 상태에서 "천지의 정신과 왕래하는" 경지이며 또한 유협이 말한 "마음이 사물과 교유한다"12)는 문학적 경지와 같은 말이다. 포정이 문혜군에게 소 잡는 법을 설명하면서 "저는 맑은 영혼으로 사물을 볼 뿐 눈으로 보지는 않습니다. 감관으로 사물을 대하는 것을 그칠 때 비로소 맑은 영혼의 눈이 열립니다"13)라고 한 말은, 또한 소식이 한유의 관점을 부정하며 "시를 아름답게 쓰려면 고요하고 맑은 마음을 저버려서는 안 된다"[14]는 유명한 시구와 상통할 뿐 아니라, 문여가의 대나무 그림을 칭찬하면서 "멍하니 자기 자신을 잊었느니 /자기 자신이 곧바로 대나무가 된다"[15]는 시구의 의미를 잘 설명해 준다.

이렇게 해서 회복된 맑은 영혼의 눈으로 보는 문학과 예술의 세계를 발견한 이들은 일찍부터 있었지만,[16] 이를 좀더 깊이 있게 시가이론과 연결시켜 논의를 전개한 문인은 소식이었다.

위와 같은 소식의 관점으로 보는 소식 시는 과연 어떤 '자연'의 세계를 열었을까. 「이태백의 시에 운을 맞춰 쓴 시」이다.

고요하고 텅 빈 집에 누워 있나니
맑은 달빛 성긴 대밭을 가득 적시고

시원하게 내 마음 씻어 내는데
한 웅큼 떠 마시려 해도 뜰 수 없어라……[17]

달빛은 결코 물이 아니다. 그러나 대밭이 달빛 속으로 가라앉는 것을 보고, 그 달빛으로 마음을 씻으며 또 그 달빛을 한 웅큼 떠 마시려는 시인 소식의 의식은, 육안으로 보이는 사물에 있는 것이 아닐 뿐 아니라 이미 어떤 고정관념이나 오욕칠정으로 둘러싸인 자아의 껍질을 멀리 벗어난 세계에 있는 것이다.

다들 가버리고 남은 술잔엔 꽃잎만 가득한데

석양의 황혼, 가는 비에 젖는 것이 안쓰러워.[18]

시인의 맑은 영혼의 눈에 비치는 세계에서는 황혼도 비에 젖을 수 있으니 이는 "새벽 종소리가 구름 위에서 젖는다"[19]는 두보의 시구와 다르지 않다. 이런 시의 세계는 나중에 엄우의 『창랑시화』에서 선종의 '오묘한 깨달음(妙悟)'[20]으로 비유되며 중국시학 발전의 전기가 되었거니와, 시와 선이 만나는 과정에서 소식의 이론적 기여는 결코 엄우에 못지 않은 것이다.[21]

소식이 산동에 머무르던 어느 날 바닷가에서 동글동글한 돌멩이 수백 개를 주어다가 관상용 창포를 기르는 수반 바닥에 깔아 놓고 지은 시에 이런 구절이 있다.

봉래산 아름다운 산봉우리는
언제나 비췻빛 옥처럼 서 있는데

바닷가 돌들을 주워서 돌아오니
내 소매 속에 들어선 드넓은 동해 바다.[22]

소맷자락 속의 돌멩이들을 보는 시인의 눈에는 파도가 보이고 그의 귀에는 파도 소리도 들린다. 그것은 결코 상상을 통해서 그리는 세계가 아니라 '참된 나'의 눈으로 사물의 실상을 보는 것이다. 이는 소위 '사람의 정신'과 '사물의 정신'이 소통하는 순간에 열리는 세계이며, 바로 사령운이 '연못가에 피어나는 봄풀'을, 이백이 '맑은 물 위

로 피어오르는 연꽃'을 보고 느꼈던 희열을 설명한다.[23]

　이 희열은 개체가 완전함, 충만함을 느끼는 동시에 개체 밖의 전체와 일체감과 조화로움을 동시에 체험하는 일이다.[24] "누가 한 송이 매화를 그려/저 한없는 봄을 얘기할 수 있으랴"[25]라고 한 소식은 자신이 작은 돌멩이를 통해 동해를 이야기할 수 있을 뿐 아니라 친구 이백시가 그린 양관도 그림 한 폭을 보며 그 한 많은 이별의 장소 양관에서 들리는 이별가까지도 들을 수 있었다.[26]

　이런 눈을 가진 소식은 그의 시에서 매화 한 송이를 보며 "참새가 쪼아 꽃봉오리 벌었다"[27]고 노래하는가 하면, 폭풍우 휘몰아치는 바다의 정경을 보며 "바다가 일어선다"고 노래하고,[28] 때로는 "강변의 천 그루 버드나무",[29] "동산 위의 달과 은하수"[30]가 문득 내 술잔 속으로 들어서며, 내가 한 잔을 들 때 만물도 함께 건배를 하는 것이다.[31]

　　혼자서 창문 닫고 잠을 청해 보지만
　　달이 떠서 쓸쓸한 빛 창가에 드리운다

　　옷을 걸치고 일어나 둘러보니
　　밤이슬이 내 옷을 적시는구나

　　산과 강물은 한 빛깔이요
　　어두운 밤 넓기는 광야 같은데

3. 자연　223

가득한 정회에 잠 못 이루고

이리저리 혼자 거닐어본다······.[32]

「우구에서 달을 보다」라는 제목의 이 시는 소식이 23세 되던 해(가우 4년, 1059), 부친 소순, 아우 소철과 함께 개봉으로 상경하는 도중에 쓴 것이다. 우구라는 포구에 배를 대고 하룻밤 묵던 소식은 달빛이 밝은 밤 홀로 일어나 배회하는 자신을 마치 제삼자의 눈으로 보고 있는 듯 그리고 있다.

이 시에 그 어디에도 감정의 분출이나 애수 같은 것을 찾아볼 수 없다. 달빛, 밤이슬, 산천 등이 그저 시인의 정회와 함께 고요히 펼쳐지고 있을 뿐이다. 이런 시경이 바로 소식이 말한 '정신과 만물이 교류'하는 순간이요, 명대 육시옹이 말한 '표상을 넘어서 정신을 포착하고, 정감을 안고 본성에 이르는'[33] 경지인 것이다.

"침대가 뒤집어지도록 코를 골고 깨어 보니/도량석 소리에도 날이 밝지 않았다//목어 두드리는 소리 맑은 가운데/말소리도 없이 발자국소리만 들린다."[34] 어느 절간에서 묵은 날 새벽의 정경은 시인의 심경과 함께 한없이 고요하기만 하다. 여기서 시인이 포착한 '발자국소리'는 소식이 말한 '사물의 본자리'[35]이며 그것은 이 시에서 시인의 '참된 나'와 만나고 있다.

"목을 움추린 채 거북처럼 잠자는 밤/밖에는 눈이 내림을 나그네 먼저 알지."[36] 추위 때문에 눈이 내리는 것을 안 것이 아니라 (추위 속에서) 시인의 눈이 맑은 의식으로 멀리까지 열려 있었기 때문이다. 이 시구의 설명을 위해서는 소식의 다음 시구를 하나 더 봄직하다.

"대나무 뒤편에 두세 가지 복사꽃/봄 강물 따스해진 것은 오리가 먼저 알겠지."[37] 이 시는 봄 강의 새벽을 그린 혜숭의 그림을 보고 읊은 소식의 명구이다. 시인은 그림을 보고 그 그림 속의 강물이 따스할 것을 오리가 먼저 안다고 했지만 사실은 시인 자신이 먼저 느낀 것이다. 이 시구가 역대로 문인들의 경탄을 자아낸 것은 다름 아닌 그림을 보는 시인의 이런 교감 때문이었다.

사물과 시인이 정신으로 통하는 이런 경지를 다음 시 「달밤 살구꽃나무 아래서 손님과 술을 들며」에서 다시 보자.

살구꽃 뿌리는 늦은 봄날에
밝은 달 창문으로 나를 찾는다

옷 걸치고 달 아래 꽃잎 밟아 거니니
반짝이는 맑은 물에 부평초 가득하다

꽃 새에서 술 따르니 맑은 향이 흐르고
꽃무리도 긴 가지를 늘어뜨린다

산중의 멀건 술 맛이 없어도
그대여 잔에 뜬 달까지 마셔 보자

밝은 달 아래 통소 소리 끊겼건만
오직 안타까운 것은 달 지고 술잔 빈 것

내일 아침 봄바람 휘몰아치면
살구꽃 진 자리에 푸른 잎이 돋으리[38]

소식의 이 시 중에 나오는 달은 세 가지로 연출된다. 시인을 찾아 뜨는 달이 그 하나요, 술잔에 떠서 시인에 의해 마셔지는 달이 그 둘이요, 퉁소 소리의 배경이 되며 지는 달이 그 셋이다. 이는 모두 시인 소식의 정감이 소통시키는 시인과 달의 교감 속에서 창조된 세계이니, 이 달의 세계는 또한 그가 「적벽부」에서 말한 '취해도 금할 자 없고 써도 다함 없는' 이 세상 만물 중에 '눈으로 보면 그림이 되고 귀로 들으면 노래가 되는' 저 '산 위의 밝은 달'[39]임에 다름없다. 여기에 이르러서의 달은 자신의 예술적 영혼과 자연물로서 달의 참 모습이 만난 것이요, 이미 자연물로서의 달일 뿐 아니라 시인의 맑고 투명한 영혼의 눈을 통해 재창조된 피조물이기도 하다.

우리는 여기서 소식 자신이 한평생 가장 만족해 했던 시 중의 하나를 보자.[40] 시인은 정혜원 뒷산에서 해당화 한 그루를 발견하고는 이렇게 노래한다.

강 마을 거친 땅엔 초목만 무성하니
아름다운 이 꽃은 외롭고 쓸쓸하리

대울타리 사이로 예쁘게 핀 모습에
산 가득한 잡꽃들이 무색하구나

이제야 알겠네 조물주께서
가인을 골짜기로 보내신 뜻을

부귀로운 본 모습은 하늘이 낸 것
금 꽃병이나 좋은 집이 필요 없으니

붉은 입술로 술을 마신 얼굴빛은
푸른 소매로 가린 몸까지 붉게 어린다

안개 낀 깊은 숲에는 햇빛도 느려
가볍고 따스한 바람에 봄잠이 달다

비가 오면 처량히 눈물 머금고
달 아래에선 더욱더 정숙하구나

동파 선생 한가히 배부른 채로
천천히 배를 문지르며 거닐다가

민가인지 절인지 물을 것 없이
지팡이로 문 두드리고 대를 구경하는데

문득 어여쁘고 빛나는 이 꽃을 보고는

말 못 하고 탄식하며 눈을 비벼 댔지

이런 곳에 어떻게 이런 꽃이 폈을까
어느 호사가가 서촉에서 옮겨왔을까

연약한 뿌리로 천리를 오기는 쉽지 않으니
꽃씨 물고 온 것은 기러기들이리

하늘 끝 유랑해도 그리움은 남는 법
술 한 동이 놓아두고 이 노래를 부른다

이튿날 아침 술 깬 뒤 올라오면
눈처럼 꽃잎 져 날릴까 안쓰러워라.[41]

「정혜원의 동쪽 갖가지 꽃이 핀 곳에 해당이 한 그루 있지만 마을 사람들은 그 꽃이 귀한 줄 모른다」라는 글이 이 시의 제목이다. 이 시에서의 해당은 어느 다른 꽃으로도 대체할 수 없는 영락없는 해당이다. 그리고 그 해당의 해당다움은 또한 영락없이 시인 소식의 참모습이다. 소식은 도연명이 '남산'을 발견한 것처럼, 거친 객지에서도 고아한 모습을 잃지 않는 해당을 통해 자기 자신을 발견한 것이다. 이 해당화는 소식의 고향 서촉의 꽃이었다. 다른 한 수의 「해당화」 시는,

> 봄바람 부는 밤에 달빛이 뜨고
> 향기로운 안개 속 회랑을 감도는 달
>
> 밤이 깊어 가니 꽃조차 잠들까 봐
> 호롱불 높이 밝혀 꽃잎을 비춰 본다.[42]

고 노래한다. 잠들까 염려되는 것은 사실 시인 마음속에 핀 해당인 것이다.

이런 교감 속에 창조되는 세계는 소식의 시에서 부단히 발견된다. "강가의 나뭇잎 짙어 가는 봄/대숲 뒤 매화꽃 가지 더욱 고와라"[43]라는 시구는 임포의 그 유명한 매화시 "맑은 향기 흐르는데 달 뜨는 황혼"[44]이라는 구절에 비견된다.

> 일찍 지는 것은 일찍 피기 때문임을 그대도 아느니
> 시를 지어 구절마다 재촉할 것 없네
>
> 강북의 서리 물든 가지는 그리움이 가장 깊어
> 추위를 견디며 기다리는 것은 그대 돌아오는 날.[45]

이 「매화」 시는 깊은 정회가 한 떨기 매화꽃으로 피어나는 시다.

> 노인과 더불어 봄날을 취해 보면
> 비로소 알리라, 떨어지려는 꽃이 더욱 아름다운 것을.[46]

같은 시에서 소식은 매화라는 낱말을 말하지 않고 매화의 참모습을 소식은 이렇게 멋지게 그린다. 다음은 「서호에서 술을 마시는데 맑은 뒤 비 내리다」라는 시이다.

금방 개인 날씨에 물빛 곱더니
부옇게 내리는 비에는 산 빛도 아름답다

서호 경치를 서시에 비유한다면
짙은 화장 엷은 화장 모두 잘 어울리지.[47]

역대에 서호의 진면목을 이렇게 여실히 그린 시인이 없다. 다음 시 「강물 길어 차를 끓이다」를 보자.

센 물은 역시 센 불로 끓여야 하니
손수 낚시터에 나가 맑은 물을 길어 온다

큰 바가지로는 달을 떠서 항아리에 담고
작은 바가지로는 강을 떠다가 병에 붓는다.[48]

이 얼마나 아름다운 시의 세계인가. 이는 결코 세속적 잡념에 찌든 이들의 눈으로는 볼 수 없는 세계이다. 이렇게 심경과 풍경이 만나면서 아름다운 세계가 열리는 것은 "산에 오르면 정이 산에 가득하고, 바다를 대하면 뜻이 바다에 넘치도록"[49] 시인의 가슴속에 맑은 영혼

의 눈이 열린 까닭이며, 또 이런 정신의 경지가 문학으로 이어지면서
'손이 가는 대로 꽃이 피는'[50] 시가 예술의 진수를 소식이 직접 실현
해 보였기 때문이다.

소식의 시론   형성된 나를 벗어 버리고 참된 나를 회복했을 때 참된 나는
사물의 참된 실상과 소통한다. 나와 남의 하나됨, 이것이 소식의 시에서 보여
주는 자연합일의 시경이다. 자연이란 그러므로 자유의 다른 이름이다. 이 자
유 정신의 상태에서, 나는 꽃이 되고 꽃은 내가 된다. 보이는 모든 것이 그림
이 되고 듣는 모든 것이 음악이 된다. 그러므로 소식이 지어내는 노래는 시가
되고 그려내는 붓질은 모두 그림이 되었던 것이다. 이것이 소식이 열어 보인
시의 자연이다.

■ 주석

소식의 시가 사상

1. 시란무엇인가

1 "夫昔之爲文者, 非能爲之爲工, 乃不能不爲之爲工也. 山川之有雲霧, 草木之有華實, 充滿勃鬱, 而見於外, 夫雖欲無有, 其可得耶？自少聞家君之論文, 以爲古之聖人有所不能自已而作者. 故軾與弟轍爲文至多, 而未嘗敢有作文之意. 己亥之歲, 侍行適楚. 舟中無事, 博弈飮酒, 非所以爲閨門之歡. 山川之秀美, 風俗之朴陋, 賢人君子之遺迹, 與凡耳目之所接者, 雜然有觸於中, 而發於詠嘆. 蓋家君之作與弟轍之文皆在, 凡一百篇, 謂之『南行集』. 將以識一時之事, 爲他日之所尋繹；且以爲得於談笑之間, 而非勉强所爲之文也. 時十二月八日, 江陵驛書. (蘇軾 「南行前集敍」 全文) 孔凡禮點校 『蘇軾文集』 全六冊(北京：中華書局, 1986), p.323. 이하 『蘇軾文集』은 『文集』으로 약칭.
2 "人生而靜, 天之性也. 感於物而動, 性之欲也."(漢鄭玄注 『禮記·樂記』 十九章) 『四部備要』 全百冊(北京：中華書局, 1989), 一冊.
3 『상서·우서·순전』, 고대 중국 문헌에서의 '詩(시)'란 대개 『시경』을 지칭한다.
4 "僕初入廬山, 山谷奇秀, 平日所未見, 殆應接不暇, 遂發意不欲作詩. 已而見山中位僧俗, 皆云蘇子瞻來矣, 不覺作一絶云：芒鞋靑竹杖, 自掛百錢游. 可怪深山里, 人人識故侯. 旣而哂前言之謬, 復作兩絶云：靑山若無素, 偃蹇不相親. 要識廬山面, 他年是故人. 又云：自惜懷淸賞, 神游杳靄間. 如今不是夢, 眞個是在廬山. 是日有以陳令擧 「廬山記」 見寄者, 且行且讀, 見其中有云徐凝 "李白之詩, 不覺失笑. 開元寺主求詩, 爲作一絶云：帝遣銀河一派垂, 古來惟有謫仙詞. 飛流濺沫知多少, 不與徐凝洗惡詩. 往來山南北十餘日, 以爲勝絶不可勝談, 擇其尤者, 莫如漱玉亭·三峽橋, 故作二詩. 最後與總老同游西林, 又作一絶云：橫看成嶺側成峰, 遠近高低各不同. 不識廬山眞面目, 只緣身在此山中. 僕廬山之詩, 盡於此矣."(蘇軾 「自記廬山詩」 全文), 『文集』, p.2164.

5 "詩者, 志之所之也. 在心爲志, 發言爲詩. 情動於中而形於言, 言之不足故嗟嘆之, 嗟嘆之不足故永歌之, 永歌之不足, 不知手舞之, 足之蹈之也."(『毛詩卷第一』)『四部備要』, 一冊.

6 "儒者之患, 患在於論性, 以爲喜怒哀樂皆出於情, 而非性之所有. 夫有喜有怒, 而後有仁義; 有哀有樂, 而後有禮樂, 以爲仁義禮樂皆出於情而非性, 則是相率而叛聖人之教也. 老子曰: '能嬰兒乎?' 喜怒哀樂, 苟不出乎性而出乎情, 則是相率而爲老子之'嬰兒'也."(「韓愈論」),『文集』, p.113.

7 "孟子以善爲性, 以爲至矣. 讀『易』而後知其非也. 孟子之於性, 蓋見其繼者而已. 夫善, 性之效也. 孟子不及見性, 而見夫性之效, 因以所見者爲性, 性之於善, 猶火之能熟物也. 吾未嘗見火, 而指天下之熟物以爲火, 可乎? 夫熟物則火之效也."(蘇軾『蘇氏易傳』卷七)(上海: 上海古籍出版社, 1990), p.125.

8 같은 책, p.125: "夫仁智, 聖人之所謂善也. 善者道之繼, 而指以爲道則不可."

9 『論語·爲政』"思無邪"의 본의에 관해서는 郭紹虞 논문「興觀群怨說剖析」(郭紹虞『照隅室古典文學論集』下編, 上海古籍出版社, 1983, p.406)을 참고할 수 있다.

10 "中正無邪, 禮之質也."(『禮記·樂記』) 여기서 "中正"과 "無邪"는 같은 말이다.

11 "物不得其平則鳴"(韓愈「送孟東野序」), 張淸華主編『韓愈詩文評注』(鄭州: 中州古籍出版社, 1991), p.110.

12 "殆窮者而後工"(歐陽修「梅聖兪詩集序」)

13 "痛苦使然"(『文學評論』, 1981, 제1기, 北京)

14 "詩成還覺雙淚下"(蘇軾「百步洪」), 孔凡禮點校『蘇軾詩集』全八冊(北京: 中華書局, 1987) p.891. (이하『蘇軾詩集』은『詩集』으로 약칭)

15 "靈水先除眼界花, 淸詩爲洗心源濁."(蘇軾「再遊徑山」),『詩集』, p.501. "妙哉兩篇詩, 洗我千結腸."(蘇軾「葉濤致遠見和二詩, 復次其韻」),『詩集』, p.1240.

16 "若夫發於性止於忠孝者, 其詩凱可同日而語哉!"(蘇軾「王定國詩集敍」),『文集』, p.318.

17 "先生之詩文, 皆有爲而作, 精悍確苦, 言必中當世之過, 鑿鑿乎如五谷必可以療飢, 斷斷乎如藥石必可以伐病. 其游談以爲高, 枝詞以爲觀美者, 先生無一言焉."(蘇軾「鳧繹先生文集敍」),『文集』, p.313.

2. 시는 무엇을 노래하는가

1 "言之不文, 行而不遠."(洪亮吉撰 『春秋左傳詁』 襄公二十五年)『四部備要』十冊.
2 "子曰: '辭達而已矣.'"(魏何晏集解『論語·衛靈公第十五』)『四部備要』二冊.
3 "孔子曰: '言之不文, 行而不遠.' 又曰: '辭達而已矣.' 夫言止於達意, 卽疑若不文, 是大不然. 求物之妙, 如繫風捕影; 能使是物了然於心者, 蓋千萬人而不一遇也."(「與謝民師推官書」節錄),『文集』, p.1418.
4 "可以言論者, 物之粗也; 可以致意者, 物之精也."(『莊子·秋水』)『四部備要』五三冊.
5 "傳神之難在目. 顧虎頭云: '傳形寫影, 都在阿睹中, 其次在顴頰.' 吾嘗於燈下顧自見頰影, 使人就壁模之, 不作眉·目, 見者皆失笑, 知其爲吾也. 目與顴頰似, 餘無不似者. 眉與鼻·口, 可以增減取似也. 傳神與相一道, 欲得其人之天, 法當於衆中陰察之. 今乃使人具家冠坐, 注視一物, 彼方斂容自持, 豈復見其天乎? 凡人意思各有所在, 或在眉·目, 或在鼻·口. 虎頭云: '頰上加三毫, 覺精釆殊勝.' 則此人意思蓋在須頰間也. 優孟學孫叔敖抵掌談笑, 至使人謂死者復生, 此豈擧體皆似, 亦得其意思所在而已. 使畫者悟此理, 則人人可以爲顧·陸. 吾嘗見僧惟眞畫曾魯公, 初不甚似, 一日, 往見公, 歸而喜甚, 曰: '吾得之矣.' 乃於眉後加三紋, 隱約可見, 作俯首仰視眉揚而蹙者, 遂大似. 南都程懷立, 衆稱其能, 於傳吾神, 大得其全. 懷立擧止如諸生, 蕭然有意於筆墨之外者也. 故以吾所聞助發云."(蘇軾「傳神記」全文),『文集』, p.400.
6 "與可之於君, 可謂得其情而盡其性矣."(蘇軾「墨君堂記」),『文集』, p.355. "君"은 대나무를 가리킴.
7 "詩人有寫物之功. '桑之未落, 其葉沃若.' 他木殆不可以當此. 林逋「梅花」詩云: '疏影橫斜水淸淺, 暗香浮動月黃昏.' 決非桃李詩. 皮日休「白蓮」詩云: '無情有恨何人見, 月曉風淸欲墮時.' 決非紅蓮詩. 此乃寫物之功. 若石曼卿「紅梅」詩云: '認桃無綠葉, 辨杏有靑枝.' 此至陋語, 蓋村學中體也. 元佑三年十二月六日, 書付過."(蘇軾「評詩人寫物」全文),『文集』, p.2143.

8 "怕愁貪睡獨開遲, 自恐氷容不入時. 故作小紅桃杏色, 尙餘孤瘦雪霜姿. 寒心未肯隨春態, 酒暈無端上玉肌. 詩老不知梅格在, 更看綠葉與靑枝."(蘇軾「紅梅三首」),『詩集』, p.1106.

9 "東坡謂詩人詠物, 至不可移易之妙, 如 '桑之未落, 其葉沃若' 是也. 故坡之詠「橄欖」詩云: '紛紛靑子落紅鹽.' 蓋凡果之生也必靑, 及熟也必變色, 如梅杏半傳黃朱, 果爛枝繁是也. 惟有橄欖, 雖熟亦靑, 故謂之靑子, 不可他用也."(『學齋佔畢』卷一「詩人詠物」), 四川大學中文系唐宋文學研究室編,『蘇軾資料彙編』(北京: 中華書局, 1994), p.753.

10 "論畵以形似, 見與兒童隣. 賦詩必此詩, 定非知詩人."(蘇軾「書鄢陵王主薄所畵折枝二首」其一),『詩集』, p.1525.

11 "野雁見人時, 未起意先改. 君於何處看? 得此無人態."(蘇軾「高郵陳直躬處士畵雁二首」),『詩集』, p.1286.

12 "詩貴活句, 賤死句. 石曼卿「詠紅梅」云: '認桃無綠葉, 辨杏有靑枝.' 於題甚切, 而無豐致, 無寄托, 死句也. 明人充棟之集, 莫非是物, 二李爲尤甚耳. 子瞻能識此病, 故曰: '賦詩必此詩, 定非知詩人.' 其題畵云: "野雁見人時, 未起意先改. 君於何處看? 得此無人態." 措詞雖未似唐人, 而能於畵外見作者魚鳥不驚之致, 乃活句也."(『圍爐詩話』卷一),『蘇軾資料彙編』, p.1171.

13 "美成蘇暮遮詞: '葉上初陽乾宿雨. 水面淸圓, 一一風荷擧.' 此眞能得荷之神理者. 覺白石念奴嬌·惜紅衣二詞, 猶有隔霧看花之恨."(王國維「人間詞話」), 唐圭璋編『詞話叢編』(北京: 中華書局, 1993), p.4247.

14 "繫風捕影"(蘇軾「與謝民師推官書」節錄),『文集』, p.1418.

15 "其後蜀人黃筌·孫知微皆其筆法. 始知微欲於大慈寺壽寧院壁, 作湖灘水石四堵, 營度經歲, 終不肯下筆. 一日倉皇入寺, 索筆墨甚急, 奮袂如風, 須臾而成, 作輸瀉跳蹙之勢, 洶洶欲崩屋也."(蘇軾「畵水記」節錄),『文集』, p.408.

16 "作詩火急追亡逋, 淸景一失後難摸."(蘇軾「臘日游孤山訪惠勤惠思二僧」),『詩集』, p.316.
17 "急起從之, 振筆直遂, 以追其所見, 如兎起鶻落, 少縱則逝矣."(蘇軾「文與可畵篔簹谷偃竹記」),『文集』, p.365.

3. 시상은 어떻게 해야 포착되는가

1 "吾觀世間人, 兩目兩手臂. 物至不能應, 狂惑失所措. 其有欲應者, 顚倒作思慮. 思慮非眞實, 無異無手目. 菩薩千手目, 與一手目同. 物至心亦至, 曾不作思慮. 隨其所當應, 無不得其當."(蘇軾「成都大悲閣記」節錄),『文集』, p.394.
2 "法師住焦山, 而實未嘗住. 我來輒問法, 法師了無語. 法師非無語, 不知所答故. 君看頭與足, 本自安冠屨. 譬如長鬣人, 不以長爲苦. 一旦或人問, 每睡安所措. 歸來被上下, 一夜無著處. 展轉遂達晨, 意欲盡鑷去. 此言雖鄙淺, 故自有深趣. 持此問法師, 法師一笑許."(蘇軾「書焦山綸長老壁」全文),『詩集』, p.552.
3 "應無所住而生其心."(『金剛般若波羅蜜經』莊嚴淨土分第十)
4 "吾非學佛者, 不知其所自入, 獨聞之孔子曰:'詩三百, 一言以蔽之, 曰, 思無邪.'夫有思皆邪也, 善惡同而無思, 則土木也, 云何能有思而無邪, 無思而非土木乎!嗚呼, 吾老矣, 安得數年之暇, 托於佛僧之宇, 盡發其書, 以無所思心會如來意, 庶幾於無所得故而得者."(蘇軾「虔州崇慶禪院新經藏記」節錄),『文集』, p.390.
5 "……孔子曰:'思無邪.'凡有思皆邪也, 而無思則土木也. 孰能使有思而非邪, 無思而非土木乎?蓋心有無思之思焉. 夫無思之思, 端正莊栗, 如臨君師, 未嘗一念放逸. 然卒無所思. ……"(「續養生論」),『文集』, p.1983.
6 "本覺必明. 無明明覺"(『능엄경』에는 性覺必明, 妄爲明覺으로 나온다:필자주)
7 "東坡居士問法於子由. 子由報以佛語, 曰:'本覺必明, 無明明覺.'居士欣然有得於孔子之言曰:'『詩』三百, 一言以蔽之, 曰思無邪.'夫有思皆邪也, 無思則土木也, 吾何自得道, 其惟有所思而無所思乎?於是幅巾危坐, 終日不言, 明目直視, 而無所見, 攝心正念, 而無所覺. 於是得道, 乃銘其齋曰思無邪,而銘之曰:大患終有身, 無身則無病. 廓然自圜明, 鏡鏡非我鏡. 如以水洗水, 二水同一淨. 浩然天地間, 惟我獨也正."(「思無邪齋銘」全文),『文集』, p.574.

8 "軾不佞, 自爲學至今十有五年, 以爲凡學之難者, 難於無私; 無私之難者, 難於通萬物之理; 故不通乎萬物之理, 不可得也. 已好則好之, 已惡則惡之, 以是自信則惑也. 是故幽居默處, 而觀萬物之變, 盡其自然之理, 而斷之於中."(蘇軾「上曾丞相書」節錄),『文集』, p.1378.

9 "고생하며 스님은 불법을 닦았으니/온갖 잡념은 벌써 떨쳐버렸으리//칼끝에 바람 스치듯/싹도 못 트게 곡식이 타버린 듯//그런데 어째서 우리들 좇아/시를 지어서는 자랑하실까//지으신 시는 옥구슬 같아/마디마디 시어가 아름다워라//한유가 초서를 논할 때/세상일 남김없이 그릴 수 있다며/근심 걱정도 모두 붓끝에 날려버렸다는데//버려진 우물 같은/스님은 이상도 하지//멍한 듯한 가운데 담백함만 있으니/누구와 감히 붓글씨를 다툴까//그러나 가만히 생각해 보면 그게 아니다/진리는 결코 헛됨이 없는 법//시를 아름답게 쓰려면/의식이 맑고 고요해야 하나니//고요함 속에서 세상의 흐름이 보이고/맑음 가운데 사물의 참모습이 비친다//인간세상사를 다 훑어보며/몸은 산중에 두고 보니//신맛 단맛 다 좋지만/그 가운데 진리는 영원한 법//시도 불법과 다름이 없다는/그 말씀 다시 새기지 않을 수 없네.": "上人學苦空, 百念已灰冷. 劍頭惟一吷, 焦谷無新穎. 胡爲逐吾輩, 文字爭蔚炳. 新詩如玉屑, 出語便淸警. 退之論草書, 萬事未嘗屏. 憂愁不平氣, 一寓筆所騁. 頗怪浮屠人, 視身如丘井. 頹然寄淡泊, 誰與發毫猛? 細思乃不然, 眞巧非幻影. 欲令詩語妙, 無厭空且靜. 靜故了群動, 空故納萬境. 閱世走人間, 觀身臥云嶺. 咸酸雜衆好, 中有至味永. 詩法不相妨, 此語當更請."(蘇軾「送參寥師」全文),『詩集』, p.905.

10 "古之聖人, 將有爲也, 必先處晦而觀明, 處靜而觀動, 則萬物之情, 畢盡於前."(蘇軾「朝辭赴定州論事狀」節錄),『文集』, p.1018.

11 같은 책, p.1018:"夫操舟者常患不見水道之曲折, 而水濱之立觀者常見之. 何則?操舟者身寄於動, 而立觀者常靜故也. ……弈棋者勝負之形, 雖國工有所不盡, 而袖手旁觀者常盡之. 何則?弈者有意於爭, 而旁觀者無心故也."

12 "夫人之動, 以靜爲主. 神以靜舍, 心以靜充, 志以靜寧, 慮以靜明. 其靜有道, 得己則靜, 逐物則動. 以一人之身, 晝夜之氣, 呼吸出入, 未嘗異也. 然而或存或亡者, 是其動靜殊也. ……故君子學以辨道, 道以求性, 正則靜, 靜則定, 定則虛, 虛則明. 物之來也, 吾無所增, 物之去也, 吾無所虧, 豈復爲之欣喜愛惡而累其眞歟?"(蘇軾「江子靜字序」節錄),『文集』, p.332.
13 앞의 주 9: "詩法不相妨"(「送參寥師」),『詩集』, p.905.

4. 맑은 영혼이 여는 세계란 어떤 것인가

1 "與可聽然而笑曰:'夫予之所好者道也, 放乎竹矣! 始予隱乎崇山之陽, 廬乎修竹之林, 視聽漠然, 無概乎予心. 朝與竹乎爲游, 莫與竹乎爲朋, 飮食乎竹間, 偃息乎竹陰, 觀竹之變也多矣. 若夫風止雨霽, 山空日出, 猗猗其長, 森乎滿谷, 葉如翠羽, 筠如蒼玉, 澹乎自持, 淒兮欲滴. 蟬鳴鳥噪, 人響寂曆. 忽依風而長嘯, 眇掩冉以終日. 筍含籜而將墜, 根得土而橫逸, 絶澗谷而蔓延, 散子孫乎千億. …… 此則竹之所以爲竹也. 始也, 余見而悅之;今也, 悅之而不自知也. 忽乎忘筆之在手, 與紙之在前, 勃然而興, 而修竹森然, 雖天造之無朕, 亦何以異於玆焉?'"(蘇轍「墨竹賦」節錄), 陳宏天, 高秀芳點校『蘇轍集』全四冊(北京: 中華書局, 1990), p.334.

2 "與可畵竹時, 見竹不見人. 豈獨不見人, 嗒然遺其身. 其身與竹化, 無窮出淸新. 莊周世無有, 誰知此疑神."(蘇軾「書晁補之所藏與可畵竹三首」),『詩集』, p.1522.

3 "若一志, 無聽之以耳而聽之以心, 無聽之以心而聽之以氣! 聽止於耳, 心止於符. 氣也者虛而待物者也. 唯道集虛. 虛者, 心齋也."(晉郭象注『莊子・人間世』)『四部備要』五三冊.

4 "君子可以寓意於物, 而不可以留意於物. 寓意於物, 雖微物足以爲樂, 雖尤物不足以爲病. 留意於物, 雖微物足以爲病, 雖尤物不足以爲樂."(蘇軾「寶繪堂記」),『文集』, p.356.

5 "彼游於物之內, 而不游於物之外, 物非有大小也, 自其內而觀之, 未有不高且大者也. 彼扶其高大以臨我, 則我常眩亂反覆, 如隙中之觀斗, 又焉知勝負之所在? 是以美惡橫生, 而憂樂出焉, 可不在哀乎!(蘇軾「超然臺記」),『文集』, p.351.

6 "學者觀物之極, 而游於物之表, 則何求而不得. …… 非至靜無求, 虛中不留, 烏能察物之情如此其詳哉?"(蘇軾「書黃道輔品茶要錄後」),『文集』, p.2067.

7 "黃筌畫飛鳥, 頸足皆展. 或曰:飛鳥縮頸則展足, 縮足則展頸, 無兩展者. 驗之信然. 乃觀物不審者, 雖畫師且不能, 況其大者乎？君子是以務學而好問也."(蘇軾「書黃筌畫雀」),『文集』, p.2213.

8 "蜀中有杜處士者好書畫, 所寶以百數. 有戴嵩牛一軸尤年愛, 錦囊玉軸, 常以自隨. 一日曝書畫, 有一牧童見之, 拊掌大笑. 曰:'此畫斗牛也, 牛斗力在觖, 尾搖入兩股間, 今乃掉尾而斗, 謬矣.' 處士笑而然之. 古語有云:耕當問奴, 織當問婢, 不可改也."(蘇軾「書戴嵩畫牛」全文),『文集』, p.2213.

9 "其神與萬物交, 其智與百工通"(「書李伯時山莊圖後」),『文集』, p.2211.

10 "故思理爲妙, 神與物遊"(劉勰『文心雕龍·神思』)『四部備要』一百冊.

11 "東坡作「病鶴」詩, 嘗寫 '三尺長脛( )瘦軀, 缺其一字, 使任德翁輩下之, 凡數字. 東坡徐出其藁, 蓋 '閣'字也. 此字旣出, 儼然如見病鶴矣."(唐庚『唐子西文錄』),『詩集』, p.2002. 원제는 「鶴歎」. '脛'자는 다른 판본에 '頸'으로 되어 있다. 이 경우의 뜻을 "긴 모가지를 야윈 몸에 걸쳐 놓았다"고 해도 병든 학의 모습은 역력하다. '閣'은 '擱'(걸쳐 놓다)과 통한다.

12 "陶潛詩: '採菊東籬下, 悠然見南山.' 採菊之次, 偶然見山, 初不用意, 而境與意會, 故可喜也. 今皆作 "望南山". 杜子美云: "白鷗沒浩蕩." 蓋滅沒於煙波間耳. 而宋敏求謂余云 '鷗不解 沒', 改作'波'. 二詩改此兩字, 便覺一篇神氣索然也."(蘇軾「書諸集改字」),『文集』, p.2098.

13 "詩以奇趣爲宗, 反常合道爲趣. 熟味此詩有奇趣, 然後尾兩句, 雖不必亦可."(蘇軾「書柳子厚漁翁詩」),『文集』, p.2552.

14 "漁翁夜傍西巖宿, 曉汲淸湘燃楚竹. 煙消日出不見人, 欸乃一聲山水綠. 回看天際下中流, 巖上無心雲相逐."(柳宗元「漁翁」)

15 "耳得之而爲聲, 目遇之而成色."(蘇軾「赤壁賦」),『文集』, p.5.

16 "曲終人不見, 江上數峰青."(錢起「省試湘靈敲瑟」), 中華書局本,『全唐詩』, p.2651.

17 "人去殘英滿酒樽, 不堪細雨濕黃昏."(蘇軾「再和楊公濟梅花十絶」其四),『詩集』, p.1746

5. 시상은 어떤 경로로 표현되는가

1 "居士之在山也, 不留於一物, 故其神與萬物交, 其智與百工通. 雖然, 有道有藝. 有道而無藝, 則物雖形於心, 不形於手." (蘇軾「書李伯時山莊圖後」), 『文集』, p.2211.
2 物固有是理, 患不知; 知之, 患不能達之於口與手. 所謂文者, 能達是而已."(蘇軾「答虔倅兪括一首」), 『文集』, p.1793.
3 "與可之教予如此; 予不能然也, 而心識其所以然. 夫旣心識其所以然, 而不能然者, 內外不一, 心手不相應, 不學之過也. 故凡有見於中, 而操之不熟者, 平居自視了然, 而臨事忽焉喪之, 豈獨竹乎! 子由爲「墨竹賦」以遺與可曰: '庖丁, 解牛者也, 而養生者取之; 輪扁, 斫輪者也, 而讀書者與之. 今夫子之托於斯竹也, 而予以爲有道者則非耶?' 子由未嘗畵也, 故得其意而已. 若予者, 豈獨得其意, 幷得其法."(蘇軾「文與可畵篔簹谷偃竹記」節錄), 『文集』, p.365.
4 "臣之所好者道也, 進乎技矣." (『莊子·養生主』) 『四部備要』 五三冊.
5 "羊豕以爲羞, 五味以爲和; 秫稻以爲酒, 以作之; 天下之所同也. 其材同, 其水火之齊均, 其寒暖燥濕之候一也, 而二人爲之, 則美惡不齊. 豈其所以美者, 不可以數取歟? 然古之爲方者, 未嘗遺數也. 能者卽數以得妙, 不能者循數以得其略. 其出一也, 有能有不能, 而精粗見焉. 人見其二也, 則求精於數外, 而棄迹以逐妙, 曰: '我知酒食之所以美也.' 而略其分齊, 舍其度數, 以爲不在是也, 而一以意造, 則其不爲人所嘔棄者寡矣."(蘇軾「鹽官大悲閣記」節錄), 『文集』, p.386.
6 "辭達"에 관해서 소식은 여러 글에서 언급한다. "求物之妙如系風捕影, 能使使是物了然於心者, 蓋千萬人而不遇也; 而況能使了然於口與手者乎! 是之謂辭達. 辭至於能達, 則文不能勝用矣."(蘇軾「與謝民師推官書」) 같은 책, p.1418. "軾頓首資深使君閣下: 前日辱訪寵示長箋, 乃詩文一編, 伏讀數日, 廢卷拊掌, 有起予之嘆. 孔子曰: '辭達而已矣.' 物固有是理, 患不知; 知之, 患不能達之於口與手. 所謂文者, 能達是而已."(蘇軾「答虔倅兪括一首」) 같은 책, p.1793. "前後所示著述文字, 皆有古作者風力, 大略能道意所欲言者. 孔子曰: '辭達而已矣. 辭至於達, 足矣, 不可以有加矣."(蘇軾「與王庠書」) 같은 책, p.1422.

7 "嘗見王平甫自負其「甘露寺」詩: '平地風煙飛白鳥, 半山云水卷蒼藤.' 余應之曰: '神情全在"卷"字上, 但恨"飛"字不稱耳.' 平甫沉吟久之, 請余易. 余遂易之以 '橫' 字, 平甫嘆服. 大抵作詩當日煅月煉, 非欲誇奇斗異, 要當淘汰出合用事. 建中靖國元年正月三日甲子, 玉局老書."(蘇軾「書贈徐信」全文), 『文集』, p.2561.
8 "南方多沒人, 日與水居也, 七歲而能涉, 十歲而能浮, 十五而能浮沒矣. 夫沒者豈苟然哉? 必將有得於水之道者. 日與水居, 則十五而得其道; 生不識水, 則雖壯, 見舟而畏之. 故北方之勇者問於沒人, 而求其所以沒. 以其言試之河, 未有不溺者也. 故凡不學而務求道, 皆北方之學沒者也."(蘇軾「日喩」節錄), 『文集』, p.1980.
9 "筆成塚, 墨成池, 不及羲之卽獻之. 筆禿千管, 墨磨萬鋌, 不作張芝作素靖. (蘇軾「題二王書」全文), 『文集』, p.2170.
10 "別來十年學下厭, 讀破萬卷詩愈美. 최근 10년간 쉼 없이 공부를 해서/만권의 책을 읽으니 시는 절로 잘 써지네."(蘇軾「送任伋通判黃州兼寄其兄孜」), 『詩集』, p.233.
11 "少游近日草書, 便有東晉風味, 作詩增奇麗. 乃知此人不可閑, 遂兼百技矣. 技進而道不進, 則不可, 少游乃技道兩進也."(蘇軾「跋秦少游書」節錄), 『文集』, p.2194.
12 "子未睹眞妙, 庖鄶非其人也. 是技與道相半, 習與空相會, 非無挾而徑造者也."(蘇軾「衆妙堂記」), 『文集』, p.36.

6. 시 창작의 규율은 무엇인가

1 "知者創物, 能者述焉, 非一人而成也. 君子之於學, 百工之於技, 自三代曆漢至唐而備矣. 故詩至於杜子美, 文至於韓退之, 書至於顔魯公, 畫至於吳道子, 而古今之變, 天下之能事畢矣. 道子畫人物, 如以燈取影, 逆來順往, 傍見側出, 橫斜平直, 各相乘除, 得自然之數, 不差毫末; 出新意於法度之中, 寄妙理於豪放之外, 所謂 '游刃余地', '運斤成風', 蓋古今一人而已."(蘇軾「書吳道子畫後」節錄), 『文集』, p.2210.
2 같은 귀절은 다른 문장에도 보인다. "道子, 畫聖也. 出新意於法度之內, 寄妙

理於豪放之外."(蘇軾「跋吳道子地獄變相」節錄), 『文集』, p.2213. 錢鍾書는 이 귀절의 "호방" 두 글자를 "마음대로 행동해도 도리에 벗어남이 없다(從心所欲不逾矩)"(『論語』)는 의미로 해석하고 있다.(錢鍾書 『宋詩選註』, p.61) 이와 유사한 견해는 그의 저서 『管錐編』 第三冊, p.1193에도 보인다.

3 "孟子曰:'仁者如射, 發而不中, 反求諸身.' 吾嘗學射矣, 始也心志於中, 目存乎鵠, 手往從之, 十發而九失, 其一中者幸也. 有善射者, 教吾反求諸身, 手持權衡, 足蹈規矩, 四肢百體, 皆有法焉, 一法不修, 一病隨之. 病盡而法完, 則心不期中, 目不存鵠, 十發十中矣. 四肢百體, 一不如法, 差於此者, 在毫釐之內, 而失於彼者, 在尋丈之外矣. 故曰:孟子之所謂'仁者如射', 則孔子之所謂'克己復禮'也."(蘇軾「仁說」節錄), 『文集』, p.337.

4 "衝口出常言, 法度法前軌. 人言非妙處, 妙處在於是."(周紫芝 『竹坡詩話』 중 인용된 蘇軾「答明上人」) 淸何文煥 『歷代詩話』 (北京:中華書局, 1992), p.348.

5 "詩畫本一律, 天工與淸新."(蘇軾「書鄢陵王主薄所畫折枝二首」), 『詩集』, p.1525.

6 "我書意造本無法, 點劃信手煩推求."(蘇軾「石蒼舒醉墨堂」), 『詩集』, p.235.

7 "張長史草書, 頹然天放, 略有點劃處, 而意態自足, 號稱神逸. 今世稱'善草書者或不能眞·行', 此大妄也. 眞生行, 行生草;眞如立, 行如行, 草如走;未有未能行立而能走者也.(蘇軾「書唐氏六家書後」), 『文集』, p.2206.

8 "子瞻謂:'杜詩, 韓文, 顔書, 左史, 皆集大成者也.'"(陳師道 『後山詩話』), 『歷代詩話』, p.309.

9 "소식은 또 시에서도 안진경의 글씨를 칭찬한다."난정서 진품은 소릉에 묻히고/세상에 남은 필사본은 황금값으로 전한다//안진경은 전통을 일신하여 새 서법을 열었으니/부드러운 필획마다 솔개 같은 뼈가 들었지." "蘭亭繭紙入昭陵, 世間遺迹猶龍騰. 顔公變法出新意, 細盤入骨如秋鷹."(蘇軾「孫莘老求墨妙亭詩」節錄), 『詩集』, p.371.

10 "吾嘗見居士作華嚴相, 皆以意造而與佛合."(蘇軾「書李伯時山莊圖後」), 『文集』, p.2211.

7. 어떻게 창작할 것인가

1 "古今畵水, 多作平遠細皺, 其善者不過能爲波頭起伏. 使人至以手捫之, 謂有窪隆, 以爲至妙矣. 然其品格, 特與印板水紙爭工拙於毫釐間耳. 唐廣明中, 處士孫位始出新意, 畵奔湍巨浪, 與山石曲折, 隨物賦形, 畵水之變, 號稱神逸."(蘇軾「畵水記」節錄), 『文集』, p.408.
2 "畵西施之面, 美而不可說；規孟賁之目, 大而不可畏, 君形者亡焉."(漢劉安撰『淮南子第十六卷·說山訓』)『四部備要』五四冊.
3 이런 관점의 질책은 소식의 「정인원화기」에도 보인다. "내가 일찍이 그림을 논하면서 사람, 짐승, 궁실, 기물 등은 모두 일정한 형상이 있다고 했고, 산과 바위, 풀과 나무, 그리고 물결이나 연무 등은 고정된 형상은 없지만 일정한 이치는 있다고 했다. 고정된 형상을 잃으면 누구든지 알지만 일정한 이치에 안 맞는 것은 웬만한 사람도 잘 모른다. 그러므로 세상을 속이고 명예를 취하는 자들은 언제나 고정된 형상이 없는 것을 그려내는 것에 힘쓴다. 그렇기는 해도 고정된 형상을 잃으면 잃는 것에 그칠 뿐 그 전체가 잘못됐다고는 하지 않는다. 만약 일정한 이치에 합당하지 않은 그림이라면 모조리 버려질 것이다. 형상이 고정되지 않은 것을 그릴 때는 그 이치를 파악함에 조심하지 않으면 안 된다. 세간의 그림쟁이들은 형상은 잘 그려내지만, 그 사물의 본질적 이치는 뛰어난 재능이 있는 사람이라고 해도 파악하지 못한다. 문여가가 대나무나 바위, 고목 등을 그리면 참으로 그 대상의 실상을 완벽히 그려 낸다. 살았으면 산대로, 죽었으면 죽은 대로, 뒤틀리고 병들었거나 무성하게 잘 자랐거나 온전히 그대로 그려내어, 뿌리, 줄기, 마디, 잎새의 온갖 형상의 천변만화한 모습으로 어느 하나 이전 것을 베끼는 법이 없다. 모든 것이 알맞고 자연스러워 사람의 생각이 전혀 배어 있지 않으니 그야말로 달인의 뜻을 기탁한 그림일 뿐이다.": "余嘗論畵, 以爲人禽宮室器用皆有常形；至於山石竹木, 水波煙雲, 雖無常形, 而有常理. 常形之失, 人皆知之；常理之不當, 雖曉畵者有不知. 故幾可以欺世而取名者, 必托於無常形者也. 雖然, 常形之失, 止於所失, 而不能病其全；若常理之不當, 則擧廢之矣. 以其形之無常, 是以其理不可不謹也. 世之工人, 或能曲盡其形；而至於其理, 非高人逸才不能辨. 與可之於竹石枯木, 眞可謂得其理者矣. 如是而生, 如是而死, 如是而攣拳瘠蹙, 如是而長遂茂, 根莖節葉, 牙角脈縷, 千變萬化, 未始相襲；而各當其處, 合於天造, 厭於人意. 蓋達士

之所寓與歟!"(蘇軾「淨因院畫記」),『文集』, p.367.

4 "觀士人畫, 如閱天下馬, 取其意氣所到. 乃若畫工, 往往只取鞭策皮毛槽櫪 芻秣, 無一點俊發. 看數尺許便倦. 漢傑眞士人畫也."(蘇軾『跋宋漢傑畫』 其二全文),『文集』, p.2216.

5 "丹青弄筆聊爾耳, 意在萬里誰知之. 干惟畫肉不畫骨, 而況失寶空留皮."(蘇 軾「次韻子由書李伯時所藏韓干馬」),『詩集』, p.1502.

6 "畫師韓幹豈知道, 畫馬不獨畫馬皮. 畫出三馬腹中事, 似欲譏世人莫知." (蘇轍「韓幹三馬」) 앞의 책, p.295. 소식은 "……廄馬多肉尻錐圓, 肉中畫 骨誇尤難. 金羈玉勒繡羅鞍, 鞭垂刻烙傷天全, 不如此圖近自然, 平沙細草荒 芊綿, 驚鴻脫兎爭後先. 王良挾策飛上天, 何必俯首服短轅!"(「書韓干牧馬 圖」,『詩集』, p.721)라는 시에서는 한간의 말그림이 자연스러움을 칭찬한다.

7 "論畫以形似, 見與兒童隣. 賦詩必此詩, 定非知詩人. 詩畫本一律, 天工與 清新. 邊鸞雀寫生, 趙昌花傳神. 何如此兩幅, 疏淡含精勻! 誰言一點紅, 解 寄無邊春!"(「書鄢陵王主薄所畫折枝二首」其一全文),『詩集』, p.1525.

8 "是堂之作也, 吾非取雪之勢, 而取雪之意. 吾非逃世之事, 而逃世之機."(蘇 軾「雪堂記」),『文集』, p.410.

9 "吾文如萬斛泉源, 不澤地皆可出, 在平地滔滔汨汨, 雖一日千里無難; 及其 與山石曲折, 隨物賦形, 而不可知也. 所可知者, 常行於所當行, 常止於不可 不止, 如是而已矣. 其他雖吾亦不能知也."(蘇軾「自評文」全文),『文集』, p.2069.

10 "常行於所當行, 常止於所不可不止."(蘇軾「答謝民師推官書」),『文集』, p.1418.

11 "天下之至信者, 惟水而已. 江河之大與海之深, 而可以意揣. 唯其不自爲 形, 而因物以賦形, 是故千變萬化而有必然之理. ……嗟夫, 物固有以安而 生變兮, 亦有以用危而求安. 得吾說而推之兮, 亦足以知物理之固然."(蘇 軾「灩澦堆賦」),『文集』, p.1.

8. 좋은 시란 어떤 것인가

1 "永禪師書, 骨氣深穩, 體兼衆妙; 精能之至, 反造疏淡. 如觀陶彭澤詩, 初若散緩不收, 反覆不已, 乃識其奇趣."(蘇軾「書唐氏六家書後」節錄), 『文集』, p.2206.

2 "予嘗論書, 以謂鍾・王之迹, 蕭散簡遠, 妙在筆劃之外. 至唐顔・柳, 始集古今筆法而盡發之, 極書之變, 天下翕然以爲宗師, 而鍾・王之法益微. 至於詩亦然. 蘇・李之天成, 曹・劉之自得, 陶・謝之超然, 蓋亦至矣. 而李太白・杜子美以英瑋絶世之姿, 凌跨百代, 古今詩人盡廢. 然魏晉以來高風絶塵, 亦少衰矣. 李杜之後, 詩人繼作, 雖間有遠韻, 而才不逮意; 獨韋應物・柳宗元, 發纖濃於簡古, 寄至味於澹泊, 非予子所及也. 唐末司空圖, 崎嶇兵亂之間, 而詩文高雅, 猶有承平之遺風, 其論詩曰: '梅止於酸, 鹽止於咸, 飲食不可無鹽梅, 而其美常在咸酸之外.' 蓋自列其詩之得於文字之表者二十四韻, 恨當時不識其妙, 予三復其言而悲之."(蘇軾「書黃子思詩集後」節錄), 『文集』, p.2124.

3 "柳子厚詩在陶淵明下, 韋蘇州上. 退之豪放奇險則過之, 而溫麗靖深不及也. 所貴乎枯澹者, 謂其外枯而中膏, 似澹而實美, 淵明・子厚之流是也. 若中邊皆枯澹, 亦何足道. 佛云: '如人食蜜, 中邊皆甛.' 人食五味, 知其甘苦者皆是, 能分別其中邊者, 百無一二也."(蘇軾「評韓柳詩」全文), 『文集』, p.2109.

4 "吾於詩人, 無所甚好, 獨好淵明之詩. 淵明作詩不多, 然其詩質而實綺, 癯而實腴, 自曹・劉・鮑・謝・李・杜諸人, 皆莫及也."(蘇軾「與子由六首」其五節錄), 『文集』, p.2515.

5 "凡文字, 少小時須令氣象崢嶸, 彩色絢爛. 漸老漸熟, 乃造平淡. 其實不是平淡, 絢爛之極也."(蘇軾「與二郎侄一首」節錄), 『文集』, p.2523.

6 "雕琢復朴"(『列子・皇帝』) "旣雕旣琢, 復歸於朴."(『莊子・山木』)『四部備要』五三冊.

소식 시의 표현

1. 소재와 시어

1 "宋人之詩多者莫如子瞻・務觀. 子瞻貫析百家及山經・海志・釋家・道流・

搜冥·集異諸書, 縱筆驅遣, 無不如意."(王士禎(1634~1711) 『帶經堂詩話』 卷一)
2 "蓋其學富而才大, 自經史四庫, 旁及山經地志, 釋典道藏, 方言小說, 以至嬉笑怒罵, 里媼竈婦之常談, 一入詩中, 遂成典故."(邵長蘅 『施注蘇詩』 卷首〈注蘇例言〉)
3 "蘇子瞻胸有洪爐, 金銀鉛錫, 皆歸熔鑄. 其筆之超曠, 等於天馬脫羈, 飛仙游戲, 窮極變幻, 而適如意中所欲出, 韓文公後, 又開闢一境界也."(沈德潛 『說詩晬語』 卷下)
4 『四部叢刊』本『增刊校正王狀元集注分類東坡先生詩』
5 예를 들어 왕십붕은 山胡새를 소재로 한 「浯州得山胡次子由韻」 시를 '禽'이 아닌 '獸' 항목에 넣고 있다.
6 "東坡先生之英才絶識, 卓冠一世, 平行斟酌經傳, 貫穿子史, 下至小說·雜記·佛經·道書·古詩·方言, 莫不畢究, 故雖天地之造化, 古今之興替, 風俗之消長, 與夫山川·草木·禽獸·鱗介·昆蟲之屬, 亦皆洞其機而貫其妙, 積而爲胸中之文, 不啻如長江大河, 汪洋閎肆, 變化萬狀, 則凡波瀾於一吟一詠之間者, 詎可以一二人之學而窺其涯涘哉!"(『四部叢刊』 卷一五六)
7 그중 음식을 소재로 한 시는 모두 5수 있는데, 예를 들어 '국〔羹〕'을 소재로 한 「過子忽出新意, 以山芋作玉糝羹, 色香味皆奇絶. 天上酥酡則不可知, 人間決無此味也」, 「狄韶州煮蔓菁蘆菔羹」 등의 시가 있고, '죽순(筍)'을 소재로 한 「和黃魯直食筍次韻」, 「器之好談禪, 不喜游山, 山中筍出, 戱語器之可同參玉版長老, 作此詩」 등의 시와, '국수〔麵〕'를 소재로 한 「二月十九日, 攜白酒·鱸魚過詹使君食槐葉冷淘」 시 등이다.
그 외에도 왕십붕이 紀行 항목에 넣은 「過豌陰市, 得豌豆大麥粥, 示三兒子」 시나 雜賦 항목에 넣은 「豆粥」 등도 실은 모두 음식을 소재로 한 시들이다. 소식 시의 전체 글자수 가운데 '粥'이라는 낱말은 모두 22차례나 나온다. 또한 「食檳榔」, 「除夕, 訪子野食燒芋, 戱作」, 「四月十一日初食荔支」, 「食荔支二首」, 「食甘」, 「答周循州食檳榔」 등은 모두 과실을 소재로 한 것으로, 이 역시 唐代 시인에게는 극히 낯선 소재들이다.
새 종류로 분류된 열세 수로는 「異鵲」, 「五色雀」와 「鹽官絶句四首」 중의 〈僧爽白雞〉가 있고 짐승을 소재로 한 시는 모두 네 수로 「竹鼠」, 「余來耳, 得吠狗日烏觜, 甚猛而馴, 隨繾遷合浦, 過澄邁, 泗而濟, 路人綿驚, 戱爲作此詩」

등으로 이렇게 희귀 동물까지 시적 소재로 한 것은 실로 드문 일이다. 벌레류로는 「蠍虎」(요즘에는 '壁虎'라고 한다. 이 시는 王文誥集에 원래 한 수 뿐인데 王十朋 分類詩에서는 어찌된 일인지 두 수로 셈하고 있다.)가 있고 버섯을 소재로 한 「與參寥師行園中, 得黃耳蕈」 등도 독특한 소재의 시들이다.

8 "僕於此詩分五十門, 總括殆盡. 凡偶用古人兩句; 用古人一句; 用古人六字 · 五字 · 四字 · 三字 · 二字; 用古人上下句中各四字 · 三字 · 一字; 相對只用古人意, 不用字; 所用古人字, 不用古人意; 能造古人意; 能造古人不到妙處; 引一時事, 一句中用兩故事; 疑不用事, 而是用事; 疑是用事, 而不用事; 使道經僻事 · 釋經僻事, 小說僻事, 碑刻中事, 州縣圖經事; 錯使故事; 使古人作用字成一家句法; 全類古人詩句; 用事有所不盡; 引用一詩小話, 不用故事, 而句法高勝; 句法明白, 而用意深遠; 用字或有未穩, 無一字無來曆; 點化古詩拙言; 間用本朝名人詩句; 用古人詞中佳句; 改古人句中借用故事, 有偏受之故事, 有參差之語言; 詩中自有奇對, 自撰古人名字; 用古謠言, 用經史注中隱事, 間俗語俚諺, 詩意物理: 此其大略也."
(王十朋 『集注分類東坡先生詩』 卷首)

9 "詩須要有爲而作, 用事當以故爲新, 以俗爲雅."(「題柳子厚詩」)

10 西涯云: "子瞻詩傷於快直, 少委曲沉着之意, 以此有不逮古人之誚, 雖後山亦謂其失之粗, 以其得之易也." 愚謂傷快直率易, 固然. 但坡翁好用事, 甚者句句以事襯貼, 如 『賀陳章生子』, 『張子野買妾』, 『戲徐孟不飮』 之詩是也. 劉辰翁謂黃太史盛欲用萬卷書, 與古人爭能於一字, 然不知意多而情遠, 句累而格近也. 鍾嶸云: "任昉博物, 動輒用事, 所以詩不能奇." 然則用事不可耶? 少陵 "讀書破萬卷, 下筆如有神." 未嘗不用事, 而渾然不覺, 乃爲高品也. (安磐 『頤山詩話』)

11 "作詩用事, 要如釋語; 水中著鹽, 飮水乃知."(薛雪 『一瓢詩話』)

12 "別期漸近不堪聞, 風雨蕭蕭已斷魂. 猶勝相逢不相識, 形容變盡語音存." 「子由將赴南都, 與余會宿於逍遙堂, 作兩絶句, 讀之殆不可爲懷因和其詩以自解. 余觀子由, 自處曠達, 天資近道, 又得至人養生長處之訣, 而余亦竊聞其一二. 以爲今者宦游相別之日淺, 而異時退休相從之日長, 旣以自解, 且以慰子由云」, 『詩集』, p.745.

13 "夏馥爲黨魁, 及張儉等亡命, 皆被收考, 辭所連引, 布遍天下. 馥乃自剪須變行, 隱匿姓名, 爲冶家傭, 親突煙炭, 形貌毀瘁, 人無知者. 弟靜, 遇馥不相識, 聞其言聲, 乃覺而拜之."(『漢書·黨錮傳』)

14 "趙襄子將知伯頭爲飮器. 豫讓曰:'吾其報知氏之仇矣.' 乃漆身爲厲, 滅須去眉, 自刑以變其容. 爲乞人而往乞, 其妻不識, 曰:'狀貌不似吾夫, 其音何類吾夫之深也.'又吞炭爲啞, 變其音."(『戰國策』卷十八)

15 "用事琢句, 妙在言其用, 不言其名耳. 此法唯荊公, 東坡·山谷三老知之. (왕안석의 시에 '봄 강물에 바람 부니 찬 물결 치고/햇살 흔드는 버들가지 늘어졌구나.' 이는 물가의 버드나무를 그린 것이지만 버드나무라는 말은 쓰지 않았다. 소식이 소철과 이별하는 시에서 '나중에는 변한 모습 알아보진 못해도/만나는 날 그 목소리는 아직 남아 있으리'라고 한 시구는 전고를 사용했으면서도 인물의 실명을 쓰지 않은 사례이다. 荊公曰:'含風鴨綠鱗鱗起, 弄日鵝黃裊裊垂.' 此言水柳之用, 而不言水柳之名也. 東坡別子由詩:'猶勝相逢不相識, 形容變盡語音存.' 此用事而不言其名也.)"(釋惠洪『冷齋夜話』卷一)

16 "取形不如取神, 用事不若用意."(王又華『古今詞論』, 詞話叢編本)

17 "學有餘而約以用之, 善用事者也;意有餘而約以盡之, 善措辭者也;乍敍事而間以理言, 得活法者也."(姜夔「白石道人詩說」, 『歷代詩話』下冊)

18 "雖然, 尙有可以言者, 先生之用事, 不可謂無心;先生之用古人詩句, 未必皆有意耳. 蓋胸中之書, 汪洋浩博, 下筆之際, 不知爲我語耶, 它人之語也?觀者以意達之可也."(王十朋『集注分類東坡先生詩』卷首)

19 "衝口出常言, 法度法前軌. 人言非妙處, 妙處在於是."(蘇軾「答明上人」)

20 "野僧斫路出門去, 寒液滿鼻淸淋漓. 灑袖入袖濕靴底, 亦有執板趨階墀."(「江上値雪, 效歐陽體, 限不以鹽玉鶴鷺絮蝶飛舞之類爲比, 仍不使皓白潔素等字, 次子由韻」)『詩集』, p.713.

21 「除夜大雪, 留濰州, 元日早晴, 遂行, 中途雪復作」

22 "'鵝毛'字本俚語, 得下五字, 便成奇采, 於此悟點化之妙"(紀昀)

23 "劉禹錫不敢題'糕'字, 此劉之所以爲唐詩也. 東坡笑劉不題'糕'字爲不豪, 此蘇之所以爲宋詩也."(袁枚『隨園詩話』卷七)

24 "東坡在黃州時, 嘗赴何秀才會, 食油果甚酥. 因問主人, 此名爲何. 主人對以無名. 東坡又問爲甚, 坐客皆曰:'是可以爲名矣.'又潘長官以東坡不能飮, 每爲設醴, 坡笑曰:'此必錯著水也.'他日忽思油果, 作小詩求之云:'野飮花前百事無, 腰間惟系一葫蘆. 已傾潘子錯著水, 更覓君家爲甚'李端叔嘗爲余言, 東坡云: '街談市語, 皆可入詩, 但要人熔化耳.' 此時雖一時 戲言, 觀此亦可以知其熔化之功也."(周紫芝『竹坡詩話』)

25 여기서 그 일부 내용을 소개한다. 소식의 시에 나오는 '注坡(주파)'는 원래 군대 용어로 말을 달려 산언덕을 달려 내려오는 것을 가리킨다. '探支(탐지)'는 원래 관청의 업무 용어로써 요즘 말로 말하면 '가불'이다. '批(비)'는 도축장 용어로써 얇게 베어 낸다는 뜻이며, '批勅手(비칙수)'는 바로 도축하는 사람이다. '抹(말)'·'批(비)'는 가늘게 썬다는 뜻으로 '批(비)'와 함께 역시 요리사의 칼 쓰는 법을 일컫는다. '尋醫(심의)'·'入務(입무)'는 관아의 공문 용어로써 전자는 병을 이유로 사직을 하겠다는 뜻이며, 후자는 수습 정리하겠다는 뜻의 완곡한 표현이다. '舶趠風(탁초풍)'은 당시 뱃사람들의 전용어로써 음력 5~6월에 부는 계절풍을 가리켰다. '風打頭(풍타두)'는 '맞바람'을 뜻하며, '風熟(풍숙)'은 바람이 막 불기 시작한 것을 가리킨다. '帆飽(범포)'는 배의 돛이 바람을 맞아 잔뜩 부풀려진 모습을 가리키고, '水肥(수비)'는 바닷물이 들어와 불은 것을 가리킨다. '擘岸(벽안)'은 바람이 불어 부두에 매인 배를 밀어 내는 것을 말하며, '捍索(한삭)'은 배 안의 어구 장비, '炮車雲(포거운)'은 옛날에 돌을 쏘아 공격하던 무기를 일컫는다.(蘇軾硏究論文集 第三輯『東坡硏究論叢』) p.51.

26 「發廣州」시의 "朝市是已遠, 此身良自如. 三杯軟飽後, 一枕黑甛余. 蒲澗疏鍾外, 黃灣落木初. 天涯未覺遠, 處處各樵漁."에서 "軟飽"를 소식은 "浙人謂飮酒爲軟飽"라고 하고, "黑甛"을 "俗謂睡爲黑甛."라고 自註를 남기고 있듯, 시에서 자연스럽게 당시 남방의 방언을 쓰고 있다.

27 "方言入詩, 有古質·纖俗之辨. 似此則纖俗."(趙克宜『角山樓蘇詩評注匯』)

28 「過於海舶, 得邁寄書·酒. 作詩, 遠和之, 皆粲然可觀. 子由有書相慶也, 因用其韻賦一篇, 幷寄諸子侄」,『詩集』, p.2304.

29 "世傳小話, 有一貧士家, 惟一甕, 夜則守之以寢. 一夕, 心自惟念, 苟得富貴, 當以錢若干營田宅, 若干蓄聲妓, 而高車大蓋, 無不備置, 往來於懷, 不覺歡適起舞, 遂踏破甕. 故今俗間指妄想狂計者, 謂之甕算."『詩集』施註 참조, p.2304.

30 "從來此腹負將軍, 今者固宜安脫粟."(「聞子由瘦」)『詩集』, p.2257.

31 "俗諺云 : 大將軍食飽捫腹而嘆曰 : '我不負汝.' 左右曰 : '將軍固不負此

腹, 此腹負將軍, 未嘗出少智慮也.'"『詩集』, p.2257, 소식 自註 참조.

32 "東坡在黃州日, 作『雪詩』云:'凍合玉樓寒起粟, 光搖銀海眩生花.' 人不知其使事也. 後移汝海, 過金陵, 見王荊公, 論詩及此, 云:'道家以兩肩爲玉樓, 以目爲銀海, 使此否?' 坡笑之. 退謂葉致遠曰:'學荊公者, 豈有此博學哉!'"(趙令時『侯鯖錄』卷一)

33 "曲終天自明, 玉樓已崢嶸."(「次韻仲殊雪中游西湖二首」) "徑度萬里如奔霆, 玉樓浮空聳亭亭."(「芙蓉城」) "萬頃穿銀海, 千尋度玉峰."(「正月一日, 雪中過淮謁客回, 作二首」其一) 「雪詩」의 原題는 「雪後書北台壁二首」로서 위의 시구는 제 2수에 나온다. 소식 시에서 "玉樓"는 두 차례 출현하는데 모두 원 뜻으로 쓰였고 "銀海"는 雪景을 비유해 썼다.

34 "子瞻詩包羅萬象, 一由我法. 集中一種煙雲滿紙·咳唾琳瑯者爲最, 清空如畫者次之. 至有時斗韻露異, 不無小巧, 求眞得淺, 未免添足."(葉矯然『龍性堂詩話』續集)

35 소식의 시「和述古冬日牡丹四首」其一은 "一朵妖紅翠欲流, 春光回照雪霜羞. 化工只欲呈新巧, 不放閑花得少休."인데 여기서의 '翠欲流'에 대해 陸游(1125~1210)는 이런 기록을 남기고 있다. 소식의 「牡丹」 시에 "一朵妖紅翠欲流."라는 구절이 있는데 그중 '翠欲流'가 무슨 뜻인지를 몰랐다. 나중에 成都로 놀러 가서 가구점을 지나는데 "郭家鮮翠紅紫鋪."라는 광고문구가 보이기에 그 곳 사람에게 물으니 사천 방언에 '鮮翠'가 '鮮明'의 뜻으로 쓰인다는 사실을 알게 됐다. 즉 소식이 고향의 방언을 시에 썼던 것이다. 또 「送牛尾狸與徐使君」시 "泥深厭聽雞頭鶻, 酒淺欣嘗牛尾狸."에서의 "雞頭鶻"에 대해 소식은 "사천 사람들은 자고꿩을 雞頭鶻이라 한다"("蜀人謂泥滑滑爲'雞頭鶻'")는 自注를 달고 있는데, 그 뒤의 '牛尾狸' 역시 너구리과의 동물을 일컫는 남방의 방언이다.

明代 兪弁은 소식 시중의 '尖團'이라는 말이 늦가을 기름지게 통통해진 수게(雄蟹)의 몸통을 가리킨다고 하면서, "시 한 수를 써 주고 게 두 마리를 얻었나"고 기뻐하는 구절에 설명을 붙이고 있다. 소식 시의 원제는 『丁公默送蝤蛑』인데 蝤蛑는 바닷게의 일종으로써 길쭉한 베틀 북처럼 생겨서 원래 '梭子蟹', '靑蟹'라고도 한다. 兪弁의 또 다른 기록을 보자. 사람들은 남방 사람들이 말하는 '具理'라는게 뭔지 몰랐는데, 소식이 해남도에서 쓴 시에 "새로 담근 술이 잘 익었으니/좋은 술항아리(具理)가 필요하다"라는 구절에도 있듯이 이

는 "甁罌"(병앵)이라는 그릇을 일컫는 것이었다.

소식의 시 「送芝上人游廬山」: "二年閱三州, 我老不自惜. 團團如磨牛, 步步踏陳迹. ……"에서의 "團團如磨牛"에 대해 明代 郎瑛은 『俗語入詩句』에서 이렇게 말한다. "요즘 속어라고 하는 것의 상당수는 사실 시에 있는 것이다. '열 손가락 길고 짧지만/ 아프기는 다 똑같다'(十指有長短, 痛惜皆相似)고 한 것은 원래 조식의 시구이며, '외모로 남을 따르면/그 시절 얼마나 갈까'(以色事他人, 能得幾時好!)는 말 또한 이백의 시구이다. '뱅글뱅글 돌기는 마치 연자방아 같다'(團團似磨驢)는 말도 역시 소식의 시에 있는 것이다." 속담이라고 해서 시어로 못 쓸 이유가 없는 것이며, 이는 역대의 시인들이 증명한다.

36 "參寥嘗與客評詩, 客曰: '世間故實小說, 有可以入詩者, 有不可以入詩者. 唯東坡全不揀擇, 入手便用, 如街談巷說, 鄙里之言, 一經其手, 似神仙點瓦礫爲黃金, 自有妙處.' 參寥曰: '老坡牙頰間別有一副爐鞴也, 他人豈可學耶?'"(王文誥「蘇文忠公詩編注集成」附『諸家雜綴酌存』)

37 "余嘗謂東坡文字之創格, 其馳騁於雅俗之間, 旣能入能出, 又能出能入, 尤爲引人注目. 雅者, 涵雅故, 古之人多能之, 東坡自不能例外; 俗者, 化凡俗, 此則東坡優爲之, 古之人能如是者或寡矣."(王利器「蘇東坡與小說戲曲」)『國際宋代文化硏討會論文集』, 1991, p.360.

38 "杜甫之詩, 獨冠今古. 此外上下千余年, 作者代有, 惟韓愈·蘇軾, 其才力能杜甫抗衡, 鼎立爲三. 韓詩無一字猶人, 如太華削成, 不可攀躋. 若俗儒論之, 摘其杜撰, 十且五六, 輒搖脣鼓舌矣. 蘇詩包羅萬象, 鄙諺小說, 無不可用. 譬之銅鐵鉛錫, 一經其熔鑄, 皆成精金, 庸夫俗子, 安能窺其涯矣? 幷有未見蘇詩一斑, 公然肆其譏彈, 亦可哀也! 韓詩用舊事, 而間以己意, 易以新字者. 蘇詩常一句中用兩事三事者, 非騁博也, 力大故無所不擧. 然此皆本於杜, 細覽杜詩, 知非韓蘇創爲之也. 必謂一句止許用一事者, 此井底之蛙, 未見韓蘇, 幷未見杜者也."(葉燮『原詩』卷三)

39 "口頭言語, 俱可入詩, 用得合拍, 便成佳句."(錢泳『履園譚詩』, 『淸詩話』下冊)

40 「崔文學早攜文見過, 蕭針有出塵之姿, 問之, 則孫介夫之甥也. 故復用前韻, 賦一篇, 示志擧」, 『詩集』, p.2441.

41 "工部又有所喜用字, 如'修竹不受暑'·'野航恰受兩三人'·'吹面受和風'·'輕燕受風斜'·'受'字皆入妙. 老坡尤愛'輕燕受風斜', 以謂燕迎風低飛, 乍

前乍卻, 非'受'字不能形容也." 범온은 또 다른 예를 들기도 했다. "如淮海小詞云: '杜鵑聲里斜陽暮.' 東坡曰: '此詞高妙, 但旣云斜陽, 又云暮, 則重出也.'余因此識作詩句法, 不可重疊也."(范溫『潛溪詩眼』)

42 "東坡嘗語參寥云: '如杜: 新詩改罷自長吟, 乃知老杜用心甚苦.' 予以是知詩不厭改."(吳曾『能改齋漫錄』)

43 "此皆一字之師, 點鐵成金者, 不止推敲已也."(『柳亭詩話』卷一)

44 "卷客愁聞歸路遙, 眼前飛閣俯長橋. 貪看白鷺橫秋浦, 不覺靑林沒晚潮. 余生欲老海南村, 帝遣巫陽招我魂. 杳杳天低鶻沒處, 靑山一發是中原." (「澄邁驛通潮閣」二首)『詩集』, p.2364.

45 "縮頸夜眠如凍龜, 雪來惟有客先知. 江邊曉起浩無際, 樹杪風多寒更吹. 靑山有似少年子, 一夕變盡滄浪髭. 方知陽氣在流水, 沙上盈尺江無澌. 隨風顚倒紛不擇, 下滿坑谷高陵危. 江空野闊落不見, 入戶但覺輕絲絲. 沾裳細看若刻鏤, 豈有一一天工爲. 霍然一揮遍九野, 籲此權柄誰執持. 世間苦樂知有幾, 今我幸免沾膚肌. 山夫只見壓樵擔, 豈知帶酒飄歌兒……"(「江上値雪, 效歐陽體, 限不以鹽玉鶴鷺絮蝶飛舞之類爲比, 仍不使皓白潔素等字, 次子由韻」)『詩集』, p.20.

46 "『爾雅』'購蔏蔞', 郭璞注: '蔏蔞, 蔞蒿也. 生下田, 初出可啖, 江東用羹魚.'坡詩云: '蔞蒿滿地蘆芽短, 正是河豚欲上時.' 七字非泛詠景物, 可見坡詩無一字無來歷也."(王士禎『帶經堂全集 · 蠶尾集』卷九)

47 "蓬嘗於文忠公諸孫望之處得東坡先生數詩稿, 其和歐陽叔弼詩 (『歐陽叔弼見訪誦陶淵明事, 歡其絶識, 旣去, 感慨不已, 而賦此詩』: "도연명이 현령직을 구한 것은/원래 양식조차 부족해서였지//의관을 차리고 상급 관리에게/잠시 고개를 숙여도 욕될 것 없건만//발끈해서 귀향을 했다니/어찌 외로움 궁핍함을 생각 안 했으랴//쌀 다섯 말 봉록도 중요하고/허리를 굽히면 배부를 것을//재상이 될 것도 아니면서/어째서 불만의 씨를 뿌릴까//후추는 두 숟가락도 많건만/어찌 수백 말을 쏟아 부으리요//그렇게 스스로 관직을 포기하니/까치가 옥구슬을 뱉어 버린 꼴//지나간 일 후회해도 소용없는 법/나는 그저 그 일이나 거울 삼으리. 淵明求縣令, 本緣食不足. 束帶向督郵, 小屈未爲辱. 翻然賦歸去, 豈不念窮獨. 重以五斗米, 折腰營口腹. 云何元相國, 萬鍾不滿欲. 胡椒銖兩多, 安用八百斛. 以此殺其身, 何嘗鵲抵玉. 往者不可悔, 吾其反自燭.") 云: '淵明爲小邑'. 繼圈去'爲'字, 改作'求'字.

又連塗 '小邑' 二字作 '縣令' 字, 凡三改乃成今句. 至 '胡椒銖兩多, 安用八百斛.' 初云: '胡椒亦安用, 乃貯八百斛' 若如初語, 未免後人疵議. 又知雖大手筆不以一時筆快爲定, 而憚於屢改也."(何薳『春渚紀聞』卷七)

48 "對句法, 詩人窮盡其變, 不過以事・以意・以出處具備謂之妙. …… 乃不若東坡微意特奇. 如曰: '見說騎鯨游汗漫, 亦曾捫虱話辛酸.' 又曰: '蠶市風光思故國, 馬行燈火記當年.' 又曰: '龍驤萬斛不敢過, 漁舟一葉縱掀舞.' 以鯨爲虱對, 以龍驤爲漁舟對, 大小氣燄之不等, 其意若玩世. 謂之秀傑之氣, 終不可沒者, 此類是也."(釋惠洪『冷齋夜話』卷四) 引文에서 蘇詩의 王文誥本은 "聞道騎鯨游汗漫, 憶嘗捫虱話悲辛."(「和王斿二首」其一) "蠶市光陰非故國, 馬行燈火記當年."(「正月三日點燈會客」) "龍驤萬斛不敢過, 漁舟一葉從掀舞."(「大風留金山兩日」)이라고 적고 있다. 이와 동일한 글이 宋代 魏慶之의 「詩人玉屑」 卷七에 보인다.

49 "東坡大氣旋轉, 雖不屑屑于句法, 字法中別 求新奇, 而筆力所到, 自成創格."(趙翼『甌北詩話』卷五)

50 "坡詩不以煉句爲工. 然亦有硏煉之極, 而人不覺其煉者. 如 '年來萬事足, 所欠惟一死', '飢來據空案, 一字不堪煮', '周公與管蔡, 恨不茅三間', '人間無正味, 美好出艱難', '劍米有危炊, 氈針無穩坐', '舌音漸獠變, 面汗嘗騂羞', '雲礁水自春, 松門風爲關', '潛鱗有飢蛟, 掉尾取渴虎', 此等句在他人雖千捶萬杵, 尙不能如此爽勁, 而坡以揮灑出之, 全不見用力之迹, 所謂天才也."(趙翼『甌北詩話』卷五)

51 "夫詩者, 不可以言語求而得, 必將深觀其意焉."(「旣醉備五福論」) 『文集』, p.50.

52 "自今觀之, 東坡聖處, 非有意於文字之爲工, 不得不然之爲工也."(元好問『遺山先生文集』卷三六『新軒樂府引』)

53 "吾雖不善書, 曉書莫如我. 苟能通其意, 常謂不學可."(「次韻子由論書」)『詩集』, p.209.

54 "붓이 종이에 닿기도 전에 기운이 먼저 내닫는다": "筆所未到氣已吞."(「王維吳道子畵」)『詩集』p.99. "붓이 가는 대로 무심히 그렸지만/ 신묘한 그림에는 털끝까지 그려졌네" "내가 장안의 진한경 집에 머물 때 오도자의 부처 그림을 보았다. 애석하게도 그림은 거의 훼손되었었는데 그 뒤 10여 년이 지나 자준의 집에서 다시 보니 표구를 완벽히 해서 내게 준다. 이에 시를 써서 사례한

다:"覺來信筆不經意, 神妙獨到秋毫顚."(「僕嘗於長安陳漢卿家, 見吳道子畫佛, 碎爛可惜. 其後十餘年, 復見之鮮於子駿家, 則已裝背完好. 子駿以見遺, 作詩謝之.」)『詩集』, p.829.

55 그러나 이 때문에 그의 시 중에는 단지 논변만 있고 시적 운치는 거의 없는 작품이 있다. 몇개의 예를 들면「贈詩僧道通」,「洗兒戱作」,「詠怪石」("家有粗險石, 植之疏竹軒. 人皆喜尋玩, 吾獨思棄捐."),「戱贈秀老」등이다. 뿐만 아니라 일부 작품은 마치 불교의 偈頌처럼 보이는 것도 있는데 예를 들면「王鞏淸虛堂」,「武昌酌菩薩泉送王子立」,「浚井」,「蜀僧明操思歸書龍丘子壁」,「子由作二頌, 頌石台長老問公:手寫「蓮經」, 字如黑蟻, 且誦萬遍, 脅不至席二十余年. 余亦作二首」,「余過溫泉, 壁上有詩云:"直待衆生總無垢, 我方淸冷混常流."問人, 云, 長老可遵作. 遵已退居圓通, 亦作一絶」,「徐大正閑軒」,「記夢」,「虔州景德寺榮師湛然堂」,「王晉卿得破墨三昧, 又嘗聞祖師第一義, 故畫邢和璞房次律論前生圖, 以寄其高趣, 東坡居士旣作破琴詩以記異夢矣, 復說偈云」등이다. 여기서는 이들 시에 대한 분석과 설명을 생략한다.

56 "大家之作, 其言情也必沁人心脾, 其寫景也必豁人耳目. 其辭脫口而出, 無矯揉妝束之態. 以其所見者眞, 所知者眞也. 詩詞皆然. 持此以衡古今之作者, 可無大誤矣."(『人間詞話』『詞話叢編』) p.4252.

2. 해학과 풍자

1 "東坡文章妙天下, 其短處在好罵."(黃庭堅「答洪駒父書」)

2 "蘇詩始學劉禹錫, 故多怨刺, 學不可不愼也."(陳師道『後山詩話』)

3 "子瞻堂堂, 出於峨眉, 司馬班揚. …… 東坡之酒, 赤壁之笛, 嬉笑怒罵, 皆成文章. …… 東坡之在天下, 如太倉之一稊米, 至於臨大節而不可奪, 則與天地相終始."(黃庭堅「東坡先生眞贊」)

4 "如蘇軾之詩, 其境界皆開闢古今之所未有, 天地萬物, 嬉笑怒罵, 無不鼓舞於筆端, 而適如其意之所欲出, 此韓愈後之一大變也, 而極盛矣. 自後或數十年而一變, 或百餘年而一變;或一人獨自爲變, 或數人而共爲變, 皆變之小者也."(葉燮『原詩』卷一)

5 "無一意一事不可入詩者, 唐則子美, 宋則蘇·黃. 要其胸中具有爐錘, 不是金銀銅鐵强令混合也."(劉熙載『藝槪』卷一)
6 "東坡謫黃岡, 與陳慥季常游. 季常自以爲飽禪學, 而妻頗悍忌, 客至, 或詬罵未已, 聲達於外, 季常畏之. 故東坡因詩戲之曰: '誰似龍邱居士賢, 談空說有夜不眠. 忽聞河東獅子吼, 柱杖落手心茫然.'"(『宋詩話輯佚』卷上『西淸詩話』)
7 "宛丘先生長如丘, 宛丘學舍小如舟. 常時低頭誦經史, 忽然欠伸屋打頭. 斜風吹帷雨注面, 先生不愧旁人羞. 任從飽死笑方朔, 肯爲雨立求秦優. ……"(「戲子由」)『詩集』, p.324 蘇轍은 陳州에서 學官직에 있었는데, 陳州는 예전 지명이 宛丘였으므로 소식은 소철에게 "宛丘先生"이라는 별명을 지어 불렀다.
8 "我貧如飢鼠, 長夜空齩嚙."(「孫莘老寄墨四首」)『詩集』, p.1319. "東坡病叟長羈旅, 凍臥飢吟似飢鼠."(「寄蘄簟與蒲傳正」)『詩集』, p.1317. "形容可似喪家狗"(「次韻孔毅父久旱已而甚雨三首」其一)『詩集』, p.1121.
9 "韓詩 '獨醪沸入口, 口角如銜箝. 試將詩義授, 如以肉貫弗. 初食不下喉, 近亦能稍稍.' 皆謔語也. 坡集類此, 不可勝數. 「寄蘄簟與蒲傳正」云: '東坡病叟長羈旅, 凍臥飢吟似飢鼠. 倚賴東風洗破衾, 一夜雪寒披故絮.' 『黃州』云: '自漸無補絲毫事, 尙費官家壓酒囊.' 「將之湖州」云: '吳兒膾縷薄欲飛, 未去先說饞涎垂.' 又 '尋花不論命, 愛雪長忍凍. 天公非不憐, 聽飽卽喧鬨.' 「食筍」云: '紛然生喜怒, 似被狙公賣.' 「種茶」云: '飢寒未知免, 已作太飽計.' '平生五千卷, 一字不救飢.' '飢來憑空案, 一字不可煮.' 皆斡旋其章而用之, 信恢刃有余, 與血指汗顔者異矣."(黃徹『䂬溪詩話』卷十) 여기 인용된 각 시구의 원제는 다음과 같다. "飢寒未知免, 已作太飽計"는 「問大冶長老乞桃花茶栽東坡」, "平生五千卷, 一字不救飢"는 「和孔郞中荊林馬上見寄」, "飢來憑空案, 一字不可煮"는 「虔州呂承奉讀書作詩不已貧甚」.
10 "游戲三昧, 掣電機鋒, 合之以成絶世奇作."(汪師韓)
11 "安州老人心似鐵, 老人心肝小兒舌: 不食五穀惟食蜜, 笑指蜜蜂作檀越. ……"(「安州老人食蜜歌」)『詩集』, p.1707.
12 "作詩有性情, 必有面目, …… 擧蘇軾之一篇一句, 無處不可見其凌空如天馬, 游戲如飛仙, 風流儒雅, 無入不得, 好善而樂與, 嬉笑怒罵, 四時之氣

皆備, 此蘇軾之面目也."(葉燮『原詩』卷三)

13 "듣건대 그대의 처는 현모양처라지/권하거니 절대로 초나라 재상처럼//음식 맛 가지고 따지지 말고/맨발로 손수 가서 술 받아오게//그대 늙은데다가 부끄럼 몰라/아내 못 생긴 것 탓하며 흉보고 헐뜯네//제자들 들으면 실소를 금치 못하리/따뜻한 겨울에도 휘장 없다고 탓하니//벽향주는 고관댁에서 나왔고/좋은 안주는 자네집에서 나오겠지//유영처럼 술 자작하기 못 배웠다면/술 한잔 들고가 상차리는 아내나 도와주게." "聞君有婦賢且廉, 勸君愼勿爲楚相. 不羨紫駝分御食, 自遣赤脚沽村釀. 嗟君老狂不知愧, 更吟丑婦惡嘲謗. 諸生聞語定失笑, 冬暖號寒臥無帳. 碧香近出帝子家, 鵝兒破谷酥流盎. 不學劉伶獨自飮, 一壺往助齊眉餉."(「送碧香酒與趙明淑敎授」)『詩集』, p.693.

14 "바람에 날린 꽃잎 휘장으로 들어오니/한동이 술 생각에 시름이 싹 가시네//깊은 산 꿩 울음소리 듣기 싫지만/우미리 고기에 술 한잔 하고 싶네//작은 물고기에는 가시가 많고/비단깃 꾀꼬리에는 기름이 많지//은근히 보내는 안주감 고운 손 좀 쓰셔서/날 위해 칼을 갈아 좋은 고기 썰어주게.""風卷飛花自入帷, 一樽遙想破愁眉. 泥深厭聽雉頭鶡, 酒淺欣嘗牛尾狸. 通印子魚猶帶骨, 披綿黃雀漫多脂. 殷勤送去煩纖手, 爲我磨刀削玉肌."(「送牛尾狸與徐使君」)『詩集』, p.1091.

15 "衣中甲厚行何懼, 塢里金多退足憑. 畢竟英雄誰得似, 臍脂自照不須燈."(「眉塢」)『詩集』, p.132.

16 "小兒天台坐忘身, 平生不識高將軍, 手汚吾足乃敢嗔, 作詩一笑君應聞." 陳衍(1856~1937)은 이 구절에 대해 "末以嬉笑爲怒罵, 語妙."라고 평어를 남기고 있다.

17 "십리마다 역마를 배치해 놓고/오리마다 봉홧불로 독촉하며//초소에는 병사들 긴급 대기하니/이는 바로 용안과 여지 호송하는 일//산을 넘고 바다를 건너가며/신선한 과일을 가지채 보내었네//궁중 양귀비 웃는 모습 보려고/흘린 핏물이 지금까지 흐르네//영원의 여지가 교지에 이르면/건보년간 공물로 닉양에 보내졌지//이제라도 재상 임보의 고기를 씹고 싶네/술잔 들어 마실 만한 백유는 없지만//하늘이여 원컨대 백성을 사랑하사/좋은 것 만들어서 창생을 구하소서//비바람 잘 불어 오곡이 잘 자라면/백성들 배부르게 풍년이 되리//그대는 보았는가 무이산의 찻싹들/간신배 무리들이 예쁘게 포장해서//황제에

게 아첨하려 별 꾀를 다 내고는/올해의 최고급 차라고 공물로 바친다네//황제에게 부족한게 어찌 이뿐이랴/옥체를 위하는 일에 어찌 저리 비루한가//거짓 충신 전위연처럼/불쌍하게도 목단을 헌납하네." "十里一置飛塵灰, 五里一堠兵火催. 顚坑僕谷相枕籍, 知是荔支龍眼來. 飛車跨山鶻橫海, 風枝露葉如新采. 宮中美人一破顏, 驚塵濺血流千載. 永元荔支來交州, 天寶歲貢取之涪. 至今欲食林甫肉, 無人擧觴酹伯游. 我願天公憐赤子, 莫生尤物爲瘡痏. 雨順風調百谷登, 民不飢寒爲上瑞. 君不見武夷溪邊粟粒芽, 前丁後蔡相籠加. 爭新買寵各出意, 今年斗品充官茶. 吾君所乏豈此物? 致養口體何陋耶! 洛陽相君忠孝家, 可憐亦進姚黃花!"(「荔支嘆」) 『詩集』, p.2126.

18 "何苦將兩耳, 聽此寒蟲號. 不如且置之, 飮我玉色醪." "我憎孟郊詩, 復作孟郊語. 飢腸自鳴喚, 空壁轉飢鼠."(「讀孟郊詩」) 『詩集』, p.796.

19 "帝遣銀河一派垂, 古來惟有謫仙詞. 飛流濺沫知多少, 不與徐凝洗惡詩." (「世傳徐凝〈瀑布〉詩云: 一條界破靑山色. 至爲塵陋. 又僞作樂天詩稱美此句, 有'賽不得'之語. 樂天雖涉淺易, 然豈至哉! 用戱作一絶」) 『詩集』, p.1220

20 "雖痛詆新學, 而以嬉笑出之, 尙未至以怒罵. 只得如此收場. 若再在著語, 便難措手."(紀昀『蘇文忠公詩集』)

21 "以譏世之小人, 乍得權用, 不知上下之分, 若不諂媚妖邪, 卽須頑懱狠劣." (『烏臺詩案』)

22 "言神龍慵懶不行雨, 卻使人心怨天公, 以諷大臣不任職, 不能燮理陰陽, 卻使人怨天子, 以天公比天子, 以神龍社鬼比執政大臣及百職事."(『烏臺詩案』)

23 "以荒林廢沼比朝廷新法屢有更變, 事多荒廢, 致風俗虛浮, 學者誕妄, 如蜩蟁之紛亂, 遂掩耳不欲論文也." 이상의 『烏臺詩案』 자료는 『蘇軾詩集』의 各詩注解에서 인용했다. 이에 관해서는 謝桃坊의 『蘇軾詩硏究』 p.158을 참고할 수 있다.

24 "意言山中之人, 飢貧無食, 雖老猶自採筍蕨充飢. …… 以譏諷鹽法太急也." "意言百姓雖得靑苗錢, 立便於城中浮費使却. 又言鄕村之人, …… 多在城中, 不著次第, 但學得城中語音而已. 以譏諷朝廷新法靑苗·助役不便."(『烏臺詩案』)

25 "이 시 역시 소금법이 지나치게 엄한 것을 풍자했다. 제4수에 대해 고발문서는

'이 시가 청묘법, 조역법을 마땅치 않다고 비난했다'고 적고 있다." "此詩亦似譏刺鹽法太嚴而作. 其四詩案云:此詩以諷靑苗助役不便也." (査愼行)

26 "仁義大捷徑, 詩書一旅亭. 相誇綏若若, 猶誦麥靑靑. 腐鼠何勞嚇, 高鴻本自冥. 顚狂不用喚, 酒盡漸須醒."(「和劉道原寄張師民」)『詩集』, p.333.

27 "游蜂掠盡紛絲黃, 落蕊猶收蜜露香. 待得春風幾枝在, 年來殺菽有飛霜." (「山茶」)『詩集』, p.2395.

28 "惟「山茶」一首怨而太怒"(紀昀『蘇文忠公詩集』)

29 "性情面目, 人人各具. 讀太白詩, 如見其脫屣千乘, 讀少陵詩, 如見其憂國傷時. 其世不我容, 愛才若渴者, 昌黎之詩也;其嬉笑怒罵, 風流儒雅者, 東坡之詩也."(沈德潛『說詩晬語』卷下)

30 "橫山先生說詩, 推杜浣花·韓昌黎·蘇眉山爲三家鼎立. 余謂: …… 蘇眉山天才俊逸, 瀟灑風流, 嬉笑怒罵, 皆成文章. 又因其學力宏瞻, 無入不得. 幸有權臣與之齟齬, 成就眉山到老. 其長詩差可追隨二公, 餘則不在語言文字間與之銖寸較量也."(薛雪『一瓢詩話』)

31 "詩中夾以世俗情態·困苦危險之情, 杜公最多, 韓亦有之. 山水風月, 花鳥物態, 千奇萬狀, 天機活潑, 可驚可喜, 太白·杜公·坡公三家最長. 古今興亡成敗, 盛衰感慨, 悲凉抑鬱, 窮通哀樂, 杜公最多, 韓公亦然. 以事實典重飾其用意, 加以造創奇警, 語不驚人死不休, 此山谷獨有;然亦從杜中得來者, 不過加以造句耳. 雜以嘲戲, 諷諫諧謔, 莊語悟語, 隨興生感, 隨事而發, 此東坡之獨有千古也."(方東樹『昭昧詹言』卷十一)

32 "爲文要有溫柔敦厚之氣, 對人主語言及章疏文字, 溫柔敦厚, 尤不可無. 如子瞻詩, 多於譏玩, 殊無惻怛愛君之意."(楊時『楊龜山集』卷二)

33 "作詩不知風雅之意, 不可以作詩. 詩尙謠諫, 唯言之者無罪, 聞之者足以戒, 乃爲有補. 若諫而涉於毁謗, 聞者怒之, 何補之有?觀蘇東坡詩, 只是譏誚朝廷, 殊無溫柔敦厚之氣, 以此人故得而罪之."(楊時『楊龜山先生語錄』卷二)

34 "謗訕譏罵, 無所不爲.", "今更明上章疏, 肆爲抵訕, 無所忌憚矣."(「監察御史里行何大正札子」) "而軾敢爲悖慢, 無所畏忌,"(「監察御史里行舒 札子」)(朋九萬『烏臺詩案』)

35 "蘇·黃以詩爲戲, 壞事不小."(吳喬『圍爐詩話』卷五)

36 "東坡公詩, 天才宏放, 宜與日月爭光. 凡古人所不到處, 發明殆盡. '萬斛

泉源', 未爲過也. 然頗恨方朔極諫, 時雜滑稽, 故罕逢蘊借."(魏慶之 『詩人玉屑』 卷六引)
37 "余性不愼語言, …… 如茹物不下, 必吐出乃已."(「密州通判廳題名記」) 『文集』, p.376.
38 "言發於心而衝於口"(「錄陶淵明詩」) 『文集』, p.2111.
39 "嗟夫, 余天下之無思慮者也. 遇事則發, 不暇思也. 未發而思之, 則未至. 已發而思之, 則無及. 以此終身, 不知所思."(「思堂記」) 『文集』, p.363 동일한 문장은 『錄陶淵明詩』에도 보인다.
40 "攝心正念"(「思無邪齋銘」) 『文集』, p.574. "端正莊栗"(「續養生論」) 『文集』, p.1983.
41 "從心而動, 不違自然所好, 當身之娛, 非所去也, 故不爲名所勸. 從性而游, 不逆萬物所好, 死後不名, 非所取也, 故不爲刑所及."(『列子·楊朱第七』)
42 "好詩衝口誰能擇"(「重寄」) 『詩集』, p.995.
43 "衝口出常言, 法度法前軌. 人言非妙處, 妙處在於是."(「答明上人」)
44 "文辭雖少作, 勉强非天稟."(「監試呈諸試官」) 『詩集』, p.366.
45 "詩是心聲, 不可違心而出, 亦不能違心而出."(葉燮 『原詩』 卷三)

3. 비유와 웅변

1 "寄臥虛寂堂, 月明浸疏竹. 冷然洗我心, 欲飮不可掬."(「和李太白」 節錄) 『文集』, p.2260.
2 "可憐病石榴, 花如破紅襟."(「和子由記園中草木十一首」) 『詩集』, p.200.
3 逢人自驚蹶, 悶若兒脫襁.(「竹䶉」) 『詩集』, p.212.
4 東海如碧環, 西北卷登萊.(「過萊州雪後望三山」) 『詩集』, p.1391.
5 只有西湖似西子, 故應宛轉爲君容.(「次前韻答馬忠玉」) 『詩集』, p.1761.
6 上流直而清, 下流曲而漪. 畫船俯明鏡, 笑問汝爲誰. 忽然生鱗甲, 亂我須與眉. 散爲百東坡, 頃刻復在玆.(「泛潁」) 『詩集』, p.1794.
7 소식은 멋진 시상이 떠오르면 문장 규칙에 구애됨 없이 신선한 시구를 지어내어 붓이 닿는 대로 새로운 창조가 이루어졌다. 예를 들면 「백보홍」의 시구가 그 한

사례이다. "東坡大氣旋轉, 雖不屑屑於句法·字法中別求新奇, 而筆力所到, 自成創格. 如『百步洪』詩: '有如兎走鷹隼落, 駿馬下注千丈坡, 斷弦離柱箭脫手, 飛電過隙珠翻荷.' 形容水流迅駛, 連用七喩, 實古所未有."(趙翼 『甌北詩話』卷五)

8 "네 구절을 연이어 비유·묘사하는 것만으로 써내려 갔는데, 이를 예전에는 찾아 볼 수 없는 시구로 소식만의 독창이다.""四句聯用比擬, 局陣開拓, 古未有此法, 自先生創之."(查愼行評語) "비유로 시를 쓰는 것은 소식의 장점이다. 이 시는 물살에 떠서 쏜살같이 달리는 배를 묘사한 것인데 기세와 필력이 탁월하니 그야말로 위험을 무릅쓴 통쾌함을 잘 그려내었다.""用譬喩爲文, 是軾所長. 此篇摹寫急浪輕舟, 奇勢迭出, 筆力破余地, 亦眞是險中得樂也."(汪師韓評語) "단지 '마치~'에서는 두 글자를 필두로 일반적 비유를 벗어나 한 구절에 두 개의 비유를 쓰이는 등의 것은 진정 멋진 창조였다.""只用一'有如'貫下, 便脫去連比之調. 一句兩比, 尤爲創格."(紀昀評語)

9 "在風格上的大特色是比喩的豐富·新鮮和貼切, 而且他的詩里還看得到宋代講究散文的人所謂'博喩', …… 我們試看蘇軾的『百步洪』第一首里寫水波衝瀉的一段: '有如兎走鷹隼落, 駿馬下注千丈坡. 斷弦離柱箭脫手, 飛電過隙珠翻荷.' 四句里七種形象, 錯綜利落, 襯得『詩經』和韓愈的例子都呆板滯鈍了. 其他像『石鼓歌』里用六種形象來講'時得一二遺八九', 『讀孟郊詩』第一首里用四種形象來講'佳處時一遭', 都是例證."(錢鍾書『宋詩選注』)

10 周振甫著『詩詞例話』의 "比喩"·"博喩"條 참조.(中國靑年出版社, 1962 北京)

11 "文字鬱律蛟蛇走. 細觀初以指畵肚, 欲讀嗟如箝在口."(「石鼓歌」)『詩集』, p.99.

12 "古器縱橫猶識鼎, 衆星錯落僅名斗. 模糊半已隱瘢胝, 詰曲猶能辨跟肘. 娟娟缺月隱雲霧, 濯濯嘉禾秀稂莠."(「石鼓歌」)『詩集』, p.99.

13 "孤芳擢荒穢, 苦語餘詩騷. 水淸石鑿鑿, 湍激不受篙. 初如食小魚, 所得不償勞. 又似煮彭越, 竟日持空螯."(「讀孟郊詩」)『詩集』, p.796.

14 張子作齋舍, 而以益爲名. 吾聞諸夫子, 求益非速成. 譬如遠遊客, 日夜事征行. 今年適燕薊, 明年走蠻荊. 東觀盡滄海, 西涉渭與涇. 歸來閉戶坐, 八方在軒庭. 又如學醫人, 識病由飽更. 風雨晦明淫, 跛躄瘖聾盲. 虛實在其脈, 靜躁在其情. 榮枯在其色, 壽夭在其形. 苟能閱千人, 望見知死生. 爲學務日益, 此言當自程. 爲道貴日損, 此理在旣盈. 願言書此詩, 以爲益齋銘.(「張寺丞益齋」)『詩集』, p.788.

15 진정한 '益'이란 버리는 일인 '損'에서 출발한다는 이런 역설은『老子』四十二章: "故物, 或損之而益, 或益之而損." 四十八章: "爲學者日益, 爲道者日損." 등에서 빌어 왔다.

16 羨君超然鷺鶴姿, 江湖欲下還飛去. 空使吳兒怨不留, 青山漫漫七閩路. 門前江水去掀天, 寺後淸池碧玉環. 君如大江日千里, 我如此水千山底.(「送張職方吉甫赴閩漕六和寺中作」)『詩集』, p.334.

17 蠹蟫食葉蟲, 仰空慕高飛. 一朝傅兩翅, 乃得黏網悲. 啁啾同巢雀, 沮澤疑可依. 赴水生兩殼, 遭閉何時歸. 二蟲竟誰是, 一笑百念衰. 幸此未化間, 有酒君莫違.(「和陶飮酒」其四全文)『詩集』, p.1881.

18 "應呼釣詩鉤, 亦號掃愁帚."(「洞庭春色」)『詩集』, p.1835.

19 "『易』之有象, 以盡其意, 『詩』之有比, 以達其情."(陳騤『文則』)

20 "事難顯成, 理難言罄, 每託物類以形之, 鬱情欲舒, 天機隨發, 每借物引懷抒之, 比興互陳, 反復唱嘆, 而中藏歡愉慘戚, 隱躍欲傳, 其言淺, 其情深也."(沈德潛『說詩晬語』)

21 "坡公寫日初出則云: '天門夜上賓出日, 萬里紅波半天赤. 歸來平地看跳丸, 黃金一點鑄秋橘.' 寫月初出則云: '明月未出群山高, 瑞光千丈生白毫. 一杯未盡銀濤湧, 亂雲脫壞如崩濤.' 此等氣魄, 直與日月爭光, 李杜文章雖光燄萬丈, 安得不虛此老一席!"(葉矯然『龍性堂詩話』初集) "日出" 구절은 蘇詩『送楊傑』에 나오고, "月出" 구절은 蘇詩『中秋見月和子由』에 나온다.

22 "東坡詩: '留我同行木上座, 贈君無語竹夫人.' 按, 慧日至夾山, 夾山問: '與甚麼人同行?' 日云: '有個木上座.' 蓋謂拄杖也."(吳曾『能改齋漫錄』卷六)

23 "平生長物擾天眞, 老去歸田只此身. 留我同行木上座, 贈君無語竹夫人. 但隨秋扇年年在, 莫豐瓊枝夜夜新. 堪笑荒唐玉川子, 暮年家口若爲親."(「送竹几與謝秀才」)『詩集』, p.1354.

24 "子瞻作詩, 長於譬喩. 如「和子由」詩云: '人生到處知何似? 應是飛鴻踏雪泥. 泥上偶然留指爪, 鴻飛那復計東西.' 「守歲」詩云: '欲知垂歲盡, 有似赴壑蛇. 修鱗牛已沒, 去意誰能遮. 況欲系其尾, 雖勤知奈何!'「畫水官」詩云: '高人豈學畫, 用筆乃其天. 譬如善游人, 一一能操船.'「龍眼」詩云: '龍眼與荔枝, 異出同父祖. 端如柑與橘, 未易相可不.' 皆累數句也. 如一聯, 則 '少年辛苦眞食蓼, 老境淸閑如啖蔗.' 如一句, 卽 '雪里波菱如鐵甲'之類, 不可勝紀". (魏慶之『詩人玉屑』卷十七引〈室中語〉)

25 "東坡酷愛西湖, 嘗作詩云: '若把西湖比西子, 淡妝濃抹也相宜.' 識者謂此兩句已道盡西湖好處. 公又有詩曰: '雲山已作歌眉淺, 山下碧桃淸似眼.' 予謂此詩又是爲西子寫生也. 要識西子, 但看西湖; 要識西湖, 但看此詩." (陳善『捫虱新話』卷八)

26 "先生在黃日, 每有燕集, 醉墨淋漓, 不惜與人, 至於營妓供侍, 扇書帶畫, 亦時有之. 有李琪者, 小慧而頗知書禮. 坡亦每顧之喜, 終未嘗獲公之賜. 至公移汝郡, 將祖行, 酒酣, 奉觴再拜, 取領巾乞書. 公顧視久之, 令琪磨硯, 墨濃, 取筆大書云: '東坡七歲黃州住, 何事無言及李琪?' 卽擲筆袖手, 與客笑談. 客相謂: '語似凡易, 又不終篇, 何也?' 至將徹具, 琪復拜請. 坡大笑曰: '幾忘出場.' 繼書云: '恰似西川杜工部, 海棠雖好不留詩.' 一座擊節, 盡醉而散." (何薳『春渚紀聞』)

27 「和陶赴假還江陵夜行途中」『詩集』, p.2259.

28 "新詩如洗出, 不受外垢蒙."(「僧惠勤初罷僧職」)『詩集』, p.576.

29 "新詩如玉屑, 出語便淸警."(「送參寥師」)『詩集』, p.905.

30 "新詩如彈丸, 脫手不暫停."(「次韻答參寥」)『詩集』, p.948.

31 "作詩火急追亡逋, 淸景一失後難摸."(「臘日游孤山訪惠勤惠思二僧」)『詩集』, p.316.

32 "淸詩似庭燎, 雖美未忘箴."(「次韻朱光庭喜雨」)『詩集』, p.1446.

33 "小詩如秋菊, 艶艶霜中明."(「次韻孫莘老牛野亭寄子由, 在邵伯堰」)『詩集』, p.1374.

34 "子詩如淸風, 颼颼發將旦."(「新渡寺席上, 次趙景貺……」)『詩集』, p.1823.

35 "君詩如秋露, 淨我空中花."(「病中夜讀朱博士詩」)『詩集』, p.1845.

36 "君詩如淸風, 吹我朝睡足."(「袁公濟和劉景文〈登介亭〉詩, 復次韻答之」)『詩集』, p.1702.

37 "詩詞如醇酒, 盎然熏四支."(「答李邦直」)『詩集』, p.665.

38 "新月如佳人, 出海初弄色."(「宿望湖樓再和」)『詩集』, p.351.
39 "瘦竹如幽人, 幽花如處女."(「書鄢陵王主薄所畫折枝二首」)『詩集』, p.1525.
40 "春蘭如美人, 不采羞自獻."(「題楊次公春蘭」)『詩集』, p.1694.
41 "佳人如桃李, 胡蝶入衫袖."(「和鮮於子駿 "鄆州新堂月夜" 二首」)『詩集』, p.844.
42 "美人如春風, 著物物未知. 羇愁似冰雪, 見子先流澌."(「答李邦直」)『詩集』, p.665.
43 "語此長太息, 我生如飛蓬."(「潁州初別子由二首」)『詩集』, p.278.
44 "人生如朝露, 要作百年客."(「九日, 湖上尋周……」)『詩集』, p.511.
45 "此生如幻耳, 戲語君勿慢."(「李公擇過高郵, ……」)『詩集』, p.962.
46 "人生如朝露, 白髮日夜催."(「登常山絶頂廣麗亭」)『詩集』, p.686.
47 "此生太山重, 忽作鴻毛遺."(「和陶詠三良」)『詩集』, p.2184.
48 "我性不飲只解醉, 正如春風弄群卉."(「戲書」)『詩集』, p.2552.
49 "心似已灰之木, 身如不系之舟."(「自題金山畫像」)『詩集』, p.2641.
50 "我今心似一潭月, 君已身如萬斛舟."(「次韻子由書王晉卿畫山水一首, ……」)『詩集』, p.1770.
51 "君如大江日千里, 我如此水千山底."(「送張職方吉甫漕六和寺中作」)『詩集』, p.234.
52 "君如火上煙, 火盡君乃別. 我如鏡中像, 鏡壞我不滅."(「和陶影答形」)『詩集』, p.2307.
53 "君談似落屑, 我飲如弈棋."(「次韻錢穆父會飲」)『詩集』, p.1928.
54 "潛夫曰: 夫譬喩也者, 生於直告之有明, 故假物之然否以彰之."(土符『潛夫論』)
55 "取得成功的內在因素之一就在於他獨特的空間感."(張三夕「論蘇詩中的空間感」『文學遺産』1982, 第二期)
56 『容齋三筆』謂 '蘇公『百步洪』詩, 重復譬喩處, 與韓『送石洪序』同.' 此以文法論之, 固似矣. 而此詩之妙, 不盡於此. 今之選此詩者, 但以『百步洪』原題爲題, 而忘其每篇自有本題. 此篇之本題, 則序中所謂 '追懷曩游, 已爲陳迹' 也. 試以此意讀之, 則所謂 '兎走隼落', '駿馬注坡', '弦離箭脫', '電過珠翻'者, 一層內又貫入前後兩層, 此是何等神光! 而僅僅以疊下

譬喩之文法賞之耶?"(翁方綱『石洲詩話』卷二)

57 "長洪斗落生跳波, 輕舟南下如投梭. 水師絕叫鳧雁起, 亂石一線爭磋磨. 有如兎走鷹隼落, 駿馬下注千丈坡. 斷弦離柱箭脫手, 飛電過隙珠翻荷. 四山眩轉風掠耳, 但見流沫生千渦. 嶮中得樂雖一快, 何意水伯誇秋河. 我生乘化日夜逝, 坐覺一念逾新羅. 紛紛爭奪醉夢里, 豈信荊棘埋銅駝. 覺來俯仰失千劫, 回視此水殊委蛇. 君看岸邊蒼石上, 古來篙眼如蜂窠. 但應此心無所住, 造物雖駛如吾何. 回船上馬各歸去, 多言曉曉師所呵."(「百步洪」) 『詩集』p.891.

58 "應如是生淸淨心, 不應住色生心, 不應住聲香味觸法生心, 應無所住而生其心."(『金剛經』)

59 "此篇, 先生用小說一段事, 裁以爲詩, 而意最高妙."(紀昀『蘇文忠公詩集』)

60 "東方雲海空復空, 群仙出沒空明中, 蕩搖浮世生萬象, 豈有貝闕藏珠宮? 心知所見皆幻影, 敢以耳目煩神功. 歲寒水冷天地閉, 爲我起蟄鞭魚龍: 重樓翠阜出霜曉, 異事驚倒百歲翁. 人間所得容力取, 世外無物誰爲雄, 率然有請不我拒, 信哉人厄非天窮. 潮陽太守南遷歸, 喜見石廩堆祝融, 自言正直動山鬼, 豈知造物哀龍鍾. 伸眉一笑豈易得, 神之報汝亦已豐. 斜陽萬里孤鳥沒, 但見碧海磨靑銅. 新詩綺語亦安用? 相與變滅隨東風."(「登州海市」)『詩集』, p.1387.

61 "此詩出之他人, 則'斜陽'二句已可結矣. 公必找截干淨而唱嘆無窮, 此猶海市靈奇不可以端倪也"(王文誥註)『詩集』, p.1387.

62 "只'重樓翠阜出霜曉'一句着題, 此外全用議論, 亦避實擊虛法也. 若將幻影寫作眞境, 縱摹擬盡情, 終屬拙手"(查愼行註)『詩集』, p.1387.

63 "平沙何茫茫, 仿佛見石蕝. 縱橫滿江上, 歲歲沙水齧. 孔明死已久, 誰復辨行列. 神兵非學到, 自古不留訣. 至人已心悟, 後世徒妄說. 自從漢道衰, 蜂起盡奸傑. 英雄不相下, 禍難久連結. 驅民市無煙, 戰野江流血. 萬人賭一擲, 殺盡如沃雪, 不爲久遠計, 草草常無法. 孔明最後起, 意欲掃群孽. 崎嶇事節制, 隱忍久不決. 志大遂成迂, 歲月去如瞥. 六師紛未整, 一旦英氣折. 惟餘八陣圖, 千古壯夔峽."(「八陣磧」)『詩集』, p.27.

64 "諸葛亮造八陣圖於魚復平沙之上, 壘石爲行"(『晉書·桓溫』)

65 "解以不解, 用筆巧妙, 善於擊虛."(紀昀)『詩集』, p.27.

66 "我夢游天台, 橫空石橋小. 松風吹茵露, 翠濕香裊裊. ……"(「贈杜介」)
『詩集』, p.1369.
67 "元豐八年七月二十五日, 杜幾先自浙東還, 與余相遇於金山, 話天台之異, 以詩贈之"『詩集』, p.1369.
68 "不述杜介之話而自述夢游, 使實境皆從空明中出."(汪師韓評語)『詩集』, p.1369.
69 "了無深意, 而說來通體精彩, 此眞善於蹈空"『詩集』, p.326.
70 "忽從泗州生情, 善於搗虛, 然是借發實理, 不比小巧弄筆"『詩集』, p.1591.
71 "詩無定律君應獎, 醉有眞鄕我可侯"(蘇軾 「次韻王定國得晉卿酒相留夜飮」)『詩集』, p.1617.
72 "東坡詩善於空諸所有, 又善於無中生有, 機括實自禪悟中來. 以辯才三昧而爲韻言, 固宜其舌底瀾翻如是." "滔滔汨汨說去, 一轉便見主意, 『南華』・『華嚴』最長於此. 東坡古詩慣用其法."(劉熙載『藝槪』卷二)
73 "坡詩縱橫如古文, 固須學其使才恣肆處, 尤當細求其法度細致處, 乃爲作家."(方東樹『昭昧詹言』卷十一)
74 "我今不飮非不飮, 心月皎皎常孤圓. 有時客至亦爲酌, 琴雖未去聊忘弦. 吾宗先生有深意, 百里雙罌遠將寄. 且言不飮固亦高, 擧世皆同吾獨異. 不如同異兩俱冥, 得鹿亡羊等嬉戲. 決須飮此勿復辭, 何用區區較醒醉."(「謝蘇自之惠酒」)『詩集』, p.226.
75 "旋轉自如, 只如口語, 而不落淺易, 格力高也. 然此種殊不易學, 無其格力, 而以頹唐出之, 風斯下矣. 一路莊論, 幾無轉身之地, 忽化出此意作結, 可謂辯才無礙."(紀昀)『詩集』, p.226.
76 "興亡百變物自閑, 富貴一朝名不朽. 細思物理坐嘆息, 人生安得如汝壽!"(「石鼓歌」)『詩集』, p.99.
77 "蘇詩此歌, 魄力雄大, 不讓韓公."(翁方綱『漁洋詩髓論』)
78 "雄文健筆, 句奇語重, 氣魄與韓退之作相垺而研煉過之."(汪師韓)『詩集』, p.99.
79 柳公手中黑蛇滑, 千年老根生乳節. 忽聞鏗然爪甲聲, 四坐驚顧知是 鐵. 含簧腹中細泉語, 迸火石上飛星裂. 公言此物老有神, 自昔閩王餉吳越. 不知流落幾人手, 坐看變滅如春雪. 忽然贈我意安在, 兩脚未許甘衰歇. 便尋轍迹訪崆峒, 徑渡洞庭探禹穴. 披榛覓藥采芝菌, 刺虎鋤蛟擉蛇蠍. 會敎化作兩錢錐, 歸來見公未華發. 問我鐵君無恙否, 取出摩挲向公說.(「鐵拄杖」)『詩集』, p.1063.

80 "『鐵拄杖』詩雄奇, 使李太白復生, 所作不過如此. 平時士大夫作詩送物, 詩常不及物. 此詩及鐵拄杖均爲瑰瑋驚人也."(黃庭堅『預章黃先生文集』卷八)

81 "……引喩論據博辯, 詳切高深, 坡公敏於著述如此."(蘇轍『欒城遺言』)

82 "針頭如麥芒, 氣出如車軸. 間關脈絡中, 性命寄毛粟. 而況淸淨眼, 內景含天燭 ……"(「贈眼醫王彥若」)『詩集』, p.1331.

83 "'而我初不知'八句游刃有餘, 汪洋自恣, 漆園之言也. 不謂有韻之文, 亦能馳騁至此!"(査愼行)『詩集』, p.1331.

84 "一意翻騰, 發難送解, 險語奇詞, 絡繹奔會, 令人可怖可喜, 忘其爲有韻之文. 李之儀所謂極天地之變化者, 此種是也."(汪師韓)『詩集』, p.1331.

85 "水性故自淸, 不淸或撓之. 君看此廉泉, 五色爛麼尼. 廉者爲我廉, 何以此名爲. 有廉則有貪, 有慧則有疑. 誰爲柳宗元, 孰是吳隱之? 漁父足豈潔, 許由耳何淄. 紛然立名字, 此水了不知. 毀譽有時盡, 不知無盡時. 挹來廉泉上, 抖須看鬢眉. 好在水中人, 到處相娛嬉."(「廉泉」)『詩集』, p.2054.

86 "亦是描寫實際, 且又是兩人筆墨, 而浩瀚淋漓, 生氣迥出. 前篇尙有韓歌在前, 此篇則古所未有, 實蘇公獨立千古之作. 卽如'亭亭雙林間'直到'頭如黿'一氣六句, 方是個'筆所未到氣已吞'也. 其神采, 固非一字一句之所能蓋."(翁方綱『漁洋詩髓論』)

87 "古人得意語, 皆是自道所得處, 所以衝口卽妙, 千古不磨. 今人但學人說話, 所以不動人, 此誠之不可掩也. 以此觀大家無不然, 而陶·杜·韓·蘇·黃尤妙. 神品妙品, 筆勢奇縱. 神變氣變, 渾脫溜亮. 一氣奔赴中, 又頓挫沉鬱. 所謂'海波翻'·'氣已吞'·'一一可尋源'·'仙翩謝樊籠'等語, 皆可狀此詩. 眞無閑言."(方東樹『昭昧詹言』卷十二)

88 "사람이 태어나 글자를 알면서 우환이 시작되니/적당히 이름만 쓸 줄 알면 그만이다//어째서 초서 써서 글씨를 자랑하나/글씨 쓴 것 펼쳐보면 시름만 쌓인다//근래에 집을 지어 취묵이라 이름 했으니/좋은 술 마시면 온갖 시름 잊는 듯//유지후의 말이 틀리게 아니네/병이들면 석탄을 요리처럼 먹는다는//그대의 시법도 최고의 경지에 이르러/붓과 벼루를 산처럼 버렸다지//한번 붓을

들면 끊임없이 써내려가/천리마가 순식간에 온 나라 달리 듯//내 글씨는 마음대로 써서 법도가 없으니/붓 가는대로 쓸 뿐 다듬질 않네//어째서 독창적이라는 논의해대며//자잘한 글자들을 소장하는지//종요와 장지에 그대도 못지 않고/나씨나 조씨 서예에 나도 못지 않네//벼루를 앞에 두고 글씨 고생할 것 없네/보통의 천으로도 이불만 되면 그뿐이리.'" 人生識字憂患始, 姓名粗記可以休. 何用草書誇神速, 開卷惝怳令人愁. 我嘗好之每自笑, 君有此病何能瘳. 自言其中有至樂, 適意不異逍遙游. 近者作堂名醉墨, 如飮美酒消百憂. 乃知柳子語不妄, 病嗜土炭如珍羞. 君於此藝亦云至, 堆牆敗筆如山邱. 興來一揮百紙盡, 駿馬倏忽踏九州. 我書意造本無法, 點劃信手煩推求. 胡爲議論獨見假, 只字片紙皆藏收. 不減鍾張君自足, 下方羅趙我亦優. 不須臨池更苦學, 完取絹素充衾裯."(「石蒼舒醉墨堂」)『詩集』, p.235.

89 "七言古詩, ······ 須是波瀾開合, 如江海之波, 一波未平, 一波復起. 又如兵家之陣, 方以爲正, 又復爲奇, 方以爲奇, 忽復爲正, 奇正出入, 變化不可紀極."(范梈『仇注杜詩』卷一引)

90 "章法變化, 筆勢騰擲, 波瀾壯闊, 眞太史公之文"(方東樹)

91 "一氣湧出, 而曲折深至, 無一直率之筆."(紀昀『蘇文忠公詩集』)

92 "此東坡第一長篇, 雖非佳作, 然一氣滔滔, 不冗不雜, 亦是難事."(紀昀『蘇文忠公詩集』)

93 각 시의 제목은 다음과 같다.「和子由聞子瞻將如終南太平宮溪堂讀書」『詩集』, p.179.「次韻章傳道喜雨」『詩集』, p.622.「寄周安孺茶」『詩集』, p.1162.

94 "論書實自道其所得."(汪師韓)

95 "先將旱勢寫得淋漓極致, 以待下二章轉關, 反覆詳盡, 淸絶滔滔. 呼作快哉謠不虛也. ······"(汪師韓)

96 "說得通透, 使人心融神釋. 凡經史傳記在家之言, 信手拈來, 無不貫穿協合. 前古詩人未嘗有此, 此所謂 '詩到蘇黃盡'也."(汪師韓)

97 각 시의 제목은 다음과 같다.「次韻子由論書」『詩集』, p.209.「次韻孔毅父久旱已而甚雨」『詩集』, p.1121.「秦少游夢發殯而葬之者, 云是劉發之柩, 是歲發首薦. 秦以詩賀之, 劉涇亦作, 因交其韻」『詩集』, p.1272.

98 각 시의 제목은 다음과 같다.「次韻僧潛見贈」『詩集』, p.879.「送參寥詩」『詩集』, p.905.

99 "송대의 시 중에는 뛰어난 것이 참 많다. 예를 들면 소식의 경우 자유분방하고 멋진 시의가 마음껏 발휘되었다. 그야말로 한·위·진·당시들에 구애 받지 않으면서도 그 시풍을 잇고 있는 것이다. 이것이 바로 송시다. 시로는 논리성 있는 내용을 지으면 안된다는 말은 참으로 어린아이들의 견해와 무엇이 다른가?"
"宋人之詩, 高者固多, 有如蘇長公發妙趣於橫逸譎浪, 蓋不拘拘爲漢魏晉唐, 而卒與之合. 乃曰此直宋詩耳, 詩何以議論爲？此與兒童之見何異！"
(婁堅)

소식의 시적 경지

1. 사변

1 "夫詩者, 衆妙之華實, ……精思一搜, 萬象不能藏其巧"（皎然『詩式』）"精思"라는 낱말의 시학 상의 의미는 청대 袁枚의『續詩品·精思』에 구체적으로 보인다: "빠르고도 잘 걷기, 이 두 가지를 동시에 잘하기는 어려운 일이며, 쉽게 자란 것은 또한 쉽게 사라진다. 문장에 한 글자도 더 가할 필요가 없을 정도가 된 것은 감흥이 일어나서 기막히게 씌여진 까닭이지만, 천부적인 재능도 알고보면 수없이 검토한 결과이다. 오로지 정밀한 사유를 통해서만이 뛰어난 시상을 포착할 수 있으니, 남들의 생각이 집안에서 맴돌때 내생각은 하늘끝까지 나래를 펴는 것이다."(疾行善步, 兩不能全 暴長之物, 其亡忽焉 文不加點, 興到語耳 也明天才, 思十反矣 惟思之精, 屈曲超邁 人居屋中, 我來天外)

2 "富貴本無定, 世人自榮枯 囂囂好名心, 嗟我豈獨無 不能便退縮, 但使進少徐 我行念西國, 已分田園蕪 南來竟何事, 碌碌隨商車 自進苟無補, 乃是懶且愚 人生重意氣, 出處夫豈徒 永懷江陽叟, 種藕春滿湖"（「泗陽早發」）『詩集』, p.70.

3 "途中感懷, 適在泗陽, 遂以泗陽命篇 不爲泗陽作也, 故不及山川地理"（紀昀『蘇文忠公詩集』）

4 "日落紅霧生, 繫舟宿牛口 居民偶相聚, 三四依古柳 負薪出深谷, 見客喜且售 煮蔬爲夜飱, 安識肉與酒 朔風吹茅屋, 破壁見星斗 兒女自呀嚘, 亦足樂

且久 人生本無事, 苦爲世味誘 富貴耀吾前, 貧賤獨難守 誰知深山子, 甘與麋鹿友 置身落蠻荒, 生意不自陋 今予獨何者, 汲汲强奔走"(「夜泊牛口」)『詩集』, p.9.

5 "언덕에서 고개 돌려 헤어진 곳 돌아보니/오직 오사모만 오르락내리락//매서운 추위에 엷은 자네 옷 안쓰러워/마른 말 홀로 타고 달빛 밟아가네//나그네는 노래하고 마을 사람 즐기는데/시름 젖은 내 모습 종녀석이 이상하다네//인생에는 반드시 이별이 있지만/세월 흘러감이 오직 두려워/쓸쓸한 등불 앞에서 옛일을 추억하며/어느 날 우리 함께 밥비소리 들어보리//그대도 이런 약속 잊지 말고/고관에 오르는 일에 매달리지 말게나." "不飮胡爲醉兀兀, 此心已逐歸鞍發. 歸人猶自念庭闈, 今我何以慰寂寞. 登高回首坡壟隔, 但見烏帽出復沒. 苦寒念爾衣裘薄, 獨騎瘦馬踏殘月. 路人行歌居人樂, 童僕怪我苦悽惻. 亦知人生要有別, 但恐歲月去飄忽. 寒燈相對記疇昔, 夜雨何時聽蕭瑟. 君知此意不可忘, 愼勿苦愛高官職."(「辛丑十一月十九日, 旣與子由別于鄭州西門之外, 馬上賦詩一篇寄之」) 『詩集』, p.95.

6 "人生到處知何似, 應似飛鴻踏雪泥. 泥上偶然留指爪, 鴻飛那復計東西."(「和子由澠池懷舊」)『詩集』, p.96.

7 "薑鹽煎茶, 亦蜀中風俗."『詩集』, p.655.

8 "我生百事常隨緣, 四方水陸無不便 扁舟渡江適吳越, 三年飮食窮芳鮮 …… 老妻稚子不知愛, 一半已入薑鹽煎 人生所遇無不可, 南北嗜好知誰賢 死生禍福久不擇, 更論甘苦爭蚩妍 知君窮旅不自釋, 因詩寄謝聊相鐫"(「和蔣夔寄茶」) 『詩集』, p.653.

9 "杖藜觀物化, 亦以觀我生."(「西齋」)『詩集』, p.630.

10 "我昔南行舟繫汴, 逆風三日沙吹面. 舟人共勸禱靈塔, 香火未收旗脚轉. 回頭傾客失長橋, 卻到龜山未朝飯. 至人無心何厚薄, 我自懷私欣所便. 耕田欲雨刈欲晴, 去得順風來者怨. 若使人人禱輒遂, 造物應須日千變. 今我身世兩悠悠, 去無所逐來無戀. 得行固願留不惡, 每到有求神亦倦. 退之舊云三百尺, 澄觀所營今已換. 不嫌俗士汚丹梯, 一看云山繞淮甸."(「泗州僧伽塔」)『詩集』, p.289.

11 "橫看成嶺側成峰, 遠近高低各不同. 不識廬山眞面目, 只緣身在此山中."(「題西林壁」)『詩集』, p.1219.

12 "吏民莫扳援, 歌管莫凄咽 吾生如寄耳, 寧獨爲此別 別離隨處有, 悲惱緣愛

結 而我本無恩, 此涕誰爲設 紛紛等兒戲, 鞭鐙遭割截 道邊雙石人, 幾見太守發 有知當解笑, 撫掌冠纓絶"(「罷徐州, 往南京, 馬上走筆寄子由五首」其一)『詩集』, p.935.

13 "先生飮東坡, 獨舞無怕屬. 當時挹明月, 對影三人足. …… 吾生如寄耳, 何者爲禍福. 不如兩相忘, 昨夢那可逐……"(「和王晉卿」)『詩集』, p.1422.

14 "…… 夜中聞長嘯, 月露荒榛蕪 無問亦無答, 吉凶兩何如"(「和陶擬古九首」其三)『詩集』, p.2260.

15 "雕欄能得幾時好, 不獨憑欄人易老."(「法惠寺橫翠閣」)『詩集』, p.426.

16 "江邊身世兩悠悠, 久與滄波共白頭 造物亦知人易老, 故敎江水向西流"(「八月十五日看潮五絶」)『詩集』, p.484.

17 "若言琴上有琴聲, 放在匣中何不鳴? 若言聲在指頭上, 何不於君指上聽?"(「題沈君琴」)『詩集』, p.2534.

18 "偈云, '聲無旣無滅, 聲有亦非生. 生滅二緣離, 是則常眞實', 此詩宗旨, 大約本此"『詩集』, p.2535.

19 "言有盡而意無窮."(嚴羽『滄浪詩話·詩辨』)(呂本中『童蒙詩訓』)(袁中道『吳表海先生詩序』)

20 "故曰風行水上渙, 此亦天下之至文也. 然而此二物者豈有求乎文哉? 無意乎相求, 不期而相遭, 而文生焉. 是其爲文也, 非水文也, 非風之文也, 二物者非能爲文, 而不能不爲文也, 物之相使而文出乎其間也. 故曰此天下之至文也."(「嘉祐集卷」十五「仲兄字文甫說」)『嘉祐集』上海古籍出版社.

21 "至和無攫繹, 至平無按抑, 不知微妙聲, 究竟從何出? 散我不平氣, 洗我不和心 此心知有在, 尙復此微吟"(「聽僧昭素琴」)『詩集』, p.576.

22 "大方無隅, 大器晩成, 大音希聲, 大象無形."(『老子·四一章』) 여기서 "晩"·"希"는 없음(無)의 뜻으로, 위의 시 "至和無攫繹, 至平無按抑"처럼 절대적인 것은 인간의 척도로 파악되거나 인위적으로 지어질 수 없다는 뜻이다

23 "丹靑弄筆聊爾耳, 意在萬里誰知之 干惟畫肉不畫骨, 而況失實空留皮……"(「次韻子由書李伯時所藏韓干馬」)『詩集』, p.99.

24 "……廐馬多肉尻錐圓, 肉中畫骨誇尤難 金羈玉勒繡羅鞍, 鞭垂刻烙傷天全, 不如此圖近自然, 平沙細草荒芊綿, 驚鴻脫兎爭後先 王良挾策飛上天,何必俯首服短轅！"(「書韓干牧馬圖」)『詩集』, p.721.
25 "摩詰得之于象外"(「王維吳道子畵」)『詩集』, p.99.
26 "誰言一點紅, 解寄無邊春！"(「書鄢陵王主薄所畵折枝二首」)『詩集』, p.1525.
27 "위성도를 못보고 어찌 위성의 노래를 부르랴/옛 사람들은 그저 그림 값만 좋아했네//용면거사만이 이 시의 깊은 뜻 알고/양관 저 너머 들리는 노래 소리를 그려냈네""不見何戡唱渭城, 舊人空數米嘉榮 龍眠獨識殷勤處, 畵出陽關意外聲"(「書林次中所得李柏時 "歸去來" "陽關" 二圖後」其一)『詩集』, p.1598.
28 "청헌 선생은 돈이 한 푼 없어/금학도 한 폭을 이 집에 남겼네//채 없는 북, 현 없는 거문고 소리를 아무도 모르지만/이 집에선 언제나 신선이 춤을 추네." "淸獻先生無一錢, 故應琴鶴是家傳 誰知默鼓無弦曲, 時向珠宮舞幻仙" (「題李伯時畵 "趙景仁琴鶴圖" 二首其一」)『詩集』, p.1606.
29 "옛날 완적과 소식은/언제나 스스로 빛을 발했지//도연명도 초연한 생각에/귀향해서 잡초와 벗했지//버드나무에 서리 내리고/강 위에 바람 세도/울타리 아래 국화꽃 딴 것은/꽃에 마음이 있는게 아니었지//서민처럼 술 한 잔 들면/문득 취해서 마음껏 놀았지//무심히 남산을 바라다볼 때/그 정신은 가을 하늘처럼 높았지""彼哉嵇阮曹, 終以明自膏 靖節固昭曠, 歸來侶蓬蒿 新霜著疏柳, 大風起江濤 東籬理黃菊, 意不在芳醪 白衣挈壺至, 徑醉還游遨 悠然見南山, 意與秋氣高"(「題李伯時 "淵明東籬圖"」)『詩集』, p.2542.
30 "又云: 不要苦思, 苦思則喪自然之質 此亦不然 夫不入虎穴焉得虎子？取境之時, 須至難至險, 始見奇句;成篇之後, 觀其氣貌, 有似等閑, 不思而得:此高手也"(皎然『詩式·取境』)
31 "古來畵師非俗士, 妙想實如詩同出"(「次韻吳傳正枯木歌」)『詩集』, p.1961.
32 "淵明作詩意, 妙想非俗慮"(「和陶詠二疏」)『詩集』, p.2183.
33 "人有悲歡離合, 月有陰晴圓缺, 此事古難全 但願人長久, 千里共嬋娟" (「水調歌頭」) 龍楡生校箋『東坡樂府箋』, 中華書局, 1979, 香港.
34 "人生無離別, 誰知恩愛重.……離合旣循環, 憂喜迭相攻.……"(「穎州初別子由二首」其二)『詩集』, p.278.
35 "衆生以愛, 故入生死. 由於愛境, 有逆有順. 而生喜怒, 造種種業."(「廣州東莞縣資福禪寺羅漢閣記」)『文集』, p.396.
36 "湖上野芙蓉, 含思愁脈脈 娟然如靜女, 不肯傍阡陌 詩人杳未來, 霜艷冷難宅 君行遂鷗鷺, 出處浩莫測 葦間聞拏音, 云表已飛屐 使我終日尋, 逢花不忍摘 人生如朝露, 要作百年客 喟彼終歲勞, 幸玆一日澤 願言竟不遂, 人事多乖隔 悟此知有命, 沈憂傷魂魄"(「九日, 湖上尋周李二君, 不見, 君亦見尋於湖上, 以詩見寄, 明日乃次其韻」)『詩集』, p.50.
37 "君不見潞州別駕眼如電, 左手掛弓橫捻箭 又不見雪中騎驢孟浩然, 皺眉吟詩肩聳山: 飢寒富貴兩安在? 空有遺像留人間 此身常擬同外物, 浮云變化無蹤迹 問君何苦寫我眞? 君言好之聊自適 黃冠野服山家容, 意欲置我山岩中 勳名將相今何限, 往寫襃公與鄂公"(「贈寫眞何充秀才」)『詩集』, p.587.
38 "百年一俯仰, 寒暑相主客. 稍增裘褐氣, 已覺團扇厄. 不煩計榮辱, 此喪彼有獲. 我琴終不敗, 無擢亦無釋……"(「次韻王郎子立風雨有感」)『詩集』, p.1594.
39 감성보다 이성사유가 주도했던 이런 현상을 두고 胡曉明은 이렇게 설명한다. "송 이전 사람들이 관심을 가졌던 것은 천지만물에 모두 생명과 정감이 있다는 것이다. 그러나 송대 사람들이 믿은 것은 모든 만물에 법칙과 규율이 있다는 사실이다. 즉 예전 사람들은 정감으로 사물을 인식했다면 송대의 사람들은 사리와 이성으로 사물의 본질을 파악하려 했다."(「尙意的詩學與宋代人文精神」) 『문학유산』1991, 제2기.
40 "公子只應見畵, 此中我獨知津. 寫到水窮天杪, 定非塵土間人."(「失題三首」其三)『詩集』, p.2655.
41 "風晴日暖搖雙竹, 竹間對語雙鸜鵒 鸜鵒之肉不可食, 人生不才果爲福 子舟之筆利如錐, 千變萬化皆不機 未知筆下鸜鵒語, 何似夢中蝴蝶飛"(「戱詠子舟畵兩鸜鵒」)『詩集』, p.2733.
42 "柏生兩石間, 天命本如此 雖云生之艱, 與石相終始 韓子俯仰人, 但愛平地美 十膏雜黃壤, 成壞幾何耳 君看此槎牙, 豈有可移理 蒼龍轉土骨, 黑虎抱金柅 畵師亦可人, 使我毛髮起 當年落筆意, 正欲譏韓子"(「柏石圖詩」)『詩集』, p.1578.
43 "以議論爲詩"(嚴羽『滄浪詩話』詩辯)
44 "我雖不知文, 嘗聞於達者. 文以意爲車, 意以文爲馬. 理强意乃勝, 氣盛文如駕"(張耒「與友人論文因以詩投之」)
45 앞의 주

2. 달관

1 "心正則筆正"(蘇軾「唐氏六家書後」)『文集』, p.2206. 이 귀절의 원출처는 『舊唐書·柳公權傳』이다.
2 "右軾啓:軾聞古之君子, 欲知是人也, 則觀之以言;言之不足以盡也, 則使之賦詩, 以觀其志."(「謝梅龍圖啓」)『文集』, p.1424.
3 "君之詩淸厚靜深, 如其爲人, 而每篇輒出新意奇語, 宜爲人所共愛, 其勢非君深自覆匿, 人必知之."(「晁君成詩集引」)『文集』, p.319.
4 그의 사람됨은 깊이가 있어 남에게 알려지기를 원치 않았다. 그의 문장도 그 사람됨처럼 넓고도 맑아 한번 보면 탄복하지 않을 수 없게 한다. "其爲人深不願人知之, 其文如其爲人, 故汪洋澹泊, 有一唱三嘆之聲."(『答張文潛書』)『文集』, p.1882.
5 "張文潛, 秦少游此兩人者, 士之超越絶塵者也.……士如良金美玉, 各有定價, 豈可以愛憎口舌貴賤之歟!"(「太息一章送秦少章秀才」)『文集』, p.1979. 진소장의 이름은 覯(적)이다.
6 "此人如精金美玉,……意其超軼絶塵, 獨立萬物之表, 馭風騎氣, 以與造物者游, 非獨今世之君子扨不能用, 雖如軾之放浪自棄, 與世疏闊者, 亦莫得而友也"(「答黃魯直書」)『文集』, p.1531.
7 "合於天造, 厭於人意. 蓋達士之所寓也歟!"(蘇軾「淨囚院畵記」)『文集』, p.367.
8 "陶淵明作「無弦琴」詩云:'但得琴中趣, 何勞弦上聲' 蘇子曰:淵明非達者也 五音六律, 不害爲達, 苟爲不然, 無琴可也, 何獨弦乎?"(蘇軾「淵明非達」)『文集』, p.2029. 현존하는 도연명시집에「無弦琴」시는 전하지 않는다.
9 "劉伯倫嘗以鍤自隨, 曰:'死便埋我' 蘇子曰:伯倫非達者也 棺槨衣衾, 不害爲達 苟爲不然, 死則已矣, 何必更埋!"(「劉伯倫非達」)『文集』, p.2022. 劉伶에 관한 소식의 이런 견해는 그의 시에서도 보인다. "죽으면 묻어달라는 유영은 이상도해라/죽음은 잊었다면서 왜 시신을 염려할까//솔개가 파먹건 개미

가 먹건/이런 분별심을 떨쳤다고 누가 믿으랴"("常怪劉伶死便埋, 豈伊忘死 未忘骸. 烏鳶奪得與螻蟻, 誰信先生無此懷."(「濠州七絶·逍遙台」)『詩 集』, p.284.

10 "『南史』: 劉凝之爲人認着屨, 卽予之 此人後得所失屨, 送還, 不肯復取 沈 麟士亦爲隣人認所着屨, 麟士才笑曰: "是卿屨耶?" 卽予之. 隣人後得所 失屨, 送還之. 麟士曰: "非卿屨耶?" 笑曰受之. 此雖小節, 然人處世, 當 如麟士, 不當如凝之也."(「劉沈九屨」)『文集』, p.2031.

11 "方其寓形於一醉也, 齊得喪, 忘禍福, 混貴賤, 等賢愚, 同乎萬物, 而 與造物者游, 非獨自非於樂大而"(「醉白堂記」)『文集』, p.344

12 위에서 인용한 "超越絶塵"(「太息一章送秦少章秀才」)『文集』p.1979. "超 軼絶盡"(「答黃魯直書」)『文集』, p.1531의 두 가지 이외에도 "英瑋絶世", "高風絶塵"(「書黃子思詩集後」)『文集』, p.2124. "飄逸絶塵"(「書李白 詩」)『文集』, p.2098. "超然勝絶"(「答秦太虛書」)『文集』, p.1534 등은 모두 그들의 시문에 대한 칭찬이자 동시에 인품에 대한 찬사이다.

13 "我雖不解飮, 把盞歡意足. 試呼白發感秋人, 令唱黃鷄催曉曲. 與君登科如 隔晨, 敝袍霜葉空殘綠. 如今莫問老與少, 兒子森森如立竹. 黃鷄催曉不須 愁, 老盡世人非我獨."(「與臨安令宗人同年劇飮」)『詩集』, p.450.

14 "年年歲歲花相似, 歲歲年年人不同. 寄言全盛紅顔子, 應憐半死白頭翁." (劉希夷「代悲白頭翁」)

15 "感此傷妾心, 坐愁紅顔老."(李白「長干行」)

16 "人生有離合. 豈擇衰老端. 憶昔少壯日. 遲回竟長嘆."(杜甫「垂老別」)

17 "멀건 곡주가 녹차나 탕국보다는 낫고/거친 천 옷이 옷 없는 것보다 낫네……살아서는 부귀 영화/죽어서는 만세문장//인생 백 년 허둥댄다 해도/백이와 도척 모두 죽어 없으니//그저 한 번 좋은 술에 크게 취해서/시비희비 생사고 락 잊어버리자.""멀건 곡주를 두세 잔 마시고/거친 천의 옷 두세 벌 걸치네……//언제나 멋진 문장으로 귀 멀고 눈먼 자를 속여/저 궁궐 안 권세가들 부끄럽게 만들까//달인은 스스로 달하는 법이니 술은 무슨 소용이랴/세상의 시비 희비란 본래 공한 것""薄薄酒, 勝茶湯; 鹿鹿布, 勝無裳.……生前富 貴, 死後文章, 百年瞬息萬世忙. 夷齊盜跖俱亡羊, 不如眼前一醉是非憂樂 兩都忘.(其一) 薄薄酒, 飮兩鍾; 鹿鹿布, 著兩重;……文章自足欺盲聾, 誰使一朝富貴面發紅. 達人自達酒何功, 世間是非憂樂本來空.(其二)(「薄

薄酒二首」)『詩集』, p.687.
18 "(그대를 보내고) 돌아와 방을 치우니/ 텅 빈 방이지만 홀로 기쁘다.// 사물의 본질에서 노니는 것/ 세상 사람들이 어찌 알리요." "歸來掃一室, 虛白以自怡. 游於物之初, 世俗安得知."(「送張安道赴南都留台」)『詩集』, p.269.
19 "夢里靑春可得追? 欲將詩句絆餘暉. 酒闌病客惟思睡, 蜜熟黃蜂亦懶飛. 芍藥櫻桃俱掃地, 鬢絲禪榻兩忘機. 憑君取法界觀, 一洗人間萬事非."(「和子由四首」〈送春〉)『詩集』, p.627.
20 "誰似東坡老, 白首忘機"(蘇軾「八聲甘州·寄參寥子」) 龍楡生校箋『東坡樂府箋』卷二, p.56.
21 "長恨此身非我有, 何時忘卻營營. 夜闌風靜縠紋平. 小舟從此逝, 江海寄余生."(「臨江仙·夜歸臨皐」)(용유생)같은 책, p.12.
22 "誰怕. 一簑煙雨任平生.……歸去. 也無風雨也無晴.(「定風波」) 원풍 5년(1082) 작품.
23 소식은 위의 사 「정풍파」를 지은 지 15년 후인 소성4년(1097) 혜주에서 다시 해남도로 재차 귀양을 가서는 이 사와 시의가 같은 시 「獨覺」(강호에 살다보니 마음 절로 한가하다/오히려 북풍에 감기 들까 두려울 뿐// …… 쓸쓸히 걸어 온 길 고개 들어 돌아보니/비바람도 없었고 개인 날도 아니었네. "瘴霧三年恬不怪, 反畏北風生體疥.……回首向來蕭瑟處, 也無風雨與無晴.")을 남기고 있다.
24 "是堂之作也, 吾非取雪之勢, 而取雪之意. 吾非逃世之事, 而逃世之機. 吾不知雪之爲何觀賞, 吾不知世之爲何依違. 性之便, 意之適, 不在於他, 在於群息已動, 大明旣升, 吾方輾轉, 一觀曉隙之塵飛"(「雪堂記」)『文集』, p.410.
25 "獨與天地精神往來而不敖倪于萬物, 不譴是非, 以與世俗處."(『莊子·天下』)
26 "空曠奇逸, 仙品也"(方東樹『昭昧詹言』卷十二)
27 "微風蕭蕭吹菰蒲, 開門看雨月滿湖. 舟人水鳥兩同夢, 大魚驚竄如奔狐. 夜深人物不相管, 我獨形影相嬉娛. 暗潮生渚吊寒蚓, 落月掛柳看懸蛛. 此生忽忽憂患里, 淸境過眼能須臾? 鷄鳴鍾動百鳥散, 船頭擊鼓還相呼."(「舟中夜起」)『詩集』, p.942.
28 "平生傲憂患, 久矣恬百怪."(「十月二日, 將至渦口五里所, 遇風留宿」)『詩集』, p.281.
29 蘇軾「書黃子思詩集後」『文集』, p.2124 참조.
30 "人生識字憂患始"(「石蒼舒醉墨堂」)『詩集』, p.235.
31 우환의식에 관한 이런 관점은 徐復觀 저,『中國人性論史』, p.20의 내용을 참고했다.
32 "신종 황제가 어느 날 근신들과 인재를 논하는 자리에서 물었다. '소식과 필적할만한 옛사람이 누구인가?' 근신들이 '이백입니다'라고 답하자 황제는 '아니다. 이백은 소식 같은 천부적 재능은 있었으나 소식만한 풍부한 학식은 없었다'고 했다." "又上一日與近臣論人才, 因曰: '軾方古人誰比?' 近臣曰: '唐李白文才頗同.' 上曰: '不然. 白有軾之才, 無軾之學.'"(陳巖肖『庚溪詩話』卷上)
33 "縱橫憂患滿人間, 頗怪先生日日閑. 昨夜淸風眠北牖, 朝來爽氣在西山."(「和文與可洋川園池三十首・吏隱亭」)『詩集』, p.667.
34 "夜讀孟郊詩, 細字如牛毛. …… 人生如朝露, 日夜火消膏. 何苦將兩耳, 聽此寒蟲號. 不如且置之, 飮我玉色醪."(「讀孟郊詩二首」)『詩集』, p.796.
35 "書生苦信書, 世事仍臆度. 不量力所負, 輕出千鈞諾. 當時一快意, 事過有餘怍. 不知幾州鐵, 鑄此一大錯. 我生涉憂患, 常恐長罪惡. 靜觀殊可喜, 脚淺猶容卻. 而況錢夫子, 萬事初不作. 相逢更何言, 無病亦無藥."(「贈錢道人」)『詩集』, p.946.
36 "佛是衆生邊藥, 無病不要吃藥, 藥病俱消, 喩如淸水."(『傳燈錄』)『詩集』, p.946.
37 "全用宋格, 然自是一種不可磨滅文字."(紀昀) 같은 책.
38 "我生天地間, 一蟻寄大磨. 區區欲右行, 不救風輪左. 雖云走仁義, 未免違寒餓. 劍米有危炊, 針氈無穩坐. 豈無佳山水, 借眼風雨過. 歸田不待老, 勇決凡幾個. 幸玆廢棄餘, 疲馬解鞍馱. 全家占江驛, 絶境天爲破. 飢貧相乘除, 未見可吊賀. 澹然無憂樂, 苦語不成些."(「遷居臨皐亭」)『詩集』, p.1053.
39 "我生幾冬至, 少小如昨日…… 詩成卻超然, 老淚不成滴."(「冬至日贈安節」)『詩集』, p.1097.
40 "是身如虛空, 萬物皆我儲. 胡爲强分別. 百金買田廬. …… 應觀我知子, 不怪子知魚."(「贈袁陟」)『詩集』, p.1264.

41 이 수치는 근년에 북경 중화서국과 현대출판사에서 중국사회과학원 全唐詩 컴퓨터자료를 이용해 출판한 각 시인의 색인집을 이용하였다. 이 도표 중 소식 시에 관한 시어의 수치는 필자가 학위논문을 위해 저본으로 사용한 소식시집(공범례점교, 『蘇軾詩集』 전8권, 중화서국, 1987, 북경)을 컴퓨터에 입력해 산출한 것이다.
42 「蘇軾的人生思考和文化性格」, 『文學遺産』 1989, 제5기, p.90.
43 『吉川幸次郎全集』 第十三卷, 『宋詩概說』, p.104, 「蘇軾その二巨視の哲學」 참조. 그러나 王水照나 吉川幸次郎 이 두사람의 글에는 소식 시가 이렇게 비애를 극복했다는 사실만을 설명하고 있을 뿐 그 까닭에 대한 언급이 없다. 필자가 파악하고 있는 그 까닭의 하나는 인간의 감정에 대한 소식의 관점이요 또다른 하나는 그의 세계관이다. 소식에 의하면 "사람의 감정이란 인간본성의 한 외연"("性之效"「東坡易傳」卷七, "性之所有"「韓愈論」, 『文集』, p.113 참조)이며 "길흉화복" 또한 순환하는 자연계의 규율에 입각해 있을 따름인 것이다.("禍福得喪, 付與造物"「與李公擇書」, "離合旣循環, 憂喜迭相攻"「潁州初別子由二首」, 『詩集』, p.278 참조)
44 "送行無酒亦無錢, 勸爾一杯菩薩泉. 何處低頭不見我, 四方同此水中天." (「武昌酌菩薩泉送王子立」) 『詩集』, p.1084.
45 "枝上柳綿吹又少, 天涯何處無芳草"(蘇軾詞「蝶戀花」)(용유생) 같은 책.
46 "水邊何處無麗人"(「章質夫寄惠 "崔徽眞"」) 『詩集』, p.798.
47 "春來何處不歸鴻, 非復贏牛踏舊蹤. 但願老師心似月, 誰家甕里不相逢." (「次韻法芝擧舊詩一首」) 『詩集』, p.2455.
48 "白頭蕭散滿霜風, 小閣藤床寄病容. 報道先生春睡美, 道人輕打五更鍾." (「縱筆」) 『詩集』, p.2203. 여기서의 "道人"은 道敎僧.
49 "此詩無所譏諷, 竟亦賈禍, 蓋失意之人作曠達語, 正是極牢騷耳."(기윤) 앞의 책. 여기서 "賈禍"란 이 시를 받아본 당시의 재상 章惇이 "소식이 아직도 저토록 편하게 지내고 있단 말이냐"면서 소식을 다시 해남도로 세 번째의 귀양을 보낸 것을 말한다.(歐陽忞 『輿地廣記』 참조)
50 "羅浮山下四時春, 盧橘楊梅次第新. 日啖荔支三百顆, 不辭長作嶺南人." (「食荔支二首」其二) 『詩集』, p.2162.
51 "半醒半醉問諸黎, 竹刺藤梢步步迷. 但尋牛矢覓歸路, 家在牛欄西復西. (其一)(「被酒獨行, 遍至子云, 威, 徽, 先覺四黎之舍三首」) 『詩集』,

p.2322.
52 "總角黎家三四童, 口吹蔥葉送迎翁. 莫作天涯萬里意, 溪邊自有舞雩風."
(其二)(「被酒獨行, 遍至子云, 威, 徽, 先覺四黎之舍三首」)『詩集』,
p.2322.
53 "'牛矢'字俚甚"(기윤) 앞의 책. "牛矢"에서 "矢(화살 시)"는 "屎(똥 시)"의
通假字. "商太宰問市南門之外, 何多牛屎"(『韓非子』)
54 "寂寂東坡一病翁, 白須蕭散滿霜風. 小兒誤喜朱顏在, 一笑那知是酒紅!"
(其一) 父老爭看烏角巾, 應緣曾現宰官身. 溪邊古路三叉口, 獨立斜陽數
過人."(其二)(「縱筆三首」)『詩集』, p.2327.
55 "五日一食花豬肉, 十日一遇黃鷄粥.…… 相看會作兩臞仙, 還鄕定可騎黃
鵠."(「聞子由瘦」)『詩集』, p.2257.

3. 자연

1 "常行於所當行, 常止於所不可不止."(「自評文」)『文集』, p.2069.
2 郭慶藩撰, 王孝魚點校, 『莊子集釋』, 中華書局, 1982, 北京.
3 「莊子對精神自由的祈嚮」, 徐復觀, 『中國人性論史』, p.389.
4 "陶潛詩:'採菊東籬下, 悠然見南山.' 採菊之次, 偶然見山, 初不用意, 而境
與意會, 故可喜也."(「書諸集改字」)『文集』, p.2098.
5 소식은 윗글에서 "境與意會"라고 했지만 이와 유사한 논의는 수없이 많다. "감
정과 경물이 어울리면 한 없는 묘미가 나타났다. 情景交融, 有餘不盡之致"
(淸紀昀「挹綠軒詩集序」, 『紀文達公遺集』 卷九, 淸嘉慶刊本); "감정과 경
물이 만나면 조물주처럼 기막힌 시구를 만든다. 情景適會, 與造物同其妙" "감
정과 경물이 만나서 시를 이루는 게 시를 쓰는 기본적인 구성이다. 夫情景相觸
而成詩, 此作家之常也"(明謝榛 『四溟詩話』 卷二, 四, 人民文學出版社);
"감정과 경물이 만나면 저절로 오묘한 시구가 된다. 情景一合, 自得妙語"(淸
王夫之『明詩評選』卷五『船山古近體詩評選三種』, 船山學社 1917年版);
"시에는 경물 다음에 감정을 그리거나 감정을 먼저 묘사하고 경물을 그리는 게
있다. 또 감정과 경물을 함께 묘사하면서 서로 나누기도 하고 융합시키기도 하
는데 이는 모두 좋은 방법이다. 詞或前景後情, 或前情後景, 或情景齊到, 相

間相融, 各有其妙."(淸劉熙載『藝槪·詞曲槪』, 上海古籍出版社)
6 "境非獨謂景物也. 喜怒哀樂, 亦人心中之一境界. 故能寫眞景物, 眞感情者, 謂之有境界. 否則謂之無境界."(王國維『人間詞話』)『詞話叢編』, p.4240.
7 "吾喪我"(『莊子·齊物論』)이 귀절에 관한 해석은 陳鼓應의『莊子今註今譯』(북경중서국) p.35 또는 曹礎基의『莊子淺注』(북경중화서국) p.16의 주석을 참고할 수 있다. 내가 본문에서 '吾'를 '참된 나', '我'를 '형성된 나'라고 한 것은 각 글자의 고정된 의미를 풀이한 것이 아니라 장자 전편에 나타나는 '형성된 자아의 소멸', 즉 '坐忘', '喪其耦' 등과 같은 의미선상에서 쓴 것이다.
8 "任我則情, 情則蔽, 蔽則昏矣；因物則性, 性則神, 神則明矣."(宋邵雍『觀物外篇十二』,『皇極經世全書解』, 淸王植輯錄)
9 "以物觀物, 性也；以我觀物, 情也. 性公而明, 情偏而暗"(邵雍) 앞의 책.
10 "無我之境, 以物觀物, 故不知何者爲我, 何者爲物"(王國維) 앞의 책, p.4239.
11 "神與萬物交, 其智與百工通"(「書李伯時山莊圖後」)『文集』, p.2211.
12 "故思理爲妙, 神與物遊."(劉勰『文心雕龍·神思』)
13 "臣以神遇而不以目視, 官知止而神欲行"(『莊子·養生主』)『四部備要』 p.17.
14 "欲令詩語妙, 無厭空且靜."(「送參寥師」)『詩集』, p.905. 한유는 일찍이 「送高閑上人序」에서 "옛날 장욱은 천지만물의 갖가지 현상 또는 자신의 희노애락을 모두 일필휘지 초서에 실어 펼쳐 내었다."고 칭찬하면서 고한의 초서는 그러나 덤덤하고 엉성하게 씌여졌으니 어찌 장욱과 비교할 수 있느냐고 비판한 바 있다. 소식은 위 시의 말머리에서 한유의 이런 관점에 이의를 제기하면서 한 말이 바로 이 두 귀절이다. 즉 소식이 볼 때 시나 서법 예술의 높은 경계는 징감의 분출을 통해 다다르는 것이 아니라 고한의 붓글씨가 보여주는 것처럼 맑고 고요한 심경이 파악하는 세계에서 열리는 것이다. 소식의 이런 관점은 또 "담담한 가운데 깊은 아름다움을 간직한 것이 진정한 예술"이라고 시서화를 언급한 그의 여러 문장에서 폭넓게 논의된다.
15 "嗒然遺其身, 其身與竹化"(「書晁補之所藏與可畫竹三首」)『詩集』, p.1522.
16 예를 들면 남조 화가 宗炳「畵山水序」의 "맑은 가슴으로 경물의 실상을 본다. 澄懷味像"；陸機「文賦」의 "눈과 귀를 돌려 내면을 들여다 본다. 收視反聽

"마음을 맑게 하고 생각을 집중한다. 磬澄心以凝思"; 劉勰「文心雕龍·神思」의 "시문을 다듬을 때는 텅 비고 고요한 마음이 중요하니 오장육부를 씻어내고 정신을 맑게 하라. 陶鈞文思, 貴在虛靜, 疏瀹五藏, 澡雪精神"등이다. 이는 물론 그 이전의 『老子』: "맑게 씻어낸 눈으로 본질을 직시하라. 滌除玄覽", 『周易·繫辭』: "텅 비고 고요하게 하다. 虛一而靜", 『莊子·知北遊』: "老聃曰: '너는 몸과 마음을 청결히 하라. 마음을 씻어내어 정신을 맑게 하라. 汝齋戒, 疏瀹而心, 澡雪而精神, 掊擊而知!'", 『管子·心術』: "욕망을 버리면 적어지고, 적어지면 고요해지며 고요하면 정묘해지고, 정묘하면 홀로 존재할 수 있으며, 홀로 있으면 밝아지고, 밝게 깨달으면 입신의 경지에 든다. 去欲則寡, 寡則靜, 靜則精, 精則獨, 獨則明, 明則神矣."등의 사상에서 발전된 것이라고 할 수 있다.

17 "寄臥虛寂堂, 月明浸疏竹. 冷然洗我心, 欲飮不可掬……"(「和李太白」)『詩集』, p.1232.

18 "人去殘英滿酒樽, 不堪細雨濕黃昏. 夜寒那得穿花蝶, 知是風流楚客魂."(「再和楊公濟梅花十絶」其四)『詩集』, p.1746.

19 "晨鐘雲外濕, 勝地石堂煙."(杜甫「船下夔州, 郭宿, 雨濕不得上岸別王十二判官」) 여기서 '雲外'는 지명이기도 하다.

20 "大抵禪道惟在妙悟, 詩道亦在妙悟."(嚴羽『滄浪詩話·詩辯』)『歷代詩話』p.686.

21 소식의 시론에 시는 맑은 영혼의 힘과 숙련된 기예라는 양자의 합일〔技道兩進〕로 이루어진다고 했으나, 기예로 문학을 설명하려는 이들은 위와 같은 표현을 상상력이나 수사법으로 이해할 뿐이다. 이 부분에 관해서는 郭紹虞의 논문「滄浪詩話以前之詩禪說」(郭紹虞『照隅室古典文學論集』上編 p.192)을 참고할 수 있다.

22 "蓬萊海上峰, 玉立色不改……我持此石歸, 袖中有東海……(『文登蓬萊閣下, 石壁千丈, 爲海浪所戰, 時有碎裂, 淘灑歲久, 皆圓熟可愛, 土人謂此彈子渦也. 取數百枚, 又養石菖蒲, 且作詩遺垂慈堂老人』)『詩集』, p.1651.

23 "池塘生春草"(謝靈運「登池上樓」), "清水出芙蓉"(李白「經亂離後天恩流夜郎憶舊遊書懷贈江夏韋太守良宰」)

24 이런 '체험'에 관해서는『장자』「天道」, 「天運」편의 '天樂'을 참고할 수

있다.

25 "誰言一點紅, 解寄無邊春!"(「書鄢陵王主簿所畵折枝二首」)『詩集』, p.1525.
26 "不見何戡唱渭城, 舊人空數米嘉榮. 龍眠獨識殷勤處, 畵出陽關意外聲." 「書林次中所得李伯時"歸去來""陽關"二圖後」『詩集』, p.1598.
27 "一點芳心雀啅開"(「岐亭道士見梅花, 戱贈季常」)『詩集』, p.1078. 원대 방회는 "이 귀절은 정말 아름답구나. 소동파는 과연 세상사람이 아니다. 시를 지음에 형식에 얽매이지 않으면서도 오히려 깊은 뜻을 보인다. 참새라는 것은 무심히 매화를 쪼지만 이렇게 표현된 시에는 정감이 넘치고 있다" " '一點芳心 雀啅開', 此句最佳. 坡天人也, 作詩不拘法度, 而自有深意. 雀之爲物, 嘗 凍啅梅開, 本無情於梅, 下此語, 乃若不勝情者."(方回『桐江集』卷二十) 고 한다.
28 "나그네 발 밑으로 우뢰 소리 들리고/좌우 가득 먹구름 사라질 줄 모르네//하늘 끝 검은 바람에 바다가 일어서며/절강의 비바람이 강을 건너오도다. 游人 脚底一聲雷, 滿座頑云拔不開. 天外黑風吹海立, 浙東飛雨過江來."(「有美 堂暴雨」)『詩集』p.482. 바다가 일어선다는 표현 역시 두보시에 보인다. "온 하늘의 구름이 모두 쏟아져/사해 바다 물결이 모두 일어나네. 九天之雲下垂, 四海之水皆立."(「三大禮賦·獻太淸宮」) 이에 관해서는 송대 馬永卿의 嬾 眞子錄』卷五와 洪邁의『容齋四筆』卷二에서 언급이 있었다.
29 "江邊千樹柳, 落我酒杯中"(「陳季常見過三首」其二)『詩集』, p.1109.
30 "招呼明月到芳樽"(「新釀桂酒」)『詩集』, p.2077. "碎月落杯盤"(「寄怪石 石斛與魯元翰」)『詩集』, p.1329. "河漢落酒樽"(「九月十五日, 觀月聽琴 西湖示坐客」)『詩集』, p.1793.
31 "一杯賞月露, 萬象紛酬酢"(「十月十四日以病在告獨酌」)『詩集』, p.1807.
32 "掩窗寂已睡, 月脚垂孤光. 披衣起周覽, 飛露灑我裳. 山川同一色, 浩若涉 大荒. 幽懷耿不寐, 四顧獨彷徨……"(「牛口見月」)『詩集』, p.10.
33 "離象得神, 披情著性"(陸時雍『詩鏡總論』),『曆代詩話續編』, 無錫丁氏 校印本.
34 "……倒床鼻息四隣驚, 如五鼓天未明, 木魚呼粥亮且淸, 不聞人聲聞履 聲."(「宿海會寺」)『詩集』, p.496.

35 "求物之妙"(「與謝民師推官書」)『文集』, p.1418
36 "縮頸夜眠如凍龜, 雪來惟有客先知."(「江上值雪, 效歐陽體, 限不以鹽玉鶴鷺絮蝶飛舞之類爲比, 仍不使皓白潔素等字, 次子由韻」)『詩集』, p.20.
37 "竹外桃花三兩枝, 春江水暖鴨先知.……"(「惠崇春江曉景二首」)『詩集』 p.929. 이 시구를 두고 청초의 毛奇齡과 汪懋麟간에 쟁변이 있었는데(毛奇齡『西河詩話』卷五) 모기령은 "봄 강물이 따스해진 것을 어찌 '오리'만 알고 거위는 모르는가"했지만, 이는 역시 왕무린이나 나중의 袁枚(『隨園詩話』卷三)의 말처럼 '오리'는 단지 시의의 기탁으로 파악해야한다. 혜숭이 그림을 통해 보여준 세계가 소식의 이 시구에서 다시 새로이 살아나고 있는데 이는 畵意와 詩意의 교감 속에서 열린 것이다.
38 "杏花飛簾散餘春, 明月入戶尋幽人. 褰衣步月踏花影, 炯如流水涵靑. 花間置酒淸香發, 爭挽長條落香雪. 山城酒薄不堪飮, 勸君且吸杯中月. 洞簫聲斷月明中, 惟憂月落酒杯空. 明朝卷地春風惡, 但見綠葉棲殘紅.(「月夜與客飮杏花下」)『詩集』, p.926.
39 "惟江上之淸風, 與山間之明月, 耳得之而爲聲, 目遇之而成色 ; 取之無禁, 用之不竭. 是造物者無盡藏也, 而吾與子之所共適."(「赤壁賦」)『文集』, p.5.
40 "自有五六本云, 軾平生得意詩也"(査愼行註)『詩集』, p.1037.
41 "江城地瘴蕃草木, 只有名花苦有獨, 嫣然一笑竹籬間, 桃李滿山總粗俗. 也知造物有深意, 故遺佳人在空谷. 自然富貴出天姿, 不待金盤薦華屋. 朱唇得酒暈生臉, 翠袖卷紗紅映肉 ; 林深霧暗曉光遲, 日暖風輕春睡足. 雨中有淚亦淒愴, 月下無人更淸淑. 先生食飽無一事, 散步逍遙自捫腹, 不問人家與僧舍, 柱杖敲門看修竹. 忽逢絶艷照衰朽, 嘆息無言揩病目. 陋邦何處得此花, 無乃好事移西蜀? 寸根千里不易致, 銜子飛來定鴻鵠. 天涯流落俱可念, 爲飮一樽歌此曲. 明朝酒醒還看來, 雪落紛紛那忍觸!"(「寓居定惠院之東, 雜花滿山, 有海棠一株, 土人不知貴也」)『詩集』, p.1036.
42 "東風渺渺泛崇光, 香霧空濛月轉廊. 只恐夜深花睡去, 故燒高燭照紅."(「海棠」)『詩集』p.1186.
43 "……江頭千樹春欲暗, 竹外一枝斜更好."(『和秦太虛梅花』)『詩集』, p.1184. 대나무 숲 저쪽에 언듯 보이는 매화꽃이 아름답다. 그런 그 매화꽃 가지가 살짝 기울어져 있는데, 소식은 그 비스듬히 기운 매화가지가 마치 수줍은 소녀가 얼굴을 반쯤 숨기고 서 있는 듯 더욱 아름답다고 묘사하고 있는 것이

다. 이 시구는 소식 자신이 말한 "詩中有畵"(「書摩詰藍田烟雨圖」『文集』 p.2209)의 典範이랄 수 있을 것이다. 송대 陳善도 이 시구를 "시로 쓴 竹梅圖"라고 평하고 있고(『捫蝨詩話』卷七) 그 외에도 송대 陳敏政(胡仔『苕溪漁隱叢話』前集卷十七引『遯齋閑覽』), 王士禛(『帶經堂詩話』卷十二) 등이 이 시구를 아름답다고 평하고 있다.

44 "暗香浮動月黃昏"(林逋「山園小梅」) 명대 李日華는 『紫桃軒雜綴』에서 이 시구를 "千古絶調"로 칭찬한 바 있다.

45 "君知早落坐先開, 莫著新詩句句催. 嶺北霜枝最多思, 忍寒留待使君來."(「次韻楊公濟奉議梅花十首」其六)『詩集』p.1375.

46 "肯伴老人春一醉, 懸知欲落更多情."(「次韻楊公濟奉議梅花十首」其九)『詩集』, p.1375.

47 "水光瀲灩晴方好, 山色空濛雨亦奇. 欲把西湖比西子, 淡妝濃抹總相宜."(「湖上初晴後雨二首」其二)『詩集』, p.430.

48 "活水還須活火烹, 自臨釣石取深淸. 大瓢貯月歸春甕, 小杓分江入夜瓶.……"(「汲江煎茶」)『詩集』p.2362. 이 시에서 "春甕"·"夜瓶"은 모두 찻물을 담는 그릇.

49 "登山則情滿於山, 觀海則意溢於海."(『文心雕龍·神思』)

50 "俯拾卽是, 不取諸隣. 俱道適往, 著手成春. 如逢花開, 如瞻歲新.……"(唐司空圖『詩品·自然』)

■ 찾아보기

ㄱ

강기 98
고개지 39
고력사 121
곡(曲) 19
공범례 25, 148
공자 38, 39, 49, 50, 56, 74, 112
곽상 219
교연 176, 190
『구배시화』 111
구양수 23, 35, 170
구양숙필 110
근체시 19
『금강경』 49, 152
기윤 99, 120, 121, 122, 125, 153, 158, 161, 162, 172, 178, 188, 210, 215, 216
吉川幸次郎 214

ㄴ

『남행집』 35

ㄷ

달의(達意) 112
당경 59
대승 58
도기병진(道技竝進) 27
『도덕경』 20
도연명 60, 84, 85, 86, 87, 190, 199, 206, 219, 220, 228
동방삭 127
동탁 121
두개 158
두목 213
두보 18, 75, 85, 86, 87, 96, 104, 106, 117, 125, 126, 202
「등왕각서」 20

ㄹ

류진옹 96
류희이 202

ㅁ

만사동 17
맹교 79, 121, 137, 208
맹자 73, 74

맹호연 213
『모시서』 33
『문심조룡』 18
문여가 40, 54, 65, 66, 208, 221

ㅂ

박유 136, 137
방동수 126, 159, 168, 171, 205
백거이 122, 213
범계수 141
범온 106
변란 81
변문(騈文) 20
부(賦) 20
붕구만 127

사(詞) 19
사공도 85, 86
사달(辭達) 112
사령운 222
사마광 117, 170
사무사(思無邪) 35
사신행 155, 165
사영운 85, 87, 206

사승조 42
삼료 103, 106
서군유 120
서복관 218, 219
서시 79, 142
서응 122
석만경 41, 42, 43
석창서 169
석혜홍 98, 111
설설 96, 125
섭교연 103, 140
섭섭 104, 117, 120
소무 85
소순 30, 36
『소씨역전』 34
소옹 220
소철 30, 50, 54, 57, 66, 80, 87, 97, 118, 165, 178, 191, 217
손위 79
손지미 44, 45, 51
송민구 60
송장백 107
『시경』 17, 35
신운(神韻) 28
신종 황제 22, 23
심덕잠 125, 140
심수상응(心手相應) 27
심인사 201

ㅇ

안반 96
안진경 75, 85, 86
양만리 100, 169
양시 126
엄우 183, 222
열자 87
『열자』 129
「염노교」 24
『예기』 31
예양 97
오교 17, 43, 127
『오대시안(烏臺詩案)』 123, 124, 127
오도자 73, 167
오증 106
옹방강 149, 150, 162, 168
왕국유 44, 113, 183, 219, 220
왕리기 103
왕문고 94, 103, 155
왕발 20, 213
왕부 148
왕사정 92, 110
왕사한 119, 162, 165, 167
왕수조 213
왕십붕 93, 94
왕안석 23, 98, 123, 209
왕언야 165
왕우화 98

왕유 167, 189, 213
왕진숙 125
왕평보 68
왕헌지 69
왕희지 69, 85
원매 100
원호문 113
위응물 85, 86
유공권 85, 86
유영 200
유우석 100, 116, 213
유웅지 200
유정 85, 87
유종원 61, 85, 86
유협 18, 59
유효숙 170
유희재 117, 158
육시옹 224
육유 92
이기 142, 143
이릉 85
이백 22, 85, 86, 87, 121, 122, 202, 222
이백시 64, 75, 80, 190, 223
이상은 213
이오관물(以吾觀物) 26
이용면 220
임포 41, 229

ㅈ

장길보 139
장뢰 196, 199
장사승 137
장삼석 148
장욱 75
장이간 23
장자 39, 56, 87, 158, 168, 195, 200, 205, 218, 219, 220
『장자』 27, 69
장지 69
장지상 94
장회민 132
「적벽부」 20, 24
전고 95, 96
전기 62
전 도인 209
전영 105
전종서 35, 135, 136
제살량 157
조극의 101
조기 94, 98
조령치 102
조보지 198
조식 85, 87
조양자 97
조익 111, 135
조창 81

종영 96
종요 85
주자지 101
지백 97
지영 스님 84
진관 69, 199
진규 140
진사도 116, 199
진선 142
진엄초 22
진자앙 213
진적 199
진조 118

ㅊ

『창랑시화』 183, 222
채조 117

ㅍ

포조 87
풍응류 188
피일휴 41

ㅎ

하복 97
하원 110, 142
한간 80, 189
한기 201
한유 35, 86, 104, 117, 119, 125, 126, 135, 154, 159, 162, 213, 220
「한유론」 33
혜숭 225
황자사 85
황전 44, 58
황정견 96, 98, 100, 105, 116, 117, 126, 127, 172, 199
황철 119
『회남자』 79
회소 69